本书为国家社会科学基金重点项目

"新形势下我国稳外资的思路及对策研究"（批准号：19AJY021）的最终成果。

中国稳外资

实践与策略

China's Practice and Strategy to Stabilize FDI

聂平香 等 著

社会科学文献出版社
SOCIAL SCIENCES ACADEMIC PRESS (CHINA)

目　录

专题篇

国际篇

地区篇

引　言

2017 年美国正式对中国①发起"301 调查"②，2018 年 7 月 6 日美国对自中国进口的第一批价值 340 亿美元商品加征 25％的关税。此后，中美贸易摩擦不断升级。2018 年 7 月 31 日，中共中央政治局召开会议分析研究经济形势和经济工作时，强调要做好稳就业、稳金融、稳外贸、稳外资、稳投资、稳预期（简称"六稳"）工作，这也是我国首次提出稳外资。2020 年 4 月 17 日，在新冠肺炎疫情（简称疫情）全球蔓延的大环境下，中共中央政治局会议要求加大"六稳"工作力度，并首次提出"保居民就业、保基本民生、保市场主体、保粮食能源安全、保产业链供应链稳定、保基层运转"（简称"六保"）。中美贸易摩擦的长期性，叠加疫情对全球经济的深度负面影响以及俄罗斯与乌克兰武装冲突（简称俄乌冲突）加剧了世界百年未有之大变局的演变，我国吸收外资面临的国内外环境日益复杂和严峻，稳外资成为新阶段我国利用外资的主基调。正是在此背景下，本书聚焦我国稳外资面临的重大机遇，研判新形势下稳外资面临的突出挑战及问题，提出新发展阶段稳外资的思路和方向。

---

① 为表述方便，如无特别说明，本书中"中国""我国""华"不包括港澳台地区。

② "301 调查"源自美国《1974 年贸易法》第 301 条。该条款授权美国贸易代表对他国的"不合理或不公正贸易做法"发起调查，并在调查结束后建议美国总统实施单边制裁，包括撤销贸易优惠、征收报复性关税等。

一 主要架构

本书从问题导向和目标导向出发，采取了总分的结构，将整体研究框架分为综合篇以及专题篇、国际篇和地区篇，深入研究和分析了新形势下我国稳外资的思路和策略。

综合篇，在分析疫情前后全球直接投资的发展特点、发展趋势以及我国稳外资的特点及问题的基础上，剖析了中美贸易摩擦和疫情对我国吸收外资的影响机制，同时依托专题篇、国际篇和地区篇中更为细致的研究分析，提出了新形势下我国稳外资的总体思路，包括具体建议。

专题篇，聚焦稳外资的重点领域、重点平台、重点区域以及投资促进等重点主题进行了专题分析，具体分解为制造业和服务业稳外资分析、核心平台稳外资分析、中西部地区稳外资分析以及完善外商投资促进体系四个部分，提出了进一步完善的建议。

国际篇，依托中国美国商会、中国欧盟商会和中国日本商会发布的美国、欧盟及日本企业在华投资白皮书，总结了跨国公司在华经营中最看重的机遇、面临的主要问题与挑战以及对中国政府的相关诉求，为新发展阶段我国采取措施稳住跨国公司在华经营提供了思路和方向。

地区篇，依托课题组的调研以及地方外资部门提供的相关材料，从中选取了东、中、西部地区有代表性的省份，梳理了各省份稳外资举措的成效及问题，并对新形势下地方政府稳外资提出了相关建议。

二 主要观点

基于上述四篇的系统分析，本书主要有以下发现。

（一）新形势下中国稳外资面临较为突出的挑战和问题

新形势下，我国稳外资既面临重大机遇，也面临突出的挑战及问题。我国既要把握好机遇，更要找准问题，树立底线思维，直面挑战和困难，有针对性地提出解决问题的举措和对策。

第一，我国稳外资面临五大挑战。一是疫情引发的全球直接投资的低迷让我国稳外资面临的国际竞争不断加剧。二是针对我国的贸易投资保护主义的不断抬头和升温让我国稳外资面临的国际环境不断恶化。三是在疫情叠加俄乌冲突影响下，全球产业链供应链的加速调整给我国稳外资带来严峻挑战。四是美国联合盟友积极推动全球经济的"去中国化"对我国稳外资形成直接冲击。五是国内要素成本的快速上升给我国稳外资带来持续负面影响。

第二，我国稳外资存在六大主要问题。一是对外商投资的市场准入壁垒依旧较为突出，尤其是在服务领域。二是以监管障碍为代表的制度性壁垒突出，外资准入不准营的问题严重。三是国内投资环境还有较大提升空间，包括法律法规地方执行的不一致、对外资企业的待遇不平等、知识产权保护力度不足等。四是外资行业结构有待优化，主要表现为制造业利用外资的快速下滑、服务业利用外资质量还需提升。五是自由贸易港（简称自贸港）、自由贸易试验区（简称自贸试验区）、国家级经济技术开发区（简称国家级经开区）等核心开放平台利用外资的水平和质量还需提升。六是中西部地区稳外资的潜力还有待进一步开发和挖掘。

（二）中美贸易摩擦和疫情对中国稳外资的影响机制各异

中美贸易摩擦以及新冠肺炎疫情对我国稳外资的影响机制存在明显差异。

第一，中美贸易摩擦将从不同层面对我国稳外资产生不同影响。其一，美国对中国进口产品加征高额关税将对在华经营的以美国为出口目的地的外商投资企业产生两种较为明显的效应：市场迁移效应和投资迁移效应。市场迁移效应对我国稳外资的负面影响有限；投资迁移效应将对我国稳外资造成明显的负面影响。其二，美国推动技术脱钩从供需两侧对我国稳外资产生两类完全不一样的影响。从供给侧看，技术脱钩将抑制跨国公司在华科技领域投资；从需求侧看，跨国公司在华科技领域的投资将有更广阔的空间。其三，美国推动全球供应链重构将对跨国公司在华投资造成明显的负面影响。

第二，疫情从供需两端对我国稳外资产生不同的影响。从供给侧看，疫情明显抑制跨国公司的全球投资布局，从而对我国稳外资造成较大负面影响。从需求侧看，正常来说，疫情对我国稳外资的影响是负面的，但由于我国疫情防控得力，企业较快复工复产，经济快速复苏，中国市场在一定程度上成为跨国公司的避风港，有利于推动我国稳外资。

（三）明确新形势下中国稳外资的总体思路

本书从稳外资的重要性、目标和重点以及实施路径等方面提出了新形势下我国稳外资的总体思路。

第一，应充分认识新形势下稳外资的重要性。稳外资能够更好地推动稳就业、稳金融、稳外贸、稳投资和稳预期，稳外资也有助于"六保"的实现，尤其是稳外资与保产业链供应链稳定息息相关。

第二，稳外资的重点在于稳市场寻求型外资。国内市场是我国稳外资的最大优势，也是稳外资的最根本着力点，因此，在新形势下，我国稳外资的重点应围绕国内大市场做文章，稳市场寻求型外资。

第三，稳外资有四条路径。一是稳制造业外资以稳存量外资；二是稳服务业外资以稳新增外资；三是稳核心平台外资以稳外资预期；四是稳中西部地区外资以保产业链供应链安全。

（四）新形势下中国稳外资的六个方面具体建议

依托专题篇、国际篇以及地区篇中详尽的分析，本书认为新形势我国稳外资应从以下六个方面着手。

第一，深化开放，增强国内市场对跨国公司的黏性。新发展阶段，我国开放的重点和难点集中在服务领域，因此应着眼于服务领域，分类有序地推进服务业扩大开放。一是对旅游、分销、建筑、供应链、环境、计算机、与制造业相关的服务等在国内竞争较为充分且有一定国际竞争力的领域，应积极推动全面深入开放。二是对我国限制水平较高但与资金、信息、技术、数据、人员等要素流动密切相关的服务业，如金融、电信、专业服务（会计、法律等、管理咨询）、教育培训等，应积极推动进一步扩大开放。三是对与民生息息相关、但供需不匹配的领域，如医疗、养老、教育等，应加大开放力度，以更好地满足国内需求。四是对相对敏感领域，如新闻、影视、文化等，在对标国际惯例的基础上，谨慎开放。

第二，加快先行先试，扩大和提升核心平台外资规模和质量。一是以全面开放稳海南自贸港外资。加快完善自贸港外商投资准入和跨境服务贸易负面清单，适时推动两张清单"二合一"；对标国际高标准，推动数字贸易、知识产权、国有企业、政府采购等规则方面先行对标，以流动型开放和制度型开放双轮驱动，全面提升开放水平，以稳自贸港外资。二是赋予自贸试验区更大的改革自主权以稳其外资。根据自贸试验区主导产业发展，除涉及国家安全外，将部委层面与产业开放相关的事权"一揽子"全部下放到自贸试验区所在省份或自贸试验区，推动差异化制度创新，以创新和开放稳自贸试验区外资。三是加大重视以稳国家级经开区外资。从开放创新角度看，应将国家级经开区和自贸港、自贸试验区摆在同等重要的位置，加大对开放创新政策的支持力度，将自贸试验区的试点经验、政策、发展模式向有条件的国家级经开区全覆盖。

第三，完善政策支持，推动稳中西部地区外资。一是从产业政策方面，推动《产业结构调整指导目录》《鼓励外商投资产业指导目录》《西部地区鼓励类产业目录》的整合和优化。扩大鼓励投资目录范围，引导内外资企业更好地向中西部地区投资。二是加大国家对中西部地区承接沿海地区产业转移的财政支持力度。对转移过程中新增的物流成本、搬迁费用、员工培训等成本提供补贴支持，对国家级平台基础设施建设给予财政贴息。三是为更好地发挥中西部地区的引资潜力，出台中西部地区税收优惠政策。对投资中西部地区的鼓励类产业企业统一给予所得税优惠，并且降低享受优惠政策的条件；对中西部地区紧缺人才及中高端人才给予个人所得税优惠。

第四，借鉴国际经验，完善外商投资促进体系。一是加大顶层设计。出台《外商投资促进条例》，进一步明确我国外商投资促进的内涵以及投资促进机构的性质、法定地位、组织架构、职责等，在全国层面统一认识。二是借鉴国际通行的经验和惯例，进一步明确商务部投资促进事务局的公共服务属性。进一步扩充商务部投资促进事务局人员构成以及境外网络，从公益二类事业单位转变为公益一类事业单位，实行全额财政拨款。三是根据地方实际进行多样化投资促进机构建设探索。建立更有效的激励机制，提高地方投资促进部门人员的专业性和稳定性。

第五，健全法律法规，完善投资环境。一是进一步完善法律法规。尽快出台相关法律法规的实施细则、操作指南等，最大限度地保证法律法规解释和执行的一致性，以避免法律法规解释、标准以及执行的不一致问题，推动减少自由裁量式执法带来的不公正和不公平。二是完善法律法规制定程序。给予利益相关方参与权并让其有足够的时间适应法规政策的调整，提高法律法规制定的公开性、透明性和可预期性。三是加快建设法治政府和服务政府。大幅取消外资准入和准入后的审批和认证要求，不断优化和简化程序。在审批程序、产业补贴、政府采购、环境保护、标准制定、知识产权保护等方面给予外商投资企业国民待遇，推动建立公平公正透明的市场环境。四是进一步完善我国的知识产权法律法规。加大保护力度，营造良好的创新环境。五是不断创新政策支持，稳制造业外资。研究制定支持制造业利用外资的专项文件，强化对重点制造业项目的要素保障。选择部分产业基础好、创新体系全、配套能力强、发展潜力大的地区，建设各有侧重、各具特色的制造业国际合作示范区，在市场准入、公平竞争、财税金融、科技创新等方面予以积极支持。

第六，完善监管制度，防范重大风险。一是进一步完善《外商投资安全审查办法》。细化国家安全的范围以及国家安全审查交易行业的"重要"标准，精准保护国家安全。二是充分平衡发展与监管的关系。进一步完善技术进出口管理制度以及《不可靠实体清单规定》《阻断外国法律与措施不当域外适用办法》等法律法规，建立健全我国经济发展的安全保障体系。三是不断完善服务业开放风险管控。对教育和医疗等允许境外服务者直接跨境提供服务的领域，进一步明确境外服务提供者的资质条件，并要求在境内进行备案或登记，以加强对境外投资者的监管。借鉴货物领域开放经验，出台《跨境服务贸易开放风险调查规则》，明确服务贸易四种模式在对外开放中对产业或国家安全造成重大风险的，有关部门有权采取调查与救济措施。

三　应用价值及社会效益

（一）为各级政府决策部门出台稳外资的政策及措施提供了思路和研究支撑

本书专注于政策性研究，对我国稳外资面临的国内外环境进行了全面梳理，同时聚焦我国稳外资存在的突出挑战和主要问题，提出新形势下稳外资的总体思路和具体对策建议，为中央和地方政府决策部门出台稳外资政策提供了思路和依据。如在研究中，针对深化服务业扩大开放、扩大和提升核心平台利用外资的规模和质量、挖掘中西部地区稳外资潜力等方面都提出了大量具体、可落地和可操作的建议，供中央和地方各级政府参考及借鉴。因此，本书具有较强的现实意义和实用价值。

（二）进一步丰富了中国吸收外资研究

本书是迄今第一部系统分析我国稳外资的专著，它一方面拓展了我国利用外资研究的领域和方向；另一方面聚焦挑战和问题，提出具体的对策建议，在一定程度上弥补了以往研究中过于注重理论和学术，研究成果与实践和现实情况结合差的缺陷。

本书是国家社会科学基金重点项目"新形势下我国稳外资的思路及对策研究"（批准号：19AJY021）最终成果，由负责人聂平香〔商务部国际贸易经济合作研究院（简称商务部研究院）研究员〕负责课题的总体架构和设计。研究具体分工如下：聂平香负责综合篇、专题篇"服务业稳外资分析"和"核心平台稳外资分析"以及国际篇的写作；郝红梅（商务部研究院副研究员）负责专题篇"制造业稳外资分析"的写作；张彩云（商务部研究院助理研究员、博士）负责专题篇"中西部地区稳外资分析"的写作。另外，专题篇"完善外商投资促进体系"由李鹏飞（商务部投资促进事务局副处长）提供相关资料，聂平香整理完成；地区篇由各地方业务主管部门提供材料，聂平香整理完成。

综 合 篇

　　随着世界经济格局的明显变化以及疫情的蔓延和反复，全球直接投资呈现新特点和新趋势，中国稳外资也面临重大机遇和突出挑战。本篇通过全面分析中美贸易摩擦及疫情对中国稳外资的影响机制，明确新形势下中国稳外资的重要性和紧迫性，并聚焦问题和目标，有针对性提出了新形势下中国稳外资的总体思路和具体建议。

第一章　全球直接投资发展特点及展望

2008 全球金融危机以来，世界经济格局出现明显变化，发展中经济体群体性崛起，发达经济体的地位下降。发展中经济体在全球直接投资（FDI）的地位也不断提升。2020 年初疫情开始在全球扩散，受疫情影响，全球经济进入衰退，跨国公司的利润大幅下降，跨境并购交易和绿地投资明显下降，带动全球直接投资快速下滑。2022 年 2 月俄乌冲突爆发，重创了疫情下全球经济的复苏。未来，全球 FDI 的复苏进程取决于各国推动经济复苏政策的效果以及全球贸易投资保护主义与贸易投资自由便利之间的平衡状况。可以预见，全球直接投资将面临更加复杂多变的国际形势。

一　全球直接投资的主要特点

（一）规模呈现周期波动，新冠肺炎疫情负面影响明显

2008 年金融危机后，全球 FDI 流入额呈现明显的周期波动态势。2007~2009 年是快速下降阶段。受金融危机影响，全球 FDI 流入额在 2008 年和 2009 年同比分别下降 21.9% 和 16.8%，2009 年达到阶段性低点，为 1.2 万亿美元。2009~2016 年，全球 FDI 流入额进入上升通道。随着世界经济的复苏，跨国公司全球布局开始加速，全球 FDI 流入额在波动中不断回升，2016 年达到历史高点，为 2.1 万亿美元。2016~2020 年，全球 FDI 流入额又进入

下降通道。2020 年新冠肺炎疫情的全球蔓延对世界经济和全球 FDI 的负面影响远超 2008 年的金融危机。2020 年全球 FDI 流入额呈现大幅下降，同比降幅高达 34.7%，全球 FDI 流入额退回万亿美元时代，为 9988.9 亿美元，仅相当于 2005 年的水平（见图 1-1）。

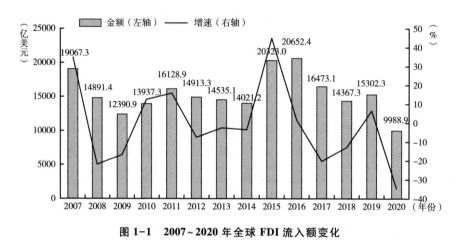

图 1-1　2007～2020 年全球 FDI 流入额变化

资料来源：联合国贸易和发展会议（简称联合国贸发会议，UNCTAD）数据库。

（二）发展中经济体的地位整体上升，各区域及主要国家的表现呈现分化

分不同经济体看，2007～2019 年流入发达经济体的 FDI 从 1.3 万亿美元降为 7490.0 亿美元，年均下降 4.5%，高于同期全球 FDI 流入额降幅，表明发达经济体在全球的引资地位不断下降，从 2007 年 68.0% 降为 2019 年的48.9%。2020 年流入发达经济体的 FDI 仅为 3121.7 亿美元，同比下降58.3%，占全球 FDI 流入额的份额进一步下降到 31.3%。与此同时，发展中经济体群体性崛起带动了其在全球 FDI 的地位不断提升。2007～2019 年，流入发展中经济体的 FDI 从 5222.2 亿美元升为 7233.9 亿美元，年均增长2.8%，占全球 FDI 流入额的份额从 27.4% 升为 47.3%，上升了近 20 个百分点。2019 年发展中经济体的 FDI 流入额基本与发达经济体旗鼓相当。2020

年受疫情影响，流入发展中经济体的 FDI 也呈现下降，但下降幅度仅为8.4%，远低于全球 FDI 降幅（34.7%）以及流入发达经济体的降幅（58.3%），发展中经济体 FDI 流入额占全球的份额大幅提升，达到66.3%，远超于发达经济体31.3%的份额（见图1-2）。

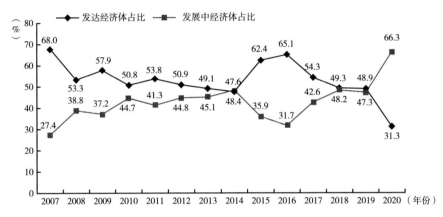

图1-2　2007~2020年发达经济体与发展中经济体 FDI 流入额份额变化

资料来源：UNCTAD 数据库。

从发达经济体内部看，美国经济抗风险能力高于欧洲国家。2007~2019年，流入欧洲地区的 FDI 从 8874.8 亿美元降为 3626.4 亿美元，年均下降7.2%，占全球 FDI 流入额的份额从 46.5%降为 23.7%，其中流入欧盟的FDI 从 6681.1 亿美元降为 3802.8 亿美元，年均下降 4.6%，占全球 FDI 流入额的份额从 35.0%降为 24.9%。2020 年流入欧洲地区和欧盟的 FDI 仅为725.4 亿美元和 1031.9 亿美元，同比分别下降 80.0%和 72.9%。2007~2019年流入美国的 FDI 从 2159.5 亿美元增为 2614.1 亿美元，年均增长 1.6%，占全球 FDI 流入额的份额从 11.3%升为 17.1%，上升了近 6 个百分点。2020年尽管美国吸收 FDI 受疫情影响，下降至 1563.2 亿美元，但占全球 FDI 流入额的比重高居 15.6%，保持世界第一大引资国地位（见图1-3）。

从发展中经济体看，亚洲地区尤其是中国表现抢眼。2007~2019年，流入亚洲地区的 FDI 从 3531.9 亿美元增为 5153.2 亿美元，年均增长 3.2%，占全

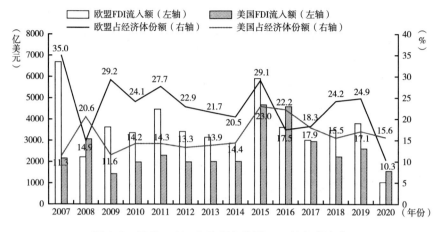

图 1-3　2007~2020 年欧盟和美国 FDI 流入额变化

资料来源：UNCTAD 数据库。

球 FDI 流入额的份额从 18.5%升为 33.7%。2020 年，尽管疫情对全球经济产生了重大的负面影响，但流入亚洲地区的 FDI 不降反升，达 5353.2 亿美元，同比增长 3.8%。其中中国表现最为抢眼，2007~2019 年，流入中国的 FDI 从835.2 亿美元增至 1412.3 亿美元，年均增长 4.5%，占全球 FDI 流入额的份额从 4.4%升为 9.2%。2020 年中国吸收 FDI 逆势增长，同比增长 5.7%，占全球 FDI 流入额的份额进一步升至 15%。东南亚国家表现也很突出，2007~2019 年流入该地区的 FDI 从 785.9 亿美元增至 1810.5 亿美元，年均增长 7.2%，占全球 FDI 流入额的份额从 4.1%升为 11.8%。2020 年受疫情影响，流入东南亚国家的 FDI 有所下降，为 1359.5 亿美元，同比下降 24.9%，但由于降幅远低于全球水平，其占全球 FDI 流入额的份额进一步升至 13.6%。其中，2007~2019年，流入缅甸、东帝汶、柬埔寨、印度尼西亚、菲律宾、新加坡、越南的 FDI年均分别增长 81.3%、19.6%、12.8%、10.8%、9.8%、8.6%、7.2%。与此同时，流入转型经济体的 FDI 明显下降，从 2007 年的 872.3 亿美元降为 2019年的 578.4 亿美元，年均下降 3.4%，占全球 FDI 流入额的份额也相应从 4.6%降为 3.8%。2020 年转型经济体吸收 FDI 为 241.6 亿美元，同比下降 58.2%，占全球 FDI 流入额的份额进一步下降到 2.4%（见图 1-4）。

图1-4　2007~2020年各地发展中经济体和转型经济体FDI流入额份额变化

资料来源：UNCTAD数据库。

（三）发达经济体之间的投资以并购为主，发达经济体与发展中经济体以绿地投资为主

2007~2019年，全球跨境并购额从10327.9亿美元降为5074.0亿美元，年均下降5.8%，跨境并购额占全球FDI流入额的比重从54.2%降到33.2%；全球绿地投资额从7795.1亿美元升为8459.2亿美元，年均增长0.7%，占全球FDI流入额的比重从40.9%升为55.3%。2020年，尽管受到疫情影响，但由于跨境并购交易的滞后性，全球跨境并购总额仅下降6.4%，为4748.6亿美元，占全球FDI流入额的比重为47.5%，比上年提高14.3个百分点；全球绿地投资较为敏感，同比下降33.3%，占全球FDI流入额的比重为56.4%（见图1-5）。

发达经济体相互投资更多是通过并购方式实现的。2007~2020年，从流出视角看，跨境并购额的72.7%份额和跨境交易量的71%份额是发生在发达经济体之间的；从流入视角看，跨境并购额的81.8%份额和跨境交易量的75%份额是发生在发达经济体之间的。而发达经济体与发展中经济体之间的投资更多是通过绿地方式实现的。2007~2020年，68.7%份额的绿地投资额来自发

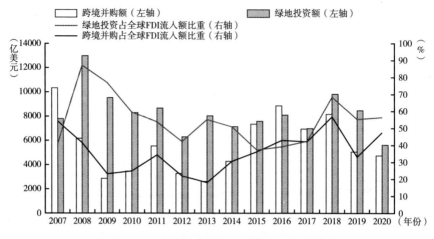

图 1-5　2007~2020 年全球跨境并购和绿色投资情况

资料来源：UNCTAD 数据库。

达经济体，仅 36.7%份额的绿地投资投向发达经济体；同时 29.2%份额的绿地投资额来自发展中经济体，57.7%份额的绿地投资投向发展中经济体。

（四）服务业是全球直接投资的相对主导领域，制造业投资呈现上升趋势

从跨境并购 FDI 流入看，2007~2019 年，跨境并购总金额 48.1%份额投向了服务行业，但整体呈现下降趋势。服务业跨境并购投资额从 2007 年的 6137.4 亿美元降为 2019 年的 2274.7 亿美元，年均下降 7.9%，占全球跨境并购总额的比重从 59.4%降为 44.8%，下降 14.6 个百分点。2020 年，服务业跨境并购投资额为 2212.4 亿美元，同比下降 2.7%，占全球跨境并购总额的比重有所回升，为 46.6%。与此同时，制造业跨境并购投资额从 3265.8 亿美元降为 2434.2 亿美元，年均下降 2.4%，由于降幅低于跨境并购总投资额，在全球跨境并购中的份额不断提升，从 2007 年的 31.6%升为 2019 年的 48.0%，上升了 16.4 个百分点。2020 年疫情下，制造业的跨境并购额为 2282.8 亿美元，同比下降 6.2%，在全球跨境并购中的比重为 48.1%（见图 1-6）。

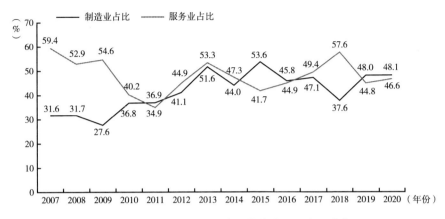

图 1-6 2007~2020 年全球跨境并购流入产业分布

资料来源：UNCTAD 数据库。

从跨境并购行业分布看，制造业主要集中在化学制品、药品、电子及电气设备、机械设备、汽车行业。2019 年这五大行业跨境并购额占全球制造业跨境并购总额的比重为 74.6%。2020 年受疫情影响，这一比重下降至56.7%。药品一直是全球跨境并购的重要行业，2007~2019 年，占制造业跨境并购总额的比重均值为 26.0%，2019 年达到 40.2%；电子及电气设备也是跨境并购的重点行业，2007~2019 年，占制造业跨境并购总额的比重均值为 13.2%，2019 年为 8.5%，2020 年升至 17.6%（见图 1-7）。

服务业跨境并购主要集中在公共事业、贸易、信息和通信、金融和保险、房地产五大行业，2019 年这五大行业跨境并购额占全球服务业跨境并购总额的比重为 61.5%。金融和保险是服务业跨境并购的重要行业，2007~2019 年，占服务业跨境并购总额的比重均值为 22.8%，但总体呈现了下降趋势，从 2007 年的 40.2% 降为 2019 年的 21.6%，2020 年受疫情影响，进一步降至 12.6%；信息和通信也是服务业跨境并购的重点行业，2007~2019年，占服务领域跨境并购总额的比重均值为 18.9%。2020 年疫情下，随着数字技术的快速运用，信息和通信行业的跨境并购高速增长，增幅达225.5%，信息和通信行业跨境并购额占服务业并购总额的比重也大幅上升，升至 36.4%（见图 1-8）。

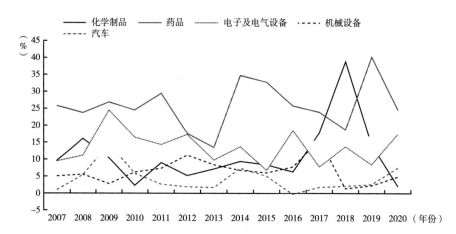

图 1-7　2007~2020 年全球跨境并购流入重点制造业分布变化

资料来源：UNCTAD 数据库。

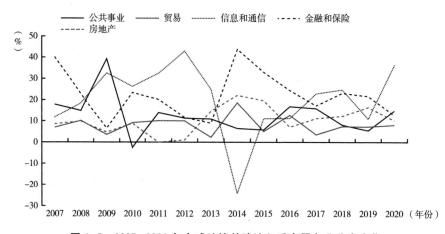

图 1-8　2007~2020 年全球跨境并购流入重点服务业分布变化

资料来源：UNCTAD 数据库。

以绿地投资 FDI 流入看，服务业投资额稍占上风。2007~2020 年，服务业绿地投资占绿地投资总额的比重均值为 49.0%，制造业比重均值为 44.7%，其中服务业绿地投资的占比基本保持稳定，2007 年为 48.8%，2019 年 49.9%，2020 年在疫情影响下提升至 56.0%。而制造业的占比呈现明显上升，2007 年为 44.8%，2019 年升为 47.6%，2020 年受疫情影响有所下降，降至 42.0%。从具体行业看，制造业绿地投资主要集中在焦炭和精炼石油、化学制品、电子及电气设备和汽车行业，2020 年这四大行业绿地投资额占制造业绿地投资总额的 62.4%（见图 1-9）。服务业绿地投资主要集中在能源和天然气供应以及信息和通信行业，2020 年分别占服务业绿地投资总额的 31.4% 和 25.7%。

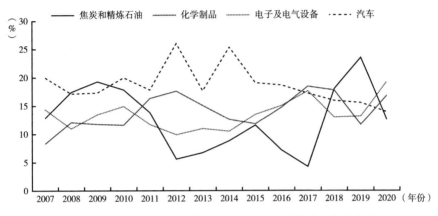

图 1-9　2007~2020 年全球绿地投资流入重点制造业分布变化

资料来源：UNCTAD 数据库。

　　跨境并购与绿地投资行业分布的差异性明显体现出发达经济体与发展中经济体吸收外资行业领域分布的差异。化学制品、电子及电气设备是发达经济体和发展中经济体都关注的重点引资领域。此外，发达经济体制造业引资重点还包括食品、饮料、烟草和药品行业，服务业主要集中在金融和保险行业；而发展中经济体制造业引资重点还包括焦炭和精炼石油以及汽车行业，服务业主要集中在能源和天然气供应以及信息和通信行业。

二　疫情下全球直接投资发展趋势及展望

　　新冠肺炎疫情对世界经济和全球 FDI 都产生了重大且深远的影响。疫情下，各国加大人员管控，全球产业链和供应链遭到破坏，为了进一步促进本国经济复苏，各国都采取了积极的财政政策，带动了全球 FDI 强劲反弹，但从中长期看，全球 FDI 增长还呈现较大不确定性。

（一）疫情下全球 FDI 呈现恢复性快速增长

UNCTAD 最新发布的《2022 年世界投资报告》显示，2021 年全球 FDI 流入额呈现高速增长，达到 1.58 万亿美元，同比增长 64.3%，已经恢复到疫情前水平。FDI 流入额排名前 10 的分别是美国、中国内地、中国香港、新加坡、加拿大、巴西、印度、南非、俄罗斯、墨西哥。2021 年全球 FDI 快速复苏主要得益于蓬勃发展的并购活动以及宽松的融资和重大基础设施刺激计划引发的国际项目融资的快速增长。

1. 从区域结构看，恢复性增长呈现明显区域不平衡

发达经济体 FDI 流入额在 2020 年大幅下降的基础上快速反弹，2021 年直接投资流入额达到 7457.4 亿美元，同比增长 133.6%。发达经济体 FDI 流入额占全球总额的比重为 47.1%，比 2020 年提升 14 个百分点。从不同的经济体看，欧洲国家由于大量管道流动国家的逆转，增幅最大，同比增长 171.1%，但欧盟同比下降 34.4%，其他欧洲国家表现亮眼，如俄罗斯外资流入额同比增长 267.3%。北美洲国家受跨境并购剧增驱动，FDI 流入额增长 145.4%，其中加拿大增长 157.5%，美国增长 143.6%。流入发展中经济体的 FDI 也呈现复苏性增长，但增幅仅为 29.9%，远低于发达经济体增速，导致发展中经济体的 FDI 流入额占全球的比重从 2020 年的 66.9% 降为 2021 年的 52.9%，下降了 14 个百分点（见表 1-1）。

流入发展中经济体的 FDI 增幅也呈现分化，其中非洲国家增长 113.1%，拉丁美洲与加勒比国家增长 56.0%，亚洲国家仅增长 19.3%。亚洲国家尽管 2021 年的增幅远低于全球 FDI 流入额的平均增幅，但由于近 10 年来一直保持稳步增长，2021 年依旧达到 6189.8 亿美元的历史最高水平。亚洲内部也出现明显分化，2021 年东南亚国家外资流入额同比增长 23.9%，西亚国家同比增长 58.9%，南亚国家同比下降 26.1%，其中印度下降幅度达到 30.2%。同时，2021 年流入最不发达国家、内陆发展中国家和小岛屿

发展中国家的 FDI 为 478.1 亿美元，同比增长 19.6%，仅占世界总量的 2.5%，比 2020 年的 3.5% 下降了 1 个百分点。

表 1-1　2017~2021 年分区域 FDI 流入额

单位：亿美元

区域	2017 年	2018 年	2019 年	2020 年	2021 年
全球	16326.4	14482.8	14806.3	9631.4	15823.1
发达经济体	9376.8	7533.2	7644.6	3191.9	7457.4
欧洲	5132.5	3980.5	4047.6	807.9	2190.3
北美洲	3317.2	2409.0	2752.6	1740.0	4270.5
发展中经济体	6949.6	6949.6	7161.7	6439.5	8365.7
非洲	401.8	453.8	456.8	389.5	829.9
亚洲	5013.8	4969.0	5116.3	5188.9	6189.8
拉丁美洲与加勒比	1535.4	1519.8	1587.4	861.7	1344.6
大洋洲	-1.4	7.0	1.2	-0.7	1.4

资料来源：UNCTAD《2022 年世界投资报告》。

疫情后全球 FDI 恢复性增长分化态势反映出，发达经济体抗风险能力更强，经济复苏步伐更快、能力更强；而发展中经济体抗风险能力较弱，经济复苏步伐参差不齐。

2. 从投资方式看，跨境并购表现明显好于绿地投资

2021 年，全球跨境并购外资流入金额为 7278.8 亿美元，同比增长 53.3%，发达经济体占全球跨境并购外资流入额的绝大份额，交易额为 6150.8 亿美元，同比增长 58.3%，占比达 84.5%。其中欧洲交易额为 2575.9 亿美元，基本与上年持平；美国交易额高达 2842.0 亿美元，同比增长 192.2%。发展中经济体以跨境并购方式流入的外资额为 1128.0 亿美元，同比增长 30.7%。同期，全球绿地投资金额为 6594.3 亿美元，同比增长 14.7%，增速明显低于跨境并购方式，其中发达经济体以绿地投资方式引进的外资额为 4005.7 亿美元，同比增长 26.6%；发展中经济体以绿地投资方式引进的外资额为 2588.6 亿美元，基本与上年持平（见表 1-2）。不管是跨境并购方式还是绿地投资方式，2021年发达经济体表现都好于发展中经济体。

表1-2 2021年跨境并购和绿地投资流入情况

单位：个，亿美元，%

区域	跨境并购				绿地投资			
	项目数	增速	金额	增速	项目数	增速	金额	增速
全球	8846	42.7	7278.8	53.3	14710	11.0	6594.3	14.7
发达经济体	7838	47.0	6150.8	58.3	9790	8.9	4005.7	26.6
欧洲	4736	59.4	2575.9	-0.8	6954	10.6	2482.3	25.4
北美	2405	26.1	3134.3	186.7	2044	4.1	1045.0	24.8
发展中经济体	1008	16.1	1128.0	30.7	4920	15.8	2588.6	0.1
非洲	130	49.4	-15.1	—	543	-4.9	394.3	23.0
亚洲	587	3.5	998.9	32.9	3153	19.7	1538.0	-9.6

注：—表示无数据。

资料来源：UNCTAD《2022年世界投资报告》。

3. 从行业结构看，不同领域吸收外资增幅表现不一

从跨境并购看，2021年制造业跨境并购额为2389.1亿美元，同比增长4.7%；服务业跨境并购额为4608.7亿美元，同比增长108.3%。从细分行业看，酒店管理、运输与仓储、行政及支持服务、家具制造、基本金属制造、化学制品制造行业跨境并购额增幅超过300%，分别达到899.3%、650.6%、412.7%、634.0%、376.7%和325.0%。与此同时，机械及设备制造、食品饮料和烟草制造、公共事业行业跨境并购额同比分别下降92.1%、88.9%和70.8%。从绿地投资看，制造业绿地投资额为2965.8亿美元，同比增长23.4%；服务业绿地投资额为3497.4亿美元，同比增长8.2%。从细分行业看，水及污水处理、卫生服务、建筑服务、电及电气设备制造、非金属矿物制品、基本金属制造行业增幅较为突出，分别达到516.4%、158.5%、49.0%、156.1%、92.4%、48.1%。与此同时，焦炭及精炼石油、造纸、化学制品制造，酒店管理、金融保险行业的绿地投资额同比分别下降80.4%、35.6%、30.2%、27.1%、18.8%。酒店管理、化学制品制造行业跨境并购方式投资急剧增加，但绿地投资方式呈现明显下降。

4. 从投资政策措施看，发达经济体与发展中经济体呈现分化

2021年53个经济体总共推出了109项影响外国投资的政策措施，比上年减少43项，其中中立措施14项，比上年减少16项；限制性措施40项，比上年减少10项；便利化措施55项，比上年减少17项。2021年限制性措施尽管比2020年数量有所下降，但占当年投资政策措施总量的比重达到历史最高，为36.7%；与此同时，便利化措施的数量达到历史最低，这反映出整体上世界对外国投资的限制越来越多，全球投资保护主义风险有所增加。从不同的经济体看，55项便利化措施有48项是发展中经济体推动的，占比高达87.3%，这说明发展中经济体吸引外资进入是推动经济复苏的关键，许多国家采取了加大投资激励或精简行政程序的措施来增强对跨国公司的吸引力。相比之下，大多数采取措施的发达经济体加强了外国投资限制，占比高达76%，主要表现为，增加外国直接投资筛选，至少有四个国家新引入外国直接投资筛选机制，这使得出于国家安全进行外国直接投资审查的国家总数达到36个；至少八个国家加严了现有外资审查机制。对外国直接投资进行安全审查的国家FDI流入额合计占全球外国直接投资流量的63%和外国直接投资存量的70%，比上年分别提升11个百分点和7个百分点。

（二）中长期全球FDI增长具有较大不确定性

从中长期看，全球经济从衰退走向逐步复苏必然将推动全球FDI逐步增长，但受全球产业链供应链重构影响，全球FDI增长也面临较大风险和挑战。一方面，全球FDI增长面临新机遇。如各国为实现本国经济的复苏和持续稳定增长，将加大政府支出和投资，尤其是聚焦基础设施领域的投资，包括实体基础设施、数字基础设施和绿色基础设施，这将为跨国公司的全球投资提供更多机会。另一方面，全球FDI的可持续复苏和可持续增长也面临挑战。如俄乌冲突爆发为全球经济的复苏蒙上阴影，疫情和俄乌冲突大环境下全球贸易投资保护主义不断抬头，全球产业链供应链短链化、区域化和本地化趋势明显，这都将对中长期全球 FDI 流入额和全球 FDI 存量布局产生重大负面影响。

第二章 中国稳外资的现状及特点

改革开放四十多年以及加入世界贸易组织（WTO）二十多年，随着开放进程的不断深入，我国利用外资成效不断显现。外资规模不断扩大，结构不断优化，外资来源地越来越多元。我国连续多年保持发展中经济体利用外资第一大国、全球第二大引资国地位。

一 中国外商投资历经四个时期

1978年末，党的十一届三中全会决定把全党工作的重点和全国人民的注意力转移到经济建设上来。同年开启了改革开放的伟大征程。1984年，党的十二届三中全会把对外开放确定为我国的一项基本国策。此后，积极吸收外商直接投资成为我国经济发展的重要组成部分。到目前为止，我国吸收外商直接投资总体上可划分为四个阶段。

（一）吸收外资起步时期（1979~1991年）

这一阶段，我国采取了由点到面的开放布局，吸收外资从经济特区扩展到所有沿海省（区、市），从珠三角扩展到长三角、环渤海地区。在设立经济特区取得巨大成功后，我国面向沿海地区实施了外向型经济发展战略，极大地推动了我国外商投资的发展。总体看，这一时期，我国外商直接投资还处于试点和起步阶段，实际使用外资（本书简称实际外资）规模逐步扩大，从 1983 年的 9.2 美元增长为 1991 年的 43.7 亿美元，年均增幅 21.5%。截至 1991 年底，我国累计设立外商投资企业 42503 家，实际外资 250.7 亿美元（见表 2-1）。外资项目多为劳动密集型的加工项目以及宾馆、服务设施等第三产业项目居多。

表 2-1   1979~1991 年我国利用外商投资状况

单位：家，亿美元

年份	新设外商投资企业数	实际使用外资金额
1979~1982	920	17.7
1983	638	9.2
1984	2166	14.2
1985	3073	19.7
1986	1498	22.4
1987	2233	23.1
1988	5945	31.9
1989	5779	33.9
1990	7273	34.9
1991	12978	43.7

资料来源：《中国外资统计公报 2021》。

（二）吸收外资快速发展时期（1992~2001年）

1992 年邓小平南方谈话后，我国对外开放呈现新局面。开放布局由沿海向沿江及内陆和沿边城市延伸，进一步开放芜湖等 6 个沿江城市、黑河等 13 个内陆边境城市以及合肥等 18 个内陆省会城市，初步形成多层次、全方位的开放格局。我国外商投资也呈现全面铺开态势，国家在注重增长外资规模的同时，更加强调优化外资产业和区域结构，提升外资质量。1992~2001 年，我国实际使用外资金额从 110.1 亿美元增至 2001 年的 468.8 亿美元，年均增幅为 17.5%。除 1999 年受亚洲金融危机影响，外资出现降幅之外，其他年份都保持了较高增速。尤其是在 1992 年邓小平南方谈话之后，我国吸收外资出现新高潮，1992 年和 1993 年实际外资增速分别达 152.1% 和

150.0%（见表 2-2）。制造业是这一阶段我国外商投资最集中领域。1997～2001 年，制造业实际外资从 218.2 亿美元增至 309.1 亿美元，年均增幅9.1%，占我国外资总额比重平均为 60.8%，2001 年达到 65.9%。同期，服务业外资份额为 27.1%，房地产是服务业外资进入最多领域，1997～2001年，第三产业中 45.7%份额的外资进入了房地产。

表 2-2　1992～2001 年我国利用外商投资状况

单位：家，亿美元

年份	新设外商投资企业数	实际使用外资金额
1992	48764	110.1
1993	83437	275.2
1994	47549	337.7
1995	37011	375.2
1996	24556	417.3
1997	21001	452.6
1998	19799	454.6
1999	16918	403.2
2000	22347	407.2
2001	26140	468.8

资料来源：《中国外资统计公报 2021》。

（三）吸收外资跨越发展时期（2002～2012 年）

加入 WTO 后，我国由有限范围和领域的开放转向全方位开放，带动外资跨越式发展。中国进入全球引资大国行列，成为仅次于美国的全球第二大引资国。2002～2012 年，我国实际外资规模在波动中增长，从 527.4 亿美元增为 1210.7 亿美元，年均增幅 8.7%（见图 2-1）。外资项目的投资规模从154.3 万美元增至 485.6 万美元。服务业逐步取代制造业成为我国吸收外资第一大行业。服务业实际外资从 2002 年的 121.0 亿美元增为 2012 年的668.0 亿美元，年均增长 18.6%，占我国外资总额的比重从 22.0% 升55.2%，增加 33.2 个百分点；制造业实际外资从 368.0 亿美元增为 488.7

亿美元，年均增幅 2.9%，占我国外资总额的比重从 66.9% 降为 43.7%，下降了 23.2 个百分点。

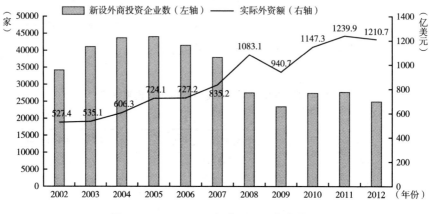

图 2-1　2002~2012 年我国利用外资状况

资料来源：《中国外资统计公报 2021》。

中国已迈入全球引资大国的行列。2002 年以后，中国吸引 FDI 流入额在全球总量中占比趋于稳定，2002~2012 年我国外资占全球 FDI 流入额比重的均值为 7.6%。自 1993 年起，我国一直是发展中经济体中吸收 FDI 最多的国家，2009~2012 年中国 FDI 流入额连续四年稳定在全球第二位（见表 2-3）。

表 2-3　2002~2012 年中国 FDI 流入额在全球占比及排名

年份	中国 FDI 流入额在全球占比（%）	中国 FDI 流入额在全球排名
2002	8.9	3
2003	9.7	1
2004	8.8	2
2005	7.6	4
2006	5.2	3
2007	4.4	7
2008	7.3	5
2009	8.1	2
2010	8.4	2

年份	中国 FDI 流入额在全球占比(%)	中国 FDI 流入额在全球排名
2011	7.9	2
2012	7.7	2

资料来源：UNCTAD 数据库。

（四）吸收外资全面提升时期（2013年至今）

党的十八大以来，全球经济贸易格局出现重大变化。我国经济发展进入新常态，经济转向高质量发展，对外开放也进入全面深化的新阶段，由被动开放转向积极主动开放。这一阶段，我国吸收外资保持了小幅增长态势，实际外资金额从 2013 年的 1239.1 亿美元增为 2019 年的 1412.3 亿美元，年均增长 2.2%，比同期全球 FDI 增幅高 1.1 个百分点。2020 年，在全球 FDI 受疫情影响大幅下降（下降 34.7%）的背景下，我国由于率先控制疫情、率先复工复产，吸收外资逆势增长，实际外资额为 1493.4 亿美元，同比增长 5.7%。1979~2020 年，我国累计设立外资企业 1040213 家，累计实际外资金额达到 24398.6 亿美元。2021 年，我国实际外资继续保持了快速增长态势，同比增长 16.2%，金额达到 1734.8 亿美元（见表 2-4）。

表 2-4 2013~2021 年我国利用外商投资状况

单位：家，亿美元

年份	新设外商投资企业数	实际使用外资金额
2013	22819	1239.1
2014	23194	1285.0
2015	26584	1355.8
2016	27908	1337.1
2017	35662	1363.2
2018	60560	1383.1
2019	40910	1412.3

年份	新设外商投资企业数	实际使用外资金额
2020	38578	1493.4
2021	47643	1734.8

资料来源：2013～2020 年数据来自《中国外资统计公报 2021》，2021 年数据来自商务部外资统计。

二　新时代中国吸收外资的主要特点

随着对外开放进入全面提升的新时代，我国吸收外资呈现质量不断提升，核心平台支撑作用不断提升，外资不断向服务业、东部地区集中，外资来源地集中度不断上升等鲜明特点。

（一）中国保持世界第二大引资国地位

2013 年以后，中国 FDI 流入额在全球 FDI 中的占比进一步提升，夯实了全球引资大国的地位。2013～2020 年，中国外资在全球 FDI 中的平均份额为 9.4%，比 2002～2012 年平均份额（7.6%）高 1.8 个百分点，2020 年比重达到 15.0%。2013 年，中国吸收外资在全球排名第二；2014 年，中国首次升为全球首位，2015 年和 2016 年又下降至第三，2017 年起恢复并一直保持全球第二大引资国地位，排名仅次于美国（见表 2-5）。

表 2-5　2013～2020 年中国 FDI 流入额在全球占比及排名

年份	中国 FDI 流入额在全球占比（%）	中国 FDI 流入额在全球排名
2013	8.5	2
2014	9.2	1
2015	6.7	3
2016	6.5	3
2017	8.3	2

年份	中国 FDI 流入额在全球占比（％）	中国 FDI 流入额在全球排名
2018	9.6	2
2019	9.2	2
2020	15.0	2
2021	11.4	2

资料来源：《中国外资统计公报 2021》。

（二）高技术产业利用外资保持快速增长

随着我国利用外资进入新阶段，外资质量不断提升，最突出的表现是高技术产业外资呈现快速增长。2019 年我国高技术产业实际使用外资 390.6 亿美元，同比增长 21.7%，比当年我国外资总额增幅（2.1%）高出近 20 个百分点，占我国外资总额的 27.7%，比 2018 年上升 4.5 个百分点。其中高技术服务业实际外资 256.9 亿美元，同比增长 40.3%。2020 年疫情下，我国高技术产业外资保持韧性，呈现稳步增长态势，高技术产业实际外资 427.6 亿美元，同比增长 9.5%，其中高技术服务业实际外资 324.6 亿美元，同比增长 26.4%（见表 2-6）。2021 年高技术产业吸收外资依旧保持快速增长态势，以人民币计价，高技术产业实际外资同比增长 17.1%，而全国外资总额的增速为 14.9%，其中高技术服务业外资增长 19.2%。

表 2-6　2020 年高技术产业吸收外资情况

单位：家，亿美元，%

	新设外商投资企业数	比重	实际外资金额	比重
总计	38578	100	1493.4	100
高技术产业	10924	28.3	427.6	28.6
高技术制造业	857	2.2	103.0	6.9
高技术服务业	10067	26.1	324.6	21.7

资料来源：《中国外资统计公报 2021》。

（三）核心平台成为利用外资的热土

自贸港、自贸试验区、国家级经开区等核心开放平台成为新时代我国稳外资的重要支撑。2018 年增设海南自贸试验区、2020 年海南自由贸易港建设启动，2018~2020 年，海南累计实际吸收外资 52.7 亿美元，超过海南建省前 30 年实际使用外资总量（96.1 亿美元）的一半。其中，2019 年，海南新设立外商投资企业 338 家，同比增长 102.4%；实际外资 15.0 亿美元，增长超过 100%，远高于全国增速，连续两年翻一番。2020 年海南实际外资继续快速增长，新设外商投资企业 1005 家，实际外资 30.3 亿美元，同比增长 197.3% 和 100.7%。2021 年，海南新设立外商投资企业 1936 家，实际外资 35.2 亿美元，同比增长 92.6% 和 16.2%。2013 年，我国首次设立上海自贸试验区，到 2021 年底，共设立 21 个自贸试验区。2021 年，21 个自贸试验区累计实际外资 321.5 亿美元，同比增长 24.4%，高于当年全国实际外资增幅，以不到全国 4‰ 的国土面积，实现了全国 18.5% 的外商投资，比上年提高 1.2 个百分点。2020 年，217 个国家级经开区实际外资和外商投资企业再投资金额 611.0 亿美元，同比增长 17.5%，占全国外资总额的比重为 23.1%。

（四）服务业成为利用外资的绝对主导领域

较为明显的是，新时代，我国以自贸试验区、自贸港、服务业扩大开放试点等平台为依托，加快推进服务业对外开放。我国自贸试验区外商投资负面清单显示，服务业限制措施从 2013 年的 95 条降为 2021 年的 22 条，缩减比例高达 76.8%，其中批发和零售业限制措施从 13 条缩减为 1 条，缩减比例为 92.3%；交通运输、仓储和邮政业从 21 条减为 4 条，缩减比例为 81.0%；信息传输、软件和信息技术服务业从 8 条减为 2 条，缩减比例为 75%；租赁和商务服务业从 13 条减为 2 条，缩减比例为 84.6%；科学研究和技术服务业从 12 条减为 3 条，缩减比例为 75%；教育从 3 条减为 2 条，缩减比例为 33.3%；文化、体育和娱乐业从 12 条降为 7 条，缩减比例为

41.7%；金融业，房地产业，水利、环境和公共设施管理业分别从 5 条、4
条、3 条减为 0 条，缩减比例为 100%（见图 2-2）。

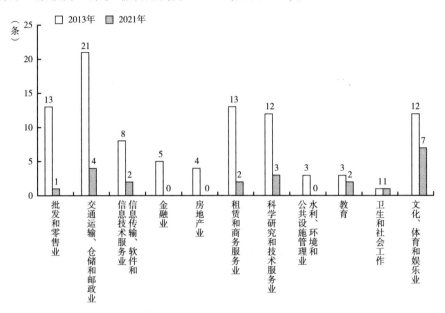

图 2-2 2013～2021 年我国服务业限制措施变化

资料来源：《自由贸易试验区外商投资准入特别管理措施（负面清单）》2013 年版和
2021 年版。

服务业不断深化开放，带动了我国服务业外资快速增长。2013～2020
年，我国服务业（第三产业）实际外资保持快速增长，从 727.7 亿美元增
为 1123.7 亿美元，年均增长 6.4%，高于同期全国外资平均增速 3.7 个百分
点，占我国实际外资的比重从 58.7% 升为 75.2%。与此同时，第二产业实
际外资从 2013 年的 495.7 亿美元降为 365.5 亿美元，年均下降 4.3%，占我
国外资总额的比重从 40.0% 降至 24.5%。其中制造业实际外资从 455.6 亿美
元降为 310.0 亿美元，年均下降 5.4%，占我国外资总额的比重从 36.8% 降
至 20.8%，下降了 16.0 个百分点。2021 年我国服务业外资占比进一步提
升，实际外资金额为 1366.3 亿美元，同比增长 21.6%，占比高达 78.8%
（见表 2-7）；与此同时，制造业实际外资金额为 337.3 亿美元，同比增长
8.8%，占我国外资总额的比重进一步下降至 19.4%。

表 2-7 我国外商投资产业结构

单位：亿美元，%

年份	第一产业		第二产业		第三产业	
	实际外资金额	占比	实际外资金额	占比	实际外资金额	占比
2013	15.8	1.3	495.7	40.0	727.7	58.7
2014	13.0	1.0	439.2	34.2	832.6	64.8
2015	11.1	0.8	435.9	32.2	908.7	67.0
2016	16.5	1.2	402.1	30.1	917.8	68.6
2017	7.9	0.6	409.5	30.0	945.6	69.4
2018	7.1	0.5	482.7	34.9	893.3	64.6
2019	4.4	0.3	422.3	29.9	985.5	69.8
2020	4.2	0.3	365.5	24.5	1123.7	75.2
2021	8.3	0.5	360.2	20.8	1366.3	78.8

注：产业数据按行业大类汇总，而部分企业行业仅选至行业门类，因此可能产生三大产业合计数与总数不相等的情况。

资料来源：2013～2020 年数据来自《中国外资统计公报 2021》，2021 年数据来自商务部外资统计。

从服务业细分行业外资分布看，质量和结构不断提升和优化。交通运输、仓储和邮政业，信息传输、软件和信息技术服务业，金融业，租赁和商务服务业、科学研究和技术服务业等开放水平的不断提升，带动了新时代我国高技术服务业外资的快速增长。2013 年，房地产业是我国服务业外资的主导领域，占比高达 39.6%。2021 年，租赁和商务服务业成为服务业外资的第一大领域，占服务业外资总额的 24.2%，比 2013 年提升 10.0 个百分点；房地产业外资占比为 17.3%，比 2013 年下降 22.3 个百分点；科学研究和技术服务业外资占比 16.7%，比 2013 年上升 12.9 个百分点；信息传输、软件和信息技术服务业外资占比 14.7%，比 2013 年上升 10.7 个百分点（见表 2-8）。

（五）外资来源地集中度不断上升

2021 年，对华投资金额排在前 15 的国家或地区在华新设企业合计 38080 家，占我国新设外商投资企业总数的 79.9%，实际投资合计 1697.1 亿美元，占我国实际外资总额的 97.8%。2021 年实际投资排名前三的分别

表 2-8　我国服务领域外资行业变化

单位：亿美元，%

行业	2021 年		2013 年	
	实际外资金额	占服务业外资比重	实际外资金额	占服务业外资比重
交通运输、仓储和邮政业	53.3	3.9	42.2	5.8
信息传输、软件和信息技术服务业	201	14.7	28.8	4.0
批发和零售业	167.2	12.2	115.1	15.8
住宿和餐饮业	12.6	0.9	7.7	1.1
金融业	45.4	3.3	23.3	3.2
房地产业	236.1	17.3	288.0	39.6
租赁和商务服务业	330.9	24.2	103.6	14.2
科学研究和技术服务业	227.5	16.7	27.5	3.8
水利、环境和公共设施管理业	13.2	1.0	10.4	1.4
居民服务、修理和其他服务业	4.7	0.3	6.6	0.9
教育	0.1	0.0	0.2	0.0
卫生和社会工作	3.7	0.3	0.6	0.1
文化、体育和娱乐业	4	0.3	8.2	1.1

资料来源：商务部外资统计。

是中国香港、新加坡和英属维尔京群岛，其中中国香港实际投资额为 1317.6 亿美元，占我国外资总额的 76.0%；新加坡对华实际投资金额为 103.3 亿美元，占比为 6.0%；英属维尔京群岛对华投资实际金额为 52.8 亿美元，占比为 3.0%（见表 2-9）。截至 2021 年，我国内地吸收外资前五大来源地分别是中国香港、英属维尔京群岛、日本、新加坡和美国，累计实际投资金额分别为 14330.7 亿美元、1800.6 亿美元、1229.8 亿美元、1208.4 亿美元和 926.6 亿美元，分别占全国累计外资总额的 54.8%、6.9%、4.7%、4.6% 和 3.6%。

表 2-9　2021 年中国内地主要投资来源地情况

单位：家，亿美元，%

地区	新设企业数	同比增速	实际投资金额	同比增速
总计	47643	23.5	1734.8	16.2
中国香港	19289	23.6	1317.6	24.5

续表

地区	新设企业数	同比增速	实际投资金额	同比增速
新加坡	1416	23.6	103.3	34.5
英属维尔京群岛	291	7.4	52.8	1.6
韩国	2478	23	40.4	11.9
日本	998	24.9	39.1	16
美国	2068	25.9	24.7	7.1
开曼群岛	191	46.9	24.6	−11.3
中国澳门	2932	15.8	21.9	−0.6
德国	536	15	16.8	24
英国	612	11.9	12	22.7
荷兰	176	26.6	11.1	−56.7
中国台湾	6595	29.2	9.4	−5.6
毛里求斯	17	0	9	117.7
瑞士	117	44.4	7.3	11.9
法国	364	26.4	7.1	38.5

资料来源：商务部外资统计。

在主要来源地中，我国内地对香港的外资依赖度不断提升，从 2013 年的 59.2%升为 2021 年的 76.0%，提高了 16.8 个百分点。与此同时，2013～2021 年，来自日本、韩国、美国的投资份额呈现下降趋势，分别从 5.7%、2.5%、2.3%降为 2.3%、2.3%、1.4%，分别下降 3.4 个、0.2 个、0.9 个百分点。

（六）利用外资不断向东部地区集中

商务部外资统计显示，2015～2021 年，我国东部地区实际外资从 1058.7 亿美元增至 1526.8 亿美元，年均增长 6.3%，占全国外资的份额从 78.1%升为 88.0%，增长了近 10 个百分点。中西部地区实际外资从 2015 年 204.0 亿美元升至 2021 年 208.0 亿美元，年均增长 0.3%，占全国的比重从 15.0%降为 12.0%。其中中部地区实际外资从 104.4 亿美元增至 111.6 亿美元，年均增长 1.1%，占全国外资总额的比重从 7.7%降为 6.4%，下降 1.3

个百分点；西部地区实际外资从 99.6 亿美元降至 96.4 亿美元，年均下降
0.5%，占全国外资总额的比重从 7.3% 降为 5.6%，下降 0.7 个百分点（见
表 2-10）。

表 2-10 我国利用外资区域分布情况

单位：亿美元，%

年份	东部地区		中部地区		西部地区	
	实际外资金额	占比	实际外资金额	占比	实际外资金额	占比
2015	1058.7	78.1	104.4	7.7	99.6	7.3
2016	1092.9	81.7	71.0	5.3	96.2	7.2
2017	1145.9	84.1	83.1	6.1	81.3	6.0
2018	1153.7	83.4	98.0	7.1	97.9	7.1
2019	1191.1	84.3	97.3	6.9	92.9	6.6
2020	1275.4	85.4	88.2	5.9	80.1	5.4
2021	1526.8	88.0	111.6	6.4	96.4	5.6

注：东部地区包括北京、天津、河北、辽宁、上海、江苏、浙江、福建、山东、广东、海南；
中部地区包括山西、吉林、黑龙江、安徽、江西、河南、湖北、湖南；西部地区包括内蒙古、广
西、四川、重庆、贵州、云南、陕西、甘肃、青海、宁夏、新疆、西藏。

资料来源：2015~2020 年数据来自历年《中国外资统计公报》，2021 年数据来自商务部统计。

第三章　新发展阶段中国稳外资面临的新形势

习近平总书记指出，"'十四五'时期是我国全面建成小康社会、实现第一个百年奋斗目标之后，乘势而上开启全面建设社会主义现代化国家新征程、向第二个百年奋斗目标进军的第一个五年，我国将进入新发展阶段"，① "当前和今后一个时期，虽然我国发展仍然处于重要战略机遇期，但机遇和挑战都有新的发展变化"。② 我国稳外资的国内外形势出现了新的变化。

一　主要机遇

总体上看，中国宏观经济韧性十足、发展前景广阔、对外开放不断扩大、上下游产业链完整、要素资源优质、营商环境持续改善，仍然对外资具有多重吸引力，中国依然是跨国公司重要的投资目的地。

（一）数字技术和绿色转型给我国稳外资带来新机遇

目前，随着信息技术、人工智能等新技术的突破及应用，以数字化、网络化、智能化为标志的信息技术革命加快发展。一方面，为了更好抢占新一

① 2020 年 8 月 24 日，习近平总书记主持召开经济社会领域专家座谈会，上发表的重要讲话。
② 2021 年 1 月 11 日，习近平总书记在省部级主要领导干部学习贯彻党的十九届五中全会精神专题研讨班开班式上的讲话。

轮技术高地，全球新型数字化基础设施需求呈爆发式增长。全球移动供应商协会统计显示，截至 2020 年 9 月中旬，全球 44 个国家和地区已有 101 家运营商推出了符合 3GPP 标准的商用 5G 服务，5G 第一梯队包括中国、美国、韩国和日本，第二梯队是欧盟、英国和德国；截至 2020 年 9 月底，全球 96 家供应商对外宣称有 444 款符合 3GPP 标准的 5G 终端已上市或即将上市，其中 222 款终端已商用。[①] 新基建全球需求的大幅增加将给全球直接投资带来新机遇。另一方面，信息技术革命的加快发展，将带动数据流动性和可获得性大幅提高，信息不对称性将不断降低，从而催生新的生产方式、组织形态和商业模式，服务业与制造业将加速融合。新技术、新产品、新业态、新模式不断涌现，同时新技术的产业化和商业化则将打造出新的业务部门和新的主导产业。新技术、新产品、新业态、新模式的出现，也将为跨国公司对外投资提供更多机会。与此同时，我国新基建市场潜力巨大。工信部发布的《2021 年通信业统计公报》显示，截至 2021 年底，我国累计建成并开通 5G 基站 142.5 万个，其中 2021 年新建 5G 基站超过 65 万个，5G 基站总量占全球 60% 以上。"十四五"期间，我国数字经济保持高速增长，增速达11.3%，到 2025 年，我国数字经济的增加值规模将超过 32.67 万亿元。其中，数字产业化增加值约为 15.52 万亿元，产业数字化增加值约为 17.15 万亿元。[②] 新技术催生国内数字经济的高速增长，将给"十四五"及更长时期内我国外资增长带来更大空间和更多机遇。

　　同时，在"双碳"目标下，我国加快绿色转型和绿色投资，绿色低碳产业的投资空间和潜力大。一是清洁能源方面，光伏、风电、水电等产业将加速发展，带动电力设备制造、储能、新能源电站运营等投资快速增长。二是能源转型推动绿色新产业加快发展。如新能源汽车的爆发式增长带来动力电池、电机、智能驾驶、绿色设计、绿色服务等全产业链快速发展。三是绿

① 中国电子信息产业发展研究院、无线电管理研究所发布的报告《2021 5G 发展展望白皮书》，2020，第 11~13 页。

② 李海舰、蔡跃洲主编《数字经济蓝皮书：中国数字经济前沿（2021）》，社会科学文献出版社，2021，第 5 页。

色低碳要求将推动我国制造业尤其是高耗能领域的加快转型升级，传统制造业的绿色改造投资空间巨大。

（二）中国经济快速复苏及稳健增长为稳外资提供了扎实的宏观基础

受疫情影响，全球经济深度衰退，但中国经济快速复苏，经济韧性强。2020 年中国是全球唯一保持正增长的主要经济体，2021 年经济增速也明显高于其他经济体，充分体现了我国经济具有潜力足、韧性强、回旋空间大的特点。联合国 2021 年 5 月发布的《世界经济形势与展望》报告显示，2020 年全球经济同比萎缩 3.6%，其中美国下降 3.5%，日本下降 4.8%，欧盟下降 6.4%，英国下降 9.9%，而中国则增长 2.3%。国际货币基金组织（IMF）2022 年 1 月发布的《世界经济展望》报告显示，2021 年全球呈现恢复性增长，预计全球总体增长 5.9%，其中美国增长 5.6%，日本增长 1.6%，欧元区增长 5.2%，中国增长 8.1%。世界银行 2022 年 1 月发布《全球经济展望》报告对 2021 年全球经济发展进行梳理，主要经济体增长速度预测值与 IMF 相差不大，2021 年全球经济预计增长 5.5%，其中美国增长 5.6%，日本增长 1.7%，欧元区增长 5.2%，中国增长 8.0%（见表 3-1）。国家统计局发布的数据显示，2021 年我国经济实际增速高达 8.1%。

表 3-1　IMF 和世界银行对全球经济的预测

单位：%

地区	IMF 经济预测		世界银行经济预测	
	2021 年	2022 年	2021 年	2022 年
全球	5.9	4.4	5.5	4.1
发达经济体	5.0	3.9	5.0	3.8
美国	5.6	4.0	5.6	3.7
欧元区	5.2	3.9	5.2	4.2
日本	1.6	3.3	1.7	2.9
新兴经济体	6.5	4.8	6.3	4.6
中国	8.1	4.8	8.0	5.1
印度	9.0	9.0	8.3	8.7

资料来源：IMF《世界经济展望》、世界银行《全球经济展望》，2022 年 1 月。

《中华人民共和国国民经济和社会发展第十四个五年规划和2035年远景目标纲要》明确提出，展望2035年，我国将基本实现社会主义现代化，人均国内生产总值达到中等发达国家水平，中等收入群体显著扩大。国家统计局发布的《2021年国民经济和社会发展统计公报》显示，2020年我国GDP规模首次超过100万亿元，2021年达到114.4万亿元，经济总量稳居全球第二，人均GDP超过1万美元。按照世界银行、经济合作与发展组织（OECD）的标准，到2035年我国将达到中等发达国家水平，人均GDP在2万美元左右，是2021年的2倍左右，这也要求未来15年我国经济年均增速应保持在4%左右。预计"十四五"期间，我国经济潜在年均增速仍将保持在5%~5.5%。而一国宏观经济的稳健增长是吸引外资的基础条件和根本保障。中国美国商会发布的《2021中国商务环境调查报告》显示，75%的在华美国受访企业对未来两年中国市场实现增长和中国经济复苏抱有乐观态度，61%的受访企业将中国视为首选投资目的地。

（三）新发展格局为稳外资带来了超大国内市场优势

2020年，党的十九届五中全会提出要加快构建以国内大循环为主体、国内国际双循环相互促进的新发展格局。这是中国积极应对国内外形势变化，重塑我国国际竞争合作新优势而做出的主动战略抉择。新发展格局明确要坚持扩大内需这个战略基点，深化改革，打通生产、流通、分配、消费等主要环节上的"堵点断点"，形成国民经济良性循环。国内市场对经济增长的贡献稳步提升，成为我国经济稳定恢复的主要动力。2021年，我国最终消费支出对经济增长贡献率为65.4%，货物和服务净出口对经济增长贡献率为20.9%，资本形成总额对经济增长贡献率仅为13.7%。[①] 新发展格局明确要求进一步夯实国内大循环，这将充分挖掘国内14亿人口以及4亿中等收入群体的巨大市场潜力，为跨国公司提供重大的发展机遇。根据IMF估算，中国预计在2030年前成为世界第一大经济体。超大的市场规模是跨国公司在

[①] 数据来自2022年1月17日国务院新闻办公室举行的2021年国民经济运行情况新闻发布会。

华开展业务最为看重的优势。同时，新发展格局下我国将进一步加快创新步伐，也为技术和管理经验有明显优势的跨国公司提供了更大空间，有利于外资企业加强本地化创新，加快在华布局研发中心与创新链。此外，为了更好实现国内国际双循环相互促进，我国将持续加大对外开放力度，为外资企业营造国际化营商环境，推动跨国公司更好地融入我国新发展格局。中国美国商会发布的《2021中国商务环境调查报告》显示，将中国市场作为战略重点和对国内市场快速增长抱有信心是美国企业增加在华投资的关键推动因素。中国美国商会发布的《2021美国企业在中国白皮书》显示，超过一半（52%）的在华美国企业提到中国第一大商机是"国内消费的增长和日益庞大的富裕中产阶层的崛起"，超过2/3的美国企业将中国视为优先市场，85%的美国企业并未打算将制造或采购工序迁往中国以外的地方。

（四）中国对外开放不断推进为稳外资提供更好的制度条件

世界银行发布的《营商环境报告2020》显示，2019年我国营商环境国际排名大幅提升，由第46位跃升为第31位，比去年上升15位。这是中国连续第二年跻身全球营商环境改善最大的经济体排名前10。同时，中国外商投资环境进一步向法治化发展，对外开放水平不断提高。2020年1月1日，《外商投资法》正式实施，强调在资金支持、土地供应、认证和许可、采购及知识产权等方面对不同所有制企业一视同仁，这为外资企业创造了更加公平的竞争环境。2020年疫情发生后，中国政府明确提出，坚定不移全面扩大开放，着力实现包括稳外资在内的"六稳"。同年6月，《海南自由贸易港建设总体方案》发布，标志着中国开放水平最高的自贸港建设进入新阶段。我国自贸试验区外商投资准入负面清单中的特别管理措施也从2013年的190条缩减至2021年的27条，2021年全国版外商投资准入负面清单中的特别管理措施只剩31条，海南自贸港外商投资准入负面清单中的特别管理措施剩27条。2020年9月，新设北京、湖南、安徽三个自贸试验区，浙江自贸试验区进行扩区，数字贸易、知识产权等高标准规则率先探索。2021年7月，海南自贸港跨境服务贸易负面清单发布，推动了自贸港服务贸易四种模式全面开放。

（五）中国综合配套能力强

中国工业体系完整，产业链基础深厚。中国拥有 41 个工业大类 207 个工业中类 666 个工业小类，形成了独立完整的现代工业体系，是全世界唯一拥有联合国产业分类当中全部工业门类的国家。[①] 同时，中国航空航天、卫星导航、智能手机、计算机、电子通信等部分高技术产业已形成了体系完整、配套齐全、能力强大的产业生态。

中国基础设施完备，具有强大的运输配套能力。商务部发布的《中国外商投资指引（2021 版）》显示，截至 2020 年底，中国共有颁证运输机场 241 个，年旅客吞吐量 100 万人次以上的运输机场 85 个，年货邮吞吐量 1 万吨以上的运输机场 59 个；全国港口拥有万吨级以上泊位 2592 个，沿海港口万吨级以上泊位 2138 个，吞吐能力世界第一；中国公路总里程达到 519.8 万公里，公路密度达到 54.2 公里/百平方公里。中国高速铁路建设位居世界前列，截至 2021 年底，高速铁路营业里程突破 4 万公里，稳居世界第一；中国铁路运营总里程突破 15 万公里，稳居世界第二。数字基础设施进一步夯实。中国互联网络信息中心发布的《第 48 次中国互联网络发展状况统计报告》显示，截至 2021 年 6 月，我国 IPv6 地址数量达 62023 块/32，移动电话基站总数达 948 万个，其中 4G 基站数量 584 万个、5G 基站总数 96.1 万个，光缆线路总长度达到 5352 万公里。我国已建成全球规模最大的 5G 独立组网络，5G 终端连接数达到 3.65 亿户。

中国拥有大量的高技术劳动力。国家统计局数据显示，2020 年我国 16~59 岁劳动年龄人口 8.8 亿人，受过高等教育或拥有专业技能的人才不断增加。2009~2018 年，中国培养了 6500 万以上的大学毕业生、500 万的研究生。第七次全国人口普查数据显示，截至 2020 年底，我国拥有大学及以上学历人数约 2.2 亿，占总人口的 15%。根据科技部发布的《中国科技人才发展报告（2020）》，"十三五"期间，中国研发人员全时当量快速增长，

---

① 商务部发布的《中国外商投资指引（2021 版）》，第 4 页。

从 2016 年的 387.8 万人年增长为 2020 年的 509.2 万人年，年均增速超过7%，连续多年居世界第一。世界知识产权组织发布的《2021 年全球创新指数报告》显示，中国位列全球创新指数（GII）排名第 12，连续三年位居世界前 15，是跻身综合排名前 30 的唯一中等收入经济体；自 2013 年起，中国排名连续 9 年稳步上升。

二　突出挑战

当今世界正经历百年未有之大变局，新一轮科技革命和产业变革深入发展，和平与发展仍是时代主题，同时国际环境日趋复杂，不稳定性、不确定性明显增加，新冠肺炎疫情和俄乌冲突的影响广泛深远，经济全球化遭遇逆流，单边主义、保护主义、霸权主义不断抬头，全球直接投资总体低迷。同时我国已进入高质量发展阶段，发展具有多方面优势和条件，但发展不平衡不充分问题仍然突出。

（一）世界经济深度衰退导致全球直接投资低迷

新冠肺炎疫情的全球大流行重创了全球经济，俄乌冲突又将重挫全球经济的复苏。联合国 2021 年 5 月发布的《世界经济形势与展望》报告显示，2020 年全球经济同比萎缩 3.6%，是 20 世纪 30 年代大萧条以来最严重的衰退。除了中国外，全球主要经济体的 GDP 都出现较大降幅。世界经济的深度衰退导致多数跨国企业减少资本支出并推迟新投资，全球直接投资（FDI）大幅下滑。联合国贸发会议发布的 2021 年 6 月《2021 年世界投资报告》显示，2020 年全球 FDI 下降 34.7%，全球 FDI 流入额自 2005 年以来首次低于 1 万亿美元。2021 年，在各国"强刺激"下，全球经济呈现恢复性增长。但受疫情在全球的不断反复以俄乌冲突爆发等负面影响，预计世界经济增长挑战和风险加剧。IMF 和世界银行等国际组织不断调低全球经济增长预期也印证了这一点。世界经济复苏的不确定性使跨国公司的全球布局面临较大风险，我国稳外资面临重大挑战。从供给侧来看，全球直接投资总体供给的下降及不确定性加剧了我国引资的困难；从需求侧看，为吸引全球投资支撑本国经济复苏，主要国家和地区积极出台各类措施以吸引跨国公司，我国稳外资面临的外部竞争将进一步加剧。

（二）全球产业链重构对我国稳外资带来挑战

目前，全球已形成了三大生产网络：北美生产网络、欧盟生产网络和东亚生产网络。美国是北美生产网络的核心；德国、法国、荷兰等是欧盟生产网络的重点国家；中国、日本、韩国是东亚生产网络的核心。2020年初发生的新冠肺炎疫情导致我国生产秩序严重损坏，引发全球供应链断裂风险。美国、德国、法国、日本等疫情严重的国家，也是世界主要的出口国家，他们的停工停产对世界中间产品的供给形成非常严重的阻断。UNCTAD报告显示，疫情对全球4条产业链冲击最大，它们是以美国为中心的精密仪器产业，欧盟、日本、美国引领的机械产业，日本、美国、欧盟引领的汽车产业，中国大陆、中国台湾、越南引领的通信设备产业。2022年爆发的俄乌冲突又进一步加剧经济区域化和供应链碎片化趋势。更多国家越发重视产业链供应链安全，积极推动实现产业链供应链多元化，以避免过度依赖任何单一市场。疫情后，全球产业链供应链加速重构，链条的短链化、区域化、多元化趋势明显。2020年，中国是世界上120多个国家和地区的最大贸易伙伴。法国外贸银行数据显示，2020年中国制造出口份额占世界的比重达近20%，中国已经成为全球供应链网络的中心。同时，2020年我国进口产品中78%是中间品，这一比例高于美国近30个百分点，而电子、信息、汽车、航空航天等关键技术和核心零部件，中国对外依存度较高。疫情引发的全球产业链供应链重构，将对我国吸收外资产生较大负面影响。尤其是美国、欧洲、日本、印度等国家积极推动产业链供应链的"去中国化"，如2020年4月，日本政府出台政策，明确将提供20亿美元的补助和贷款，支持日本在华企业将生产线从中国迁回日本或迁往东南亚国家。对于在华跨国公司来说，为确保业务的连续性和稳定性，重新审视并调整供应链以及采取分散化布局的必要性不断增强。2021年2月，美国总统拜登签署总统令，命令审查美国全球供应链，主要目的是摆脱对中国供应链的依赖。半导体、电动车电池、稀土和医疗物资是美国优先建立独立供应链的领域。同年 4 月，美国通过《2021 年战略竞争法案》，明确将中国当作美国的战略竞争对手，推动美国企业供应链多样化，加快推动"去中国化"。

（三）全球贸易投资保护主义升温

经济发展规律显示，经济形势不景气，全球贸易投资保护主义会明显升温。UNCTAD 发布的《2022 年世界投资报告》表明，近年来，全球出台的投资政策举措中便利化措施占比呈现逐步下降趋势；而限制性措施占比呈现逐步上升的趋势。2021 年限制性措施尽管比 2020 年数量有所下降，但占当年投资政策措施总数的比重达到历史最高，为 36.7%；便利化措施的数量达到历史最低，这反映出主要国家对外国投资的限制越来越多，全球投资保护主义有所增加（见图 3-1）。与此同时，近乎全部的发达国家都强化了外资安全审查制度，导致 2019 年至少有 11 宗大型跨境并购交易因监管或政治原因被撤销或阻止。而中国一直是全球贸易投资保护主义的主要受害者，也是全球贸易救济措施的首要目标，连续 25 年成为全球遭受反倾销立案最多的国家，连续 14 年成为全球遭受反补贴立案最高的国家。中国贸易救济信息网的统计数据显示，2020 年全球发起的贸易救济案件总计 438 起，比上年的 290 起增长 51.0%。其中国外发起的贸易救济案例总计 430 起，针对中国的有 130 起，占比 30.2%，其中反倾销 87 起、反补贴 20 起、保障措施 23起。从案件数量的变化来看，2020 年国外涉华新立案件数量较上年增加 29起，增幅为 28.7%，其中反倾销案件增加 25 起，反补贴案件增加 11 起。

（四）中美经贸关系紧张对中国稳外资形成直接挑战

2008 年以来，伴随发展中国家的群体性崛起，尤其是中国的快速崛起，以美国为首的发达国家在全球经济中的主导地位不断下降。中国逐渐成为美国关注的首要对象，对中国的防范和遏制打压不断升级。2012 年 3 月奥巴马政府推出"国家制造业创新网络"计划，2014 年 12 月通过《振兴美国制

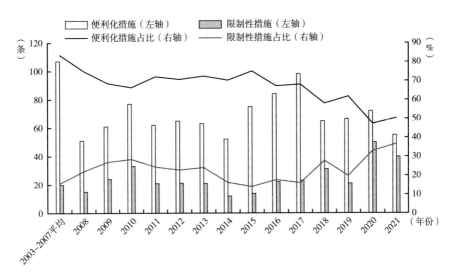

图 3-1　全球投资政策变化趋势

资料来源：联合国贸发会议《2022 年世界投资报告》。

造业和创新法案》，以创新发展推动制造业回流美国。特朗普总统上台后，其主导的政府奉行"美国优先"，在世界范围内挑起贸易摩擦，尤其是对华实行全方位打压。2017 年 8 月，美国贸易代表办公室（USTR）发起对华"301 调查"，并于 2018 年和 2019 年对自中国进口的产品加征高额关税。与此同时，美国修订《出口管制条例》，全面加码对出口中国技术的管控。2018 年 3 月至 2021 年 12 月，美国商务部共将 611 个中国公司、机构及个人纳入实体清单，禁止美国公司未经批准与其开展业务。拜登总统上台后，延续了特朗普政府经贸领域对华政策主线，2021 年 4 月，美国通过《2021 年战略竞争法案》，将中国当作美国的战略竞争对手，加快推动"去中国化"。面对美国的不断打压，中国被迫反制，2020 年 9 月发布《不可靠实体清单规定》，明确对违反正常的市场交易原则，中断与中国企业、其他组织或者个人的正常交易，或者对中国企业、其他组织或者个人采取歧视性措施，严重损害中国企业、其他组织或者个人合法权益的外国实体采取相关措施。美国已经将中国视为最大的战略竞争对手，通过关税、出口管制、技术脱钩、供应链重构等手段加大对中国的打压，中美经济脱钩风险加剧。中美之间经贸关系的紧张对在华投资跨国公司造成了直接负面影响。中国美国商会发布的《2020 美国企业在中国白皮书》显示，2019 年，75%的会员企业称在华业务经营受到关税的影响，主要是产品需求下降，制造成本上升；51%的会员企业对中美双边关系前景较为悲观。《2021 美国企业在中国白皮书》显示，中美关系紧张加剧成为在华美国企业面临的最大挑战，比 2020 年上升了一位，比 2019 年上升了两位，78%的会员将其称为首要挑战（见表 3-2），95%的服务业会员将其列为首要挑战。

表 3-2 美国企业在华经营面临的前十大挑战

2021 年排名	具体挑战	受访者比例（%）	2020 年排名
1	中美关系紧张加剧	78	2
2	劳动力成本增加	40	1
3	法律法规解释执行不一致/不明确	37	3
4	中国私企竞争加剧	33	10
5	对数据安全的关切	26	未进前十
6	监管合规风险	20	4
7	中国保护主义加剧	19	未进前十
8	互联网接入服务产品质量/审查制度	18	未进前十
9	难以获得所需许可证	16	6
10	侵犯知识产权行为	15	未进前十

资料来源：中国美国商会《2021 美国企业在中国白皮书》，2021。

（五）我国要素成本快速上升带来挑战

在引资过程中，我国低要素成本的传统竞争优势不断被削弱，综合要素成本快速增长，导致部分产能快速向泰国、越南等东盟国家转移。其中劳动力成本增长最为明显，2020 年，我国城镇企业员工年平均工资 97379 元，是 1995 年的 18.2 倍，2010 年的 2.7 倍（见图 3-2）。2020 年外商投资企业（不含港澳台企业）和港澳台企业员工年平均工资分别为 112089 元和 100155 元，是 1995 年的 12.7 和 13.0 倍（见图 3-3）。

从劳动力成本的纵向比较看，越南、泰国、缅甸等东盟国家劳动力资源丰富，劳动力成本远低于中国。国际劳工组织的数据显示，中国员工的月平

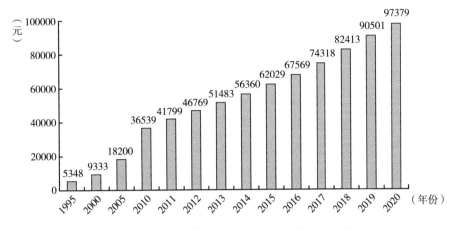

图 3-2 我国城镇企业员工年平均工资变动趋势

资料来源:《中国统计年鉴 2021》。

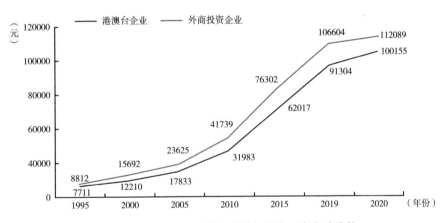

图 3-3 我国外资企业就业人员年平均工资变动趋势

资料来源:《中国统计年鉴 2021》。

均工资是 847 美元（2016 年），马来西亚为 594 美元（2016 年），越南为 231 美元（2017 年），印度尼西亚为 136 美元（2015 年）（见图 3-4）。来自国家统计局的数据以及商务部发布的《对外投资合作国别（地区）指南》显示，2019 年我国月平均工资为 1071.4 美元，越南日平均工资为 336.9 美元，泰国最低月工资为 291 美元，印度尼西亚首都工人最低工资为 288 美元，缅甸最低月工资为 105 美元。

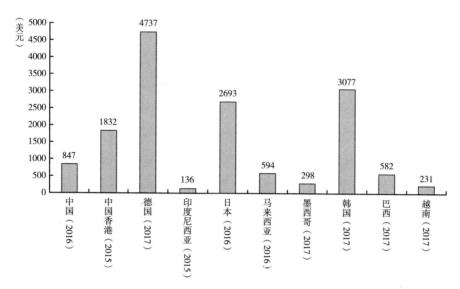

图 3-4 就业人员月平均工资国际比较

资料来源：国际劳工组织。

从税收指标看，我国的总体税收负担较重。世界银行的《营商环境报告 2020》显示，纳税指标中，泰国、马来西亚、印度尼西亚、菲律宾分别排在第 68 位、80 位、81 位、98 位，而我国在 190 个国家中仅排在第 108 位，这显示我国总体税负水平还是高于相关东盟国家。从我国的宏观税负水平（税收总收入与 GDP 的比例）看，2000~2019 年，我国税负水平呈现先不断攀升再缓慢下降的态势，2018 年宏观税负水平依旧达到 17.1%，2019 年下降较为明显，仅为 16.0%，但比 2000 年依旧高出 3.3 个百分点（见图 3-5）。

三　主要问题

（一）市场准入壁垒较为明显尤其是服务领域

中国美国商会发布的《2020 中国商务环境调查报告》显示，受访的在华美国企业认为，遭受不公平待遇的三大领域分别是市场准入限制

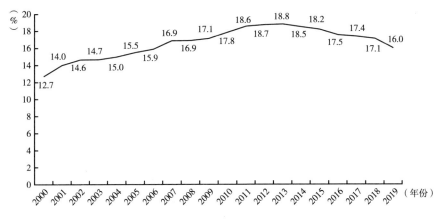

图 3-5 我国历年税负水平变动趋势

资料来源：根据《中国统计年鉴 2020》计算。

（63%）、政府财政支持（42%）和政府采购（39%）。82%的参与调查的美国企业称市场准入限制阻碍了其在中国的运营。中国欧盟商会《商业信心调查 2020》显示，欧洲企业对《中欧全面投资协定》最期望的前三项分别是：中国市场准入条件放宽（24%）、外资企业和国有企业同等待遇（18%）、中国市场的授权和牌照发放程序更透明（17%）。① 我国在服务业的市场准入限制最为突出。OECD 发布的 2021 年 50 个经济体的服务贸易限制指数（STRI）显示，在总计 22 个服务领域中，我国服务贸易限制指数简单加权平均值为 0.36，50 个经济体平均为 0.26，我国的限制程度远高于 50 个经济体的平均水平。从具体行业看，会计、邮政服务、商业银行、保险、物流货物装卸、法律服务、电影、广播、录音、电信、海运、计算机服务这 12 个领域限制程度高于 50 个经济体的平均水平，其中，邮政服务、电影、广播、录音 4 个领域限制程度最高，中国排名第一；此外，电信、会计、保险、商业银行、计算机服务排名在前 10 及以内（见表 3-3）。

---

① 括号内的百分数表示选择相应选项的参与调查的在华美国企业数量占比。

表3-3 2021年中国分领域服务贸易限制指数排名

行业	50个经济体平均限制指数	中国限制指数	中国排名
会计	0.32	0.73	4
邮政服务	0.28	0.72	1
分销	0.19	0.16	28
商业银行	0.23	0.32	9
保险	0.23	0.35	7
物流货物装卸	0.26	0.30	16
物流仓储	0.24	0.24	18
物流货代	0.21	0.19	28
物流报关	0.23	0.20	29
建筑	0.23	0.21	23
公路货运	0.24	0.21	26
铁路货运	0.32	0.24	22
建筑设计	0.25	0.16	39
工程服务（工程咨询）	0.24	0.16	37
法律服务	0.39	0.48	14
电影	0.22	0.56	1
广播	0.32	0.67	1
录音	0.20	0.42	1
电信	0.24	0.67	2
空运	0.42	0.41	28
海运	0.27	0.28	18
计算机服务	0.22	0.27	10

资料来源：根据 OECD 服务贸易限制指数数据库整理。

同时，OECD 将服务业的壁垒分为外资市场准入限制、自然人移动限制、竞争壁垒、监管透明度以及其他歧视性措施五大类。从我国服务业的不同类型壁垒看，除了电信和物流货物装卸两个行业外，其他 20 个行业，外资市场准入限制都处于第一位，除物流仓储、铁路货运外，其余 18 个行业外资市场准入限制比重都超过 50%，广播、电影、计算机服务、分销、公路货运及海运外资市场准入限制比重超过 70%，分别为 82.3%、76.7%、75.9%、73.3%、71.8% 和 71.1%。横向比较看，我国邮政服务、电影、录音、商业银行、计算机服务、会计、法律服务、运输、物流、建筑等行业外资市场准入限制程度远高于美国、德国、日本等发达国家。以录音领域为例，2021年我国外资市场准入限制比重达55.4%，美国、德国、日本外资市场准入限制比重分别仅为4.9%、19.4%和23.9%。

（二）存在以监管障碍等为主的制度性壁垒

对外资的开放限制中除市场准入限制外，准入后的制度性壁垒仍然存在，导致一些行业存在准入不准营问题。《2020美国企业在中国白皮书》显示，2019年在华美国企业面临的十大挑战中，法律法规解释执行不一致/不明确、监管合规风险和难以获得所需许可证分别位列第二、第四和第六。中国美国商会发布的《2020中国商务环境调查报告》显示，41%的参与调查的在华美国企业称，监管环境更透明、更可预测、更公平是可能增加新投资的一个"很重要"或"及其重要"的因素。中国欧盟商会发布的《商业信心调查2020》显示，2020年监管排名前三的问题是法律法规措辞不明确、立法环境不可预测、执法自由裁量。因此，在市场准入已经放开的领域，许可证和审批制度也经常使外资企业难以或无法真正获得市场准入。同时，反垄断、标准制定、海关许可等复杂程序也限制了外资企业在华公平参与竞争。

（三）投资环境还有提升空间

除了上述提到的监管环境问题外，我国投资环境还存在以下问题。一是部分地方政府对外资项目的重视不够。重招商、轻服务，对引进的外资项目的跟踪服务工作不到位，导致好的外资项目落地困难。二是部门之间信息共享不顺畅。各部门对外商投资信息采集标准不一样，导致企业多头填报，如对于股份制外商投资企业的设立和变更，因市场监管部门只登记发起人股东信息，推送到商务系统的信息报告没有非发起人股东的相关信息，如果企业需要做非发起人股东登记或变更需要单独通过商务部门逐级申请开通商务部系统变更通道，增加了企业办事流程和程序。三是跨境资金使用不便利。资金跨境使用成本较高，资本金用作境内股权投资程序也比较烦琐。

（四）利用外资行业结构有待优化

利用外资行业结构主要表现在两个方面，一方面，制造业外资份额快速下降。我国作为世界制造大国，但是近年来，制造业外资份额呈现快速下降趋势，在双循环新发展格局下容易引发产业链供应链安全问题。另一方面，服务外资结构还需优化。房地产依旧是我国服务业外资重要领域，金融，水利、环境和公共设施管理，居民服务、修理和其他服务，教育，文化、体育和娱乐，卫生和社会工作等领域实际外资规模依旧很小，表明我国现代服务及民生领域外资还有较大提升空间。

（五）核心平台稳外资作用还需提升

比较突出的是，国家级经开区稳外资的作用不断下降。国家级经开区是我国改革开放以来对外开放的重要平台，但随着国家级新区、自贸试验区、自由贸易港等开放平台的设立，国家级经开区在税收、财政、土地、人才、知识产权等方面的综合性优惠政策不断淡化和弱化，吸收外资主阵地的作用快速下降。2012~2020年，尽管纳入统计的国家级经开区数量从171家增到217家，但国家级经开区实际外资占全国的份额从45.3%降到20%左右。与此同时，国家级新区、自贸试验区甚至自由贸易港等核心平台稳外资的作用也需进一步提升。以广西自贸试验区为例，尽管在制度创新以及面向东盟等国家的开放方面取得了积极成效，但受到外向型人才缺乏、制度创新广度深度不足等因素制约，广西自贸试验区主导产业集聚程度不够，稳外资的功能还有待大幅提升。

（六）中西部地区稳外资潜力有待挖掘

随着"一带一路"倡议的提出，中西部尤其是西部从开放末端走向了开放前沿。但从吸收外资角度看，在国家允许地方加大投资促进力度的大环境下，相比东部地区，中西部对外资企业财税支持力度明显偏弱，同时中西部地区在人才供给、产业配套、物流成本等方面存在先天不足，因此，中西部地区整体投资环境不仅没有大幅改善，还呈现相对恶化。最明显的体现是，中西部地区实际外资占全国份额不断下降。此外，中美贸易摩擦导致劳动密集型外资企业直接向越南等东南亚国家转移，而非向我国中西部地区转移，也说明中西部地区的引资环境还有待改善。总体看，我国中西部地区引资水平还较低，具有较大的发展空间和发展潜力。

第四章　中美贸易摩擦及疫情对中国稳外资的影响

一　影响机制

（一）中美贸易摩擦对中国稳外资的影响机制

1. 美国加征关税对中国稳外资的影响机制

美国对自中国进口的商品加征高额关税，会对在华经营的以美国为主要出口市场的外商投资企业产生两种较为明显的效应：市场迁移效应和投资迁移效应。

（1）市场迁移效应。对于生产制造在中国境内、出口市场在美国的外资企业来说，加征关税直接推高了其出口成本。如果外资企业能够找到替代的出口市场，或者出口的部分能够实现转向中国国内销售的话，那么加征关税对外资企业在华投资经营影响有限。

（2）投资迁移效应。对于在华经营的以出口为主的外资企业来说，如果美国是其主要的出口目的地，也没有可替代的目标市场，那么它们极有可能出现投资迁移，选择在其他国家或地区重新布局生产网络。迁移的路径可能有以下两种，一是将在中国境内的出口产品的生产制造工序迁往成本更低的国家和地区，如越南、泰国、印度尼西亚等；二是将在中国境内的生产制造工序迁回美国或本国（地区），如在大陆投资的台湾企业将更多的生产制造能力迁往越南或美国，也有迁回台湾地区的。在投资迁移效应下，我国稳外资将受到明显的负面影响。

2.美国科技脱钩以及供应链重构对中国稳外资的影响机制

美国将中国更多企业列入出口管制实体清单，联合盟友积极重构全球供应链，加快推动与中国科技脱钩，如美国频繁向盟国施压，澳大利亚、韩国、日本、印度、加拿大等国先后以国家安全为由宣布禁止采用华为5G通信设备，这将对我国整体稳外资带来较大挑战。

（1）技术脱钩。供需两侧对跨国公司在华高技术领域投资影响有所不同。从供给侧来看，科技脱钩会抑制跨国公司在华科技领域的投资。美国推动中美之间的科技脱钩，一方面，会切断相关产业的全球布局，扰乱正常的贸易秩序，抑制全球科技产业直接投资规模的扩大，中国身处争端的中心，更不可能避免；另一方面，在推动与中国科技脱钩的同时，美国逐步形成基于盟友的区域科技伙伴关系，而中国被排除在外，这将直接导致在华投资的科技类外资企业难以从发达国家获取新兴技术和高技术产品，从而对跨国公司在华技术产业领域投资产生明显负面影响。从需求侧来看，跨国公司在华科技领域的投资将有更广阔的空间。主要的原因在于，在美国积极推动中美科技脱钩的大环境下，我国为了更好推动本国经济发展，必将强化和推动本土科技创新。《中华人民共和国国民经济和社会发展第十四个五年规划和2035年远景目标纲要》提出，要深入实施科教兴国战略、人才强国战略、创新驱动发展战略，完善国家创新体系，加快建设科技强国。中国必将加快创新体系建设，提升创新能力，科技创新产业的发展空间将大幅提升，这将给跨国公司在华科技领域的投资提供更多机遇。

（2）供应链重构。从理论机制上来说，供应链重构会对跨国公司在华投资造成负面影响。在疫情影响下，美国等经济体加速推进全球供应链的"去中国化"，推动供应链的本地化、区域化和多元化。美国、日本等国家积极采取财政支持或税收优惠等措施，加快引导在华投资的本国企业回流本国或向第三方市场投资，将直接对我国稳外资形成较大负面影响。由于供应链重构是一个长期且复杂的过程，在实践中其短期影响并不明显，但如果我国没有做好应对，其中长期的负面影响将不断显现。

（二）疫情对中国稳外资的影响机制

1.从供给侧看，疫情对中国稳外资造成较大的负面影响

疫情对全球经济增长造成重创，跨国公司的利润大幅下降，跨国公司全球投资和布局步伐明显放缓，全球直接投资大幅下降。UNCTAD 数据显示，受疫情影响，2020 年全球 FDI 同比下降 34.7%。2021 年全球 FDI 强劲反弹，同比增长将近 80%，跨境并购强劲增长，但绿地投资依旧保持低迷，而我国吸收外资以绿地投资为主，从供给侧看，疫情将对我国稳外资带来较大压力和挑战。

2.从需求侧看，疫情对中国稳外资影响有阶段之分

从需求侧来看，分为两个阶段。第一个阶段（2019 年底至 2020 年 3 月），疫情发生后，我国人流物流受到阻隔，经济生产大范围被迫停滞，国内需求也大幅下降，跨国公司对华投资大幅下降。第二个阶段（2020 年 4 月至今），中国境内疫情管控有力。中国境内包括外资企业在内的企业快速复工复产，经济不断复苏，2020 年，中国成为全球主要经济体中唯一实现正增长的国家。在全球疫情蔓延的大环境下，中国成为跨国公司的避风港，中国吸引外资额不降反升，保持了较快增长，以人民币计价，2020 年我国非金融领域实际外资金额同比增长 6.2%，2021 年同比增长 14.9%。

二　对不同层面外资的影响分析

（一）对不同类型外资企业的影响

1.对出口导向型外资企业的负面影响更大

出口导向型外资企业更加依赖国际市场，而中美贸易摩擦以及疫情导致中国经济面临的国际环境更加复杂和严峻，因此对出口导向型外资企业形成直接冲击，尤其是对出口终端市场以美国为主的外资企业来说，负面影响将更为显著。

生产成本的显著提升将直接抑制出口导向型外资企业新增投资。中美贸易摩擦给在华投资的跨国公司，特别是涉及较多中美进出口业务的企业造成了直接负面影响，外资企业在中国投资经营的成本将显著上升。长期以来，外资企业是我国外贸出口尤其是高新技术产品出口的重要主体。中国海关总署数据显示，2010~2017年，我国产品出口中有47.8%的份额是由外资企业完成的。2018年，美国对中国进口产品加征高额关税后，外资企业的出口份额呈现明显下降趋势，从2017年的43.2%降为41.7%，2019年进一步降为38.7%，2020年仅为36.0%，2021年进一步下降至34.3%。2017~2021年，外资企业出口额占中国出口总额的比重下降了近9个百分点。同时，外资企业是我国高新技术产品出口的核心主体，外资企业在高新技术产品出口中一支独大，份额超过70%，外商独资企业出口份额超过50%。因此，美国加征高额关税、加快技术脱钩等手段增加了在华经营外资企业的生产成本，直接抑制出口导向型尤其是以高新技术产品出口为主的外资企业在华新增投资。

同时，中美贸易摩擦以及疫情加剧，全球产业链供应链的调整趋势将对在华出口导向型存量外资造成明显冲击。尽管中国拥有庞大的技术工人群和相对完整的产业链，短期内中国的制造业还具有相当大的优势，但由于中美贸易摩擦具有长期性，美国对中国高新技术企业打压不断升级以及疫情下美欧等国家加快推动全球供应链重构，在华投资的出口型外资企业的生产成本将显著提升，企业将被迫重新评估、选取制造业基地。不但在华的美资企业受到直接影响，供应链上下游的日本、韩国、中国台湾等制造企业也在考虑重新布局产业链和供应链，如世界最大的鞋类代工厂宝成、电子企业三星将工厂从中国搬到越南。

2. 对市场寻求型外资企业的影响较小

中美贸易摩擦和疫情导致世界经济复苏和增长的复杂性和不确定性加大，贸易投资保护主义显著抬头。世界投资的增长势头不稳，我国稳市场寻求型外资的挑战和压力也在不断加大。比较利好的是，市场寻求型投资最看重市场，我国经济保持持续稳定增长是跨国公司扩大对华投资的核心条件。

因此，只要我国经济中长期预期是持续向好的，中美贸易摩擦及疫情对市场寻求型外资的影响就相对有限。一旦中美贸易摩擦、疫情对中国经济中长期增长产生较大负面影响，那市场寻求型外资的稳定也将面临较大挑战。

（二）对不同行业外资企业的影响

随着中国经济快速发展以及产业加快转型升级，国内各类要素成本尤其是劳动力、土地等成本快速上升。中美贸易摩擦叠加新冠肺炎疫情，劳动密集型外资企业向东南亚等国家的转移趋势加快，同时中美科技脱钩也对高新技术领域的外资企业在华投资和布局产生重要影响。

1. 劳动密集型外资制造企业投资迁移的效应明显

从理论上看，生产成本和产业集聚是影响跨国公司供应链布局的两大因素。一般来说，纺织、服装、食品饮料、家具等劳动密集型产业因为研发投资和专用资产较少，产业链较短，生产布局受成本因素影响较大，供应链布局容易出现迁移。因此，在美国对中国劳动密集型产业加征 25% 的高额关税下，叠加中国成本的快速上升，在华经营的劳动密集型外资企业容易出现投资迁移，加快向要素成本更低的越南、印度尼西亚等东南亚国家布局。美国经济分析局（BEA）数据显示，2018 年美国自中国货物进口额增长 6.6%，增幅比 2017 年下降 2.7 个百分点，2019 年和 2020 年美国自中国进口额分别下降 16.3% 和 3.7%；与此同时，2019 年和 2020 年美国自越南进口额分别增长 35.2% 和 19.8%，增幅远高于 2017 年（10.4%）和 2018 年（5.7%），这在一定程度上反映出劳动密集型产业加快从中国向越南等东南亚国家转移的趋势。

2. 对高新技术和高资本密集型的外资制造企业的影响有阶段性

与劳动密集型产业相对应的是，交通运输设备、机械、化工、电气设备、计算机及电子产品、医药设备等知识密集型和技术密集型行业因研发投资和专用资产较多、产品复杂度较高、产业链较长、产业集聚效应较突出，供应链转移难度较大。但是由于高新技术制造业是中美博弈的重点领域，也是美国打压中国的关键领域，因此，美国通过征收关税、出口管制、科技脱钩等手段对在华经营的技术密集型外资企业进行打压，将产生明显的阶段性影响。短期内，其对技术密集型外资企业的影响相对有限。主要原因在于技术密集型外商投资制造企业供应链迁移难度高，不是一朝一夕能完成的，因此，投资迁移效应并不明显。在实践中，也可以看到，到 2021 年底，我国尚未出现高新技术领域外资制造企业大规模向外迁移的现象。中长期内，其对技术密集型外资企业的负面影响将会不断显现。中美经贸摩擦的长期性和持续性容易影响跨国公司在华投资运营的长期预期和信心，跨国公司在华投资风险也将明显加大，一旦有更好的市场选择，跨国公司将极有可能对全球布局进行战略调整，向外迁移的动力加大。

3. 对在华投资服务业的外资企业影响较小

由于在服务业投资的外资企业更多是市场寻求型，如跨国公司投资的批发零售企业更多的是服务我国国内的消费者，只要国内市场保持稳定，投资服务业的跨国公司业绩就能保持持续稳定增长。因此，中美贸易摩擦对投资服务业的跨国公司影响相对有限。

（三）对来自不同国家或地区外资企业的影响

中美贸易摩擦以及疫情对来自不同国家或地区外资企业的影响，主要与该国家或地区的外资企业在华从事的行业有关，如果所处的行业刚好是美国打压中国的重点领域，那么直接的负面冲击就较明显；如果是非打压的重点领域，那么直接的负面影响相对有限。

1. 对来自美国的外资企业影响较小

从理论上看，中美贸易摩擦，首当其冲的应该是在华投资的美资企业。但从实践看，在华经营的美资企业虽然也受影响，但负面影响相对有限，主要原因在于美国在华投资领域主要集中在服务业，如金融，信息传输、软件和信息技术服务，租赁和商务服务等行业，以市场寻求型外资为主。

2. 对来自中国香港、东盟等以服务业投资为主的外资企业影响较小

中国香港、东盟国家对中国内地投资主要集中在房地产，租赁和商务服务，信息传输、软件和信息技术服务，交通运输、仓储和邮政，批发和零售等服务领域，也是以市场寻求型外资为主，因此，中美贸易摩擦对其负面影响也相对有限。如商务部数据显示，以美元计价，2020 年和 2021 年，香港对内地实际投资额同比分别增长 9.9% 和 24.5%，远高于同期我国实际外资金额的增幅（4.5% 和 20.2%）。

3. 对来自日本、韩国、欧盟、中国台湾等以制造业投资为主的外资企业负面影响较为明显

日本、韩国和中国台湾对我国大陆投资超过 60% 集中在制造业，欧盟也有 50% 的投资集中在制造业，比如电子电器、电子零部件、计算机和电子产品、汽车制造等。这些制造业与美国打压中国的行业有较大重叠，因此，中美贸易摩擦对来自这些地区的在华投资有较大负面影响。商务部外资统计显示，2020 年，在我国全年外资实现增长的情况下，来自韩国、日本、中国台湾和德国的投资分别下降 34.8%、9.3%、37.3% 和 18.3%。在日本贸易振兴机构（JETRO）2020 年面向在华日资企业开展的问卷调查中，关于"中美贸易摩擦对未来 2~3 年业绩的影响"，34.6% 的企业认为"整体有负面影响"。从行业类别看，认为"整体有负面影响"的企业中，排在第一位的为电器电子产品企业，达到 60.0%；运输（58.2%）、电器电子产品零部件（56.4%）领域认为有负面影响的企业也超过了五成。

第五章　新形势下中国稳外资的总体思路

一　稳外资重要性不断凸显

外资经济是我国经济社会发展的重要组成部分，稳外资与其他"五稳"之间有紧密联系，尤其是与稳就业、稳外贸、稳投资和稳预期关系更为密切。稳外资有助于稳就业、稳外贸、稳投资、稳预期，稳外资有助于我国经济高质量发展。同时，稳外资也能推动落实"六保"，尤其是能够支撑保居民就业、保市场主体以及保产业链供应链稳定。

（一）稳外资有助于稳就业

国家统计局数据显示，2010~2020年，我国外资企业（包括港澳台企业）就业人数从1823万人增至2375万人，年均增长2.7%，外资企业就业人数占我国城镇非私营企业就业总人数的比重达14.7%，最高年份为2013年和2014年，占比超过16%，分别为16.4%和16.2%。2020年，全国外资企业数占全国企业总数的份额仅为1.1%，但就业人数占全国城镇非私营企业就业总人数的比重高达13.9%（见表5-1）。

与此同时，外资企业[①]员工的平均工资远高于全国平均工资。2010~2020年。外资企业员工年平均工资从41739元增至112089元，年均增长10.4%，

[①]　这里的外资企业不包括港澳台企业。港澳台企业员工平均工资低于全国平均工资。

表 5-1　外商投资企业就业情况

单位：家，万人，%

年份	外资企业数	占全国企业总数的比重	外资企业就业人数	占全国城镇非私营企业就业总人数的比重
2010	217217	3.3	1823	14.0
2011	230115	3.1	2149	14.9
2012	243453	2.9	2215	14.5
2013	202389	2.5	2963	16.4
2014	231954	2.2	2955	16.2
2015	237456	1.9	2790	15.4
2016	240155	1.6	2666	14.9
2017	267211	1.5	2581	14.6
2018	—	—	2365	13.5
2019	251145	1.2	2360	13.8
2020	271104	1.1	2375	13.9

注：—表示无数据。

资料来源：国家统计局。

2020 年外资企业员工年平均工资是全国年平均工资的 1.15 倍（见图 5-1）。因此，稳外资有助于推动稳就业和保民生。

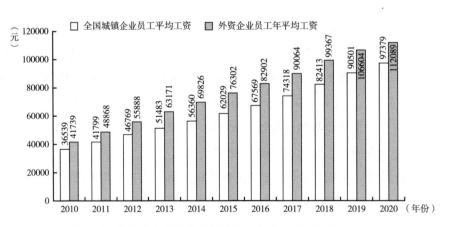

图 5-1　外资企业员工的年平均工资与全国年平均工资对比

资料来源：国家统计局。

（二）稳外资有助于稳外贸

改革开放以来，外资企业一直是我国对外贸易的重要主体。2006 年外资企业进出口总额占我国进出口总额的比重高达 58.9%，随后有所下降，但也一直是我国对外贸易的第一大主体，直至 2019 年，民营企业超过外资企业成为我国对外贸易的第一大主体。尽管如此，2019~2020 年，外资企业实现的进出口总额占我国进出总额的比重基本稳定在 40% 左右，2020 年进出口份额为 38.7%，其中进口份额为 42.1%，出口份额为 36.0%（见表 5-2）。

表 5-2　外资企业进出口情况

单位：亿美元，%

年份	外资企业进出口总额	占全国进出口总额比重	外资企业进口总额	占全国进口总额比重	外资企业出口总额	占全国出口总额比重
2010	16006	53.8	7384	52.9	8622	54.6
2011	18599	51.1	8647	49.5	9952	52.4
2012	18941	49.0	8715	47.9	10226	49.9
2013	19183	46.1	8746	44.9	10437	47.3
2014	19836	46.1	9089	46.4	10746	45.9
2015	18335	46.3	8289	49.3	10046	44.1
2016	16875	45.8	7708	48.5	9168	43.7
2017	18391	44.8	8616	46.8	9776	43.2
2018	19681	42.6	9321	43.6	10360	41.7
2019	18239	39.9	8578	41.3	9661	38.7
2020	17976	38.7	8653	42.1	9323	36.0

资料来源：《中国外资统计公报 2021》。

（三）稳外资有助于稳投资

尽管外商投资在我国固定资产投资总额中的占比不高，2018 年一度下降到 3.7%，2020 年上升为 5.2%（见图 5-2）。但外资是我国高质量投资的重要组成部分，尤其是在疫情下，外商投资保持较快增长，为我国经济的快速复苏提供了重要支撑。2020 年全国固定资产投资增速为 2.9%，而港澳台企业投资增速为 6.6%，外资企业（不包括港澳台企业）投资增速高达 11.5%。农、林、牧、渔领域，港澳台企业和外资企业（不包括港澳台企业）的固定资产投资增速高达 30.6% 和 85.3%，远高于全国 19.1% 的增速；制造领域，全国固定资产投资下降 2.2%，港澳台企业和外资企业（不包括港澳台企业）同比增长 8.6% 和 2.4%，尤其是医药制造业全国增速为 28.4%，港澳台企业和外资企业（不包括港澳台企业）增速为 54.9% 和 67.2%；服务领域，外资企业的固定资产投资表现亮眼，信息传输、软件和信息技术服务业，金融业，居民服务、修理和其他服务业，水利、环境和公共设施管理业分别增长 142.3%、109.8%、44.1%、17.7%，远好于全国 18.7%、−13.3%、−2.9%、0.2% 的表现。

图 5-2　外商投资企业（包括港澳台企业）固定资产投资情况

资料来源：《中国外资统计公报 2021》以及历年《中国统计年鉴》。

（四）稳外资有助于稳预期

长期以来，外资是我国经济增长重要的推动力。疫情下，只有跨国公司对我国宏观经济的稳定增长有信心，我国经济发展的预期就是稳定的，因此稳外资有利于推动我国经济发展预期的稳定。从外商投资规模

以上工业企业表现看，2010～2020 年，外商投资规模以上工业企业从
74045 家降为 43026 家，占全国规模以上工业企业总数的比重从 2010 年
的 16.4% 降为 10.8%，下降近 6 个百分点；但同期外资企业的利润总额
从 15019.6 亿元升为 18167.4 亿元，占全国工业以上规模企业利润总额
的比重从 28.3% 降为 26.5%，仅下降不到 2 个百分点，利润占比下降远
低于企业数量占比，反映出在华扎根的跨国公司在中国市场具有较强的
盈利能力（见表 5-3）。

表 5-3　外商投资企业（包括港澳台企业）规模以上工业企业指标

单位：家，亿元，%

年份	企业数	占全国比重	营业收入	占全国比重	利润总额	占全国比重
2010	74045	16.4	188729.4	27.0	15019.6	28.3
2011	57216	17.6	216304.3	25.7	15494.2	25.2
2012	56908	16.6	221948.8	23.9	13965.9	22.6
2013	57368	15.5	242964.2	23.4	15802.6	23.1
2014	55172	14.6	252630.1	22.8	16577.3	24.3
2015	52578	13.7	245697.6	22.1	15905.8	24.0
2016	49554	13.1	250393.0	21.6	17597.5	24.5
2017	47458	12.7	247619.7	21.9	18412.4	24.6
2018	44624	11.9	236958.7	22.4	16943.5	23.7
2019	43588	11.5	234409.8	22.0	16483.0	25.1
2020	43026	10.8	243188.6	22.4	18167.4	26.5

资料来源：根据《中国统计年鉴 2021》整理计算。

外资企业也是我国重要的纳税主体。2010～2020 年，外资市场主体占我
国市场主体总数的比重仅为 2.1%，但纳税额占我国税收总额的份额达到
20.2%。2020 年外资企业以全国 1.1% 的市场主体实现了全国 17.3% 的纳税
额（见图 5-3）。

跨国公司对在华投资保持较强的信心，即意味着中国市场对跨国公司保
持较强的吸引力，中国经济发展的预期也是稳定的。日本贸易振兴机构发布

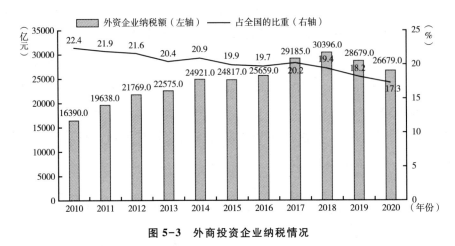

图 5-3　外商投资企业纳税情况

资料来源：《中国外资统计公报 2021》。

的《2020 年度亚洲、大洋洲日资企业实况调查》显示，55.6% 的在华日资企业将保持原有在华投资规模，36.6% 的企业计划在未来 1~2 年扩大在华业务。中国欧盟商会发布的《商业信心调查 2021》显示，65% 的受访企业表示中国仍是其前三大投资目的地之一，59% 的受访企业打算扩大在华经营规模。中国美国商会《2021 中国商务环境调查报告》显示，美国企业对在华发展前景持乐观态度，61% 的受访企业仍视中国为首选投资目的地，且对中国向外商投资企业进一步开放市场的前景充满信心；75% 的受访企业对其在未来两年中国市场实现增长和中国经济复苏持乐观态度。中国德国商会《商业信心调查 2020/2021》显示，中国仍然是德国企业重要投资地，96% 的受访企业表示将持续在华经营。

（五）稳外资有助于保产业链供应链稳定

改革开放以来，外资成为中国经济连接世界的纽带，外资企业也助力中国充分全面地融入了全球产业链供应链当中，并逐步成为全球产业链供应链的中心。疫情在全球蔓延引发产业链供应链断裂风险，全球产业链短链化、区域化和多元化特征明显，同时以美国为首的发达国家积极推动"去中国化"，以改变"以中国为中心的全球产业链供应链体系"，我国产业链供应链面临的风险明显加剧。在此背景下，中央提出保产业链供应链稳定。欧美等发达国家改变"以中国为中心的全球产业链供应链体系"的主要措施有：推动制造业回流本国或推动采购和生产更多转向越南、印度尼西亚、泰国、印度、墨西哥、巴西、土耳其以及东欧国家。这很有可能引发在华外资企业调整生产布局，因此稳外资是我国产业链供应链稳定的风向标。如果外资企业大规模撤离中国，那么中国的产业链供应链就有断裂风险。如果外资企业在华生产经营是相对稳定的，那么我国产业链供应链就是安全的。如 2020年疫情下日本政府快速出台措施推动在华日资企业调整产业链供应链，但日本贸易振兴机构针对日资企业开展的问卷调查结果显示，对于是否会因"新冠肺炎疫情的蔓延"以及"贸易环境的变化"而"计划调整生产基地"这一问题，回答"有此计划"的企业只占 7.2%，其余 92.8% 的企业均回答"无此计划"。从在华日资企业的短期反应来看，日本政府采取的产业链供应链调整措施实际影响有限，在华外资是稳定的，我国产业链供应链也是相对安全的。

二　稳外资目标和重点

（一）稳外资目标

商务部发布的外资数据显示，"十三五"时期，我国实际吸收外资规模达到 6989.0 亿美元，2020 年高技术产业吸收外资占比为 28.6%，自贸试验区吸收外资占比为 17.9%。2021 年，商务部印发了《"十四五"商务发展规划》和《"十四五"利用外资发展规划》，明确了"十四五"时期，我国稳外资的预期性量化目标。从规模指标看，"十四五"时期，我国累计吸收外资总额 7000 亿美元，平均年吸收外资规模为 1400 亿美元；从结构指标看，到 2025 年，高新技术产业吸收外资占比达到 30%，自贸试验区、自贸港吸收外资占比达到 19% 左右。"十四五"时期我国稳外资预期性目标是比较稳健的，基本是在保持"十三五"时期外资规模和外资结构的基础上，小幅增长。"十四五"时期，在中美贸易摩擦叠加新冠肺炎疫情以及俄乌冲突的中长期影响下，我国经济面临的国内外形势更加复杂严峻。在这样的大背景下，我国吸收外资中长期的总体思路和目标以维稳为主，在保证外资规模稳定的基础上，逐渐推动外资产业结构和区域结构不断优化。

（二）稳外资重点

1. 稳存量外资，应着力稳制造业外资

商务部数据显示，截至 2020 年底，我国累计设立外商投资企业超过 104 万家，累计实际吸收外资超过 2.4 万亿美元。从行业看，截至 2020 年底，制造业设立外商投资企业 53.5 万家，占外商投资企业总数的 51.4%；合同外资金额为 2.3 万亿美元，占合同外资总金额的 38.8%，是存量外资的绝对主导行业。在中美贸易摩擦、疫情反复、俄乌冲突以及全球产业链供应链重构的背景下，我国稳存量外资的重要性不断凸显，而稳存量外资的重点是稳制造业外资，为在华生产经营的制造业外资提供更好的条件和环境，以保障我国产业链供应链的稳定和安全。

2. 稳新增外资，应着力吸引市场寻求型外资

从"十三五"时期看，我国服务业吸收外资快速增长，服务业吸收外资在我国外资总额的份额从 2015 年的 67.0% 提高至 2021 年的 78.8%。由于中美贸易摩擦以及疫情对我国出口导向型外资负面影响明显，对市场寻求型外资的影响相对有限，因此，稳新增外资，应着力聚焦在吸引市场寻求型外资。在新发展阶段，我国对外开放的焦点和难点主要集中在服务业，服务业的流动型开放和制度型开放的双提升是我国对外开放的重点。同时服务业外资主要是市场寻求型外资，因此，稳新增外资，应进一步深化服务业对外开放，推动服务业吸收外资的稳定增长。

三　稳外资实施路径

（一）推动稳制造业吸收外资

美国是世界第一大经济体，也是世界第一大引资国。UNCTAD 数据显示，2019 年美国服务业增加值超过 80%（80.6%），但制造业依旧是美国吸收外资最集中的领域。美国经济分析局（BEA）数据显示，截至 2020 年底，美国吸收外资总额的 40.3% 集中在制造业，2019 年和 2020 年美国新增外资中分别有 36.8% 和 52.4% 投向制造业。而我国作为世界第二经济体和世界第二引资大国，2021 年服务业增加值占比仅为 53.3%，尽管制造业也是我国外资进入最集中的领域，但近年来在外资总额中的占比呈现快速下降趋势，从 2012 年年 40.4% 降为 2021 年的 19.4%。因此，我国制造业利用外资还有较大空间，尤其是在高技术制造业领域，2020 年其实际外资占外资总额的比重仅为 6.9%。

（二）加快稳服务业吸收外资

近年来，服务业新增外资一直是我国吸收外资的重要领域，服务业吸收外资的稳步增长基本能保证我国年度新增外资的稳定。而服务业外资增长的最大制约因素是服务业开放不足，因此，应不断深化服务业对外开放，放宽跨国公司进入服务业的市场准入限制；对标国际惯例和高标准，加快服务业国内规制改革，提升制度型开放，以稳定服务业外资增长。

（三）稳核心平台吸收外资

国家级经开区、自贸试验区和自贸港等一直是我国对外开放的前沿区域，也是我国对外开放的核心平台。在不同的发展阶段，开放核心平台承担了我国大部分改革开放过程中先行先试任务，带动了我国对外开放不断向纵深推进。尽管国家级经开区、自贸试验区、海南自贸港等平台吸收外资占我国外资总额的比重不到40%，但由于这些平台是新发展阶段我国对外开放的新标杆，开放引领的意义更为重大。核心平台吸收外资保持稳定增长，是向全世界宣示，中国的对外开放进程一直在向前推进。作为最开放的区域，核心平台吸收外资如果不能保持稳定，全国层面整体稳外资的预期将不稳，外资保持稳定增长也将是空话。因此，稳核心平台吸收外资，将有助于带动全国吸收外资规模的稳定增长。

（四）充分挖掘中西部地区稳外资潜力

在双循环新发展格局下，国内统一大市场的形成以及中部崛起、东北振兴、西部大开发战略的深入实施将进一步拓展中西部地区的发展空间，推动中西部地区经济快速发展，为外资向中西部地区投资和转移提供了更大机遇。同时，全球产业链供应链的调整及重构，尤其是在跨国公司转移产业链供应链的进程中，引导其将产业链供应链留在中国并优先考虑将东部地区的产能转向中西部地区的重要性进一步凸显。但一直到2021年，中西部地区20个省份吸收外资总体规模以及占全国外资总额的比重都比较低。商务部外资数据显示，2021年中西部地区实际外资规模208.0亿美元，仅为东部沿海地区外资的13.6%，占全国外资总额的比重仅12.0%，中西部地区吸收外资的潜力和空间都非常大。因此，我国应有针对性地出台支持中西部地区引资的政策措施，将中西部地区引资潜力转化为引资现实，以助力实现我国外资的稳定增长。

四 稳外资具体建议

（一）深化扩大开放，增强国内市场对跨国公司的黏性

充分依托国内超大市场规模对外资的吸引力，全面深化各领域对外开放，进一步增强国内市场对跨国公司的黏性。进一步放宽对外资种业的限制，针对开放程度较低的服务业进一步加快开放力度。由于服务业领域门类

众多，同时考虑到服务业在国民经济中的地位、竞争力现状和开放的可承受能力，应分类有序推进服务业全面深化开放。

1. 推进充分竞争领域全面开放

从发达国家服务业开放的经验看，国内充分竞争并有较大优势的行业领域开放程度都较高，基本实现了对国内外投资者一视同仁。因此，我国旅游、分销、建筑、环境、计算机、与制造业相关的服务等国内竞争较为充分且有一定国际竞争力的领域应积极推动其全面深入开放。一方面，全面放开对外商投资的股比限制以及数量限制等，提高流动型开放水平；另一方面，对标国际通行规则标准，破除竞争壁垒、监管壁垒，减少在政府采购、知识保护等方面对外资的歧视性措施等，提升制度型开放水平。

2. 加快推动与要素流动紧密相关服务行业对外开放

对于我国限制水平较高但与资金、信息、技术、数据、人员等要素流动密切相关的服务行业，如金融、电信、专业服务（会计、法律、管理咨询等）等，应进一步加大开放力度。

（1）金融领域。商业银行、保险、证券等金融领域50%以上的开放障碍来自市场准入限制，因此新阶段，我国一方面需全面落实取消金融领域外资市场准入的股比限制；另一方面应加大破除准入后存在的各类壁垒，简化申请牌照的时限和程序等，推动实现准入又准营。同时，在完善行业监管的前提下，探索免除当地存在要求的对外开放。

（2）电信领域。电信领域开放的最大壁垒是竞争壁垒，其次是市场准入限制。竞争壁垒在很大程度上是由垄断导致的，因此需要在全面深化国有企业改革的基础上不断放宽外资股比限制，全面放开增值电信领域外资股比限制，如云服务等领域。同时电信领域开放与国际数字贸易规则紧密联系，未来我国需要依托特定平台全面对接国际新规则，积极探索推动跨境数据的自由流动。

（3）专业服务领域。从会计、法律、税收、城市规划等专业服务领域开放壁垒看，市场准入限制和自然人移动限制是最主要的。因此，需要进一步放宽对外国服务提供者准入限制及其提供服务内容和范围的限制。同时，借鉴发达经济体的经验，对境外人员参与国内专业技术资格考试以及相应的执业给予国民待遇，参加考试资格要求及相关执业标准由主管行业部门或行业协会统一制定。

3. 加快推动与民生密切相关领域的开放

当前我国经济已转向高质量发展阶段，社会主要矛盾已经转化为人民日益增长的美好生活需要和不平衡不充分的发展之间的矛盾。与人民美好生活紧密相关的医疗、养老、教育等领域需求与供给矛盾突出。

（1）加快医疗领域开放。目前我国不允许外商设立独资医院，合资合作医疗机构现有准入条件模糊，缺乏量化标准，且行业管理中存在对境外药品和医疗设备等的限制，这极大地影响了外资医院在华的发展。在新形势下，为了更好地满足国内民众以及在华外籍人士对中高端医疗服务的需求，我国一方面需要放宽医疗机构外资股比限制和医护人员流动限制，允许外商设立独资专科医院甚至综合医院，完善外籍医师管理；另一方面需要借鉴发达国家通行规则，不断完善药品、先进医疗设备等进口管理，以及医保、商业保险、医生职称评定等相关要求，推动更多外资医疗机构在华落地，并能持续稳定生存下来。

（2）推动养老服务进一步开放。对于营利性养老服务，我国已经放开对外资的市场准入限制。但养老服务领域对外资还存在税收优惠、补贴等歧视性措施，同时由于国内养老行业管理及规则与发达国家差距较大，实际开放水平有限。新形势下为推动养老服务进一步扩大开放，应积极落实对外资养老机构的非歧视待遇，同时积极借鉴日本等养老服务业发展经验，完善行业管理及规则。

（3）加快高等教育领域开放。长期以来，我国高等教育领域的开放仅限于中外合作办学，开放程度较低，而每年出国留学本科及以上人员超过40万人，高等教育开放潜力较大。2020年全球疫情蔓延为我国高等教育进一步开放带来了新机遇，一方面能够吸引海外留学生回流，另一方面有利于带动、提高国内高校水平。因此，我国应积极放宽高等教育领域对外资的准入限制，允许中外合资办学，同时依托核心平台不断探索允许境外知名高校在国内独资办学。

4. 有策略地推动涉及意识形态等敏感领域的对外开放

广播电视、电影、娱乐等领域由于涉及意识形态等问题，一直是我国开放较为慎重的领域。目前，与美、德、日等发达国家相比，我国对于外资的市场准入限制较高，同时在政府采购、知识产权保护等方面还有相应的歧视性壁垒。从国际经验看，广播影视、娱乐等领域普遍限制较多，但由于我国现有管控措施中有大量涉及播放具体时间、播放时长等的具体限制措施，我国在文化领域的服务贸易限制指数较高。下一步我国可进一步梳理现存的限制措施，按照抓大放小的原则，管关键领域和关键环节。同时探索在进行内容审查的前提下，进一步放宽团队文艺表演、互联网文化经营、音像制品制作、艺术品拍卖等领域对外资准入的限制。

（二）加快先行先试，扩大和提升核心平台吸收外资的规模和质量

由于金融、电信、医疗、教育、文化等领域全面对外开放以及知识产权、国有企业、数字贸易等规则制度与国际高标准对接有可能带来较大的开放风险，因此，这些领域的开放及规则的国际对接需要依靠自贸港、自贸试验区、服务业扩大开放综合试点、国家级经开区等核心平台先行加大自主改革开放探索，以改革开放为核心，扩大核心平台吸收外资规模，提升外资质量和水平。

1. 以全面开放稳海南自由贸易港外资

按照《海南自由贸易港建设总体方案》以及《海南自由贸易港法》的基本要求，从贸易自由便利、投资自由便利、资金自由便利、人员自由便利、运输自由便利以及数据安全有序流动等方面加快探索全方位、全领域开放。进一步细化自贸港分阶段的具体开放措施以及财税、环境等方面的保障措施，明确贸易、投资、资金、人员、运输以及数据安全等方面国家安全底线。在此基础上，将每个阶段所有措施的中央开放权限"一揽子"下放到海南自贸港，中央相关部委和部门仅提供业务指导和风险防控监管。积极对标国际，推动数字贸易、政府采购、知识产权保护、国有企业等领域高标准

规则制度在自贸港先行探索试验。与此同时，对标国际高标准投资和跨境服务贸易负面清单的要求，加快推动外商投资准入和跨境服务贸易两张负面清单"二合一"在海南自贸港先行先试，全面完善负面清单制度，推动服务贸易领域四种模式下的全领域开放真正落地。最后，海南自贸港也应加快服务领域国内规则改革，探索不断创新服务行业管理，全面提升制度型开放水平。

2. 以差异化制度创新提升自贸试验区引资水平

首先，赋予自贸试验区更多更大的改革自主权。根据每个自贸试验区的主导产业发展状况，除涉及国家核心安全的领域外，中央应明确将部委层面所有与产业开放相关的事权"一揽子"全部下放到自贸试验区所在省市或直接下放到自贸试验区，推动自贸试验区更高水平对外开放。

其次，对标高标准，推动自贸试验区开展差异化的制度创新。除海南之外的其他20个自贸试验区，应根据国家对其的定位以及核心主导产业发展需求，选取重点服务贸易领域以及核心规则率先进行差异化开放试点，如上海作为国际金融中心，有必要在新金融领域开放上加快脚步，在明确允许境外服务提供者跨境提供金融服务的基础上，允许外资企业与内资企业在新金融服务方面享受同等待遇。广东自贸试验区应全面对接港澳的规则制度，推动与港澳制度规则连通贯通。其中，在研发创新走在全国前列的深圳前海蛇口片区，有条件率先进一步加大知识产权保护，提高民事损害赔偿，降低刑事处罚标准，完善知识产权执法制度，为创新提供更加有利的制度环境。东北地区自贸试验区应在国有企业分类改革规则制度创新方面有所作为，以更好地激发市场主体活力，带动东北振兴。对于中西部地区的自贸试验区而言，应根据产业发展状况探索进一步深化开放，放松东部地区产业向中西部转移过程中面临的制约条件，消除体制障碍，加大开放探索力度，同时，针对数字贸易等前沿领域也可进行率先探索。

最后，完善体制机制，加大法治保障。建立自贸试验区之间的沟通交流合作机制，支持建立区域性的自贸试验区联盟，探索形成跨自贸试验区的制度创新成果，尤其在标准、规则、资质互认，物流通关合作，口岸联动等方面进行跨区域的探索创新。出台国家层面的自贸试验区条例、规章，并争取出台自贸试验区法，以加强自贸试验区建设的法治保障。加快自贸试验区制度创新成果的全国复制落地。针对自贸试验区经验复制推广工作，建议国务院自由贸易试验区工作部际联席会议办公室协调组织国家相关部门尽快出台相关配套政策，调整相关规定，以利于地方部门真正落实执行。

3. 以加大支持力度稳定国家级经开区外资增长

各级政府应充分认识国家级经开区在推动国家改革开放创新以及带动区域经济发展方面的重要性。从开放创新角度出发，中央层面应将国家级经开区和自贸试验区、自贸港摆在同等重要的位置，加大对开放创新政策的支持力度。建议将自贸试验区的试点经验、政策、发展模式向有条件的国家级经开区全面推广，特别是在服务业对外开放、境外投资政策、金融政策创新方面予以支持，国家以及省级层面向自贸试验区下放的审批权限同时也直接下放到各地的国家级经开区，促进国家级开发区实现第二次创业。

加快推动国家级经开区创新发展。充分发挥国家级经开区综合评价指标体系指挥棒作用，有效引导和支持各地加大资源投入力度，引导经开区突出经济发展、科技创新、改革开放等主责主业，补短板，强弱项，把省级经开区建设成为开放型经济的主阵地，推动省级经开区升级为国家级经开区。支持国家级经开区根据产业特点选择有代表性的国家和地区创建国际合作产业园。

（三）完善政策支持，推动稳中西部地区外资

在中美贸易摩擦长期化以及全球产业链供应链"去中国化"的环境下，中西部地区引资重要性不断显现。国家应适时出台中西部引资专项优惠政策，引导东部沿海地区产业率先向中西部地区转移。

1. 完善产业政策

中西部地区的产业政策主要有《产业结构调整指导目录》《鼓励外商投资产业指导目录》《西部地区鼓励类产业目录》。对于具体省份而言，三个产业目录中涉及的鼓励类产业目录涵盖的范围并不一致。基于给予内外资同

等待遇、产业政策一致等方面的考虑，建议推动三个产业目录的整合和优化，并定期更新，不断增加中西部地区优势产业的目录清单，扩大内外资市场主体适用的鼓励投资目录范围，引导内外资企业更好地向中西部省份投资。

2. 加大财政支持力度

为增强中西部地区对外资的吸引力，应进一步加大国家对中西部地区承接沿海地区产业转移的财政支持力度，包括对从东部沿海地区迁移至中西部地区并持续经营一定年限（如 3 年以上）的企业，对其新增的物流、搬迁、员工培训等成本，准予按一定额度在地方的外经贸发展专项基金中给予补贴；对于中西部地区在沿海设立的产业促进中心的运营和新增人员费用，允许从财政专项经费中支出；对于中西部地区的核心开放平台，包括自贸试验区、国家级经开区、边境经济合作区、跨境经济合作区、重点开发开放试验区等的基础设施建设的银行贷款给予财政贴息支持。

3. 出台更有利的税收政策

对于市场主体来说，最关注的税收优惠政策有企业所得税优惠政策和个人所得税优惠政策。个人所得税优惠政策在人才政策中进行分析。本部分主要分析企业所得税优惠政策。从我国企业所得税政策来看，全国层面企业所得税税率一般是 25%，其中高新技术企业、技术先进型服务企业（包括服务外包企业）享受 15% 的优惠所得税率。从区域来看，对符合条件的、在海南自贸港以及西部地区投资鼓励类产业的企业，享受 15% 的优惠所得税率，同时，吉林延边、湖北恩施、湖南湘西、江西赣州比照西部地区执行。但是，在中西部地区投资的能享受 15% 优惠税率的外资企业非常有限。近年来，受中美贸易摩擦影响，有部分跨国公司将生产线从我国的东部沿海地区直接转移至越南等东南亚国家，而不是转移至我国的中西部地区，主要原因在于中西部地区的优惠政策有限，而越南等东南亚国家的引资力度大。如商务部发布的《对外投资合作国别地区指南：越南（2021 年版）》显示，越南企业所得税率一般为 20%，符合条件的外资企业可享受 10%~17% 的优惠税率，并享受"四免九减半"（自企业盈利起 4 年免征企业所得税，其后9 年减半征收企业所得税）或"六免十三减半"的优惠政策。对于投资规模大、科技含量高的项目，经政府总理批准最高可享受 30 年的所得税减半征收优惠政策。

因此，为更好地挖掘中西部地区引资潜力，建议出台中西部地区所得税优惠政策。建议对投资中西部地区鼓励类产业的内外资企业统一适用 15% 的优惠所得税率，并且降低享受优惠政策的条件，如主营业务收入占比从 60% 降为 50%。同时在国家层面出台享受优惠政策的具体指南，进一步优化和简化享受优惠政策企业的认定标准和认定程序，加快优惠政策的具体落地和实际操作。

4. 完善土地和人才等其他相关政策

土地、人才等要素成本的快速上升也是外资企业在华经营面临的挑战之一。因此，应进一步加大对中西部地区外资企业在土地和人才等相关政策方面的支持力度，以降低企业成本压力。

土地政策方面。对投资中西部鼓励类产业的外资企业优先供应土地。并建议依据《全国工业用地出让最低价标准》，根据中西部不同省份土地供应的情况，制定《中西部地区工业用地出让最低价标准》，对投资中西部地区鼓励类产业的外资企业实行土地优惠政策。在符合条件的前提下，对投资科技含量高且当地急需发展的产业的外资企业可实行一定年限的土地租金减免政策。

人才和人员政策方面。对中西部地区引进的鼓励类人才，建议国家支持适用 15% 的所得税优惠政策。同时，允许中西部地区有需求的外资企业探索更为灵活的用工制度，包括进一步提高劳务派遣员工的比例，允许采用企业与员工、工会协商一致并向劳动行政主管部门提出特别申请等灵活方式合理确定每月加班时间上限等。

（四）借鉴国际经验，完善外商投资促进体系

国际经验表明，主要经济体都注重建立稳定高效的投资促进体系，为引进外资推动本国或本地区经济发展发挥重要作用。为更好实现稳外资，我国有必要借鉴国际经验，完善外商投资促进体系。

1. 完善法律法规，统一对外商投资促进的认识

根据《外商投资法》等上位法的要求，出台《外商投资促进条例》，加大顶层设计和职能梳理，进一步明确外商投资促进的内涵、政府和市场在投资促进中的不同作用以及投资促进机构的性质、法定地位、组织架构、职责、经费来源、业务归属、纵向和横向联席机制等，在全国层面统一对外商投资促进的认识，从法律和制度上解决目前我国外商投资促进工作的随意性、短期性以及投资促进部门职能不统一、隶属关系多样等突出问题，形成国家-省区市-地市-区县畅通的纵向和横向沟通协调机制和信息共享机制，打造层级分工明确、高效联动、清晰规范的外商投资促进服务体系。

2. 明确商务部投资促进事务局的公共服务属性，加大支持力度

从国际经验来看，主要国家中央层面的投资促进机构更多是依托财政资金支持，以便其更好地履行公共服务职能。而我国中央层面的外商投资促进职能主要由商务部投资促进事务局来承担，但该局是公益二类事业单位，大部分经费（80%）需要自筹，这在很大程度上制约了其公共服务职能的履行。中央应进一步明确商务部投资促进事务局的公共服务属性，加大财政支持力度。其一，从单位性质看，可将其从公益二类事业单位调整为公益一类事业单位，实现全额财政拨款，并且在人员和岗位定级上具有一定的激励性，从高定岗、定级。其二，扩充人员和境外网络。根据职能要求，国内职能上，设立主要的地区部门以及主要的产业部门，同时进一步完善境外网络布局，在主要国家和主要城市设立代表处或投资促进中心。其三，进一步完善公共服务职能。在宣传推介本国投资环境、提供企业服务、承办投资促进活动的基础上，进一步完善投资促进网络平台，搭建国家-地方外商投资促进沟通协作机制和信息共享平台，加大全国投资促进人才的培训等。

3. 完善地方投资促进机构建设，提升投资促进能力

在通过法律的完善建立了较为完善的纵向和横向机制的基础上，地方投资促进机构的属性（可以是政府部门、事业单位、法定机构等）可根据地方实际需要进行多样化探索，以建立更有效的激励机制，提高地方投资促进部门人员的专业性和稳定性。同时，地方投资促进机构在服务内容上应当投

资促进的前期宣传推介、中期项目的落地以及后期的服务三者并重，以减少引进后政策不兑现等问题。此外，在服务对象上，在关注龙头企业和"链主"的同时，应多多关注中小企业，为中小企业提供更细致的服务。

（五）完善法律法规，营造公平透明公正的营商环境

营商环境的优化与完善是一个长期的过程，也是在华经营的跨国公司较为关注的方面。中国美国商会、中国欧盟商会以及中国日本商会每年开展的调查显示，中国营商环境中现存的问题是跨国公司在华经营面临的主要挑战之一。公开透明公正的营商环境是我国稳外资的重要保障。

1. 完善法律法规，减少自由裁量式执法

大幅取消外资准入和准入后的审批和认证要求，不断优化和简化审批和认证程序，加快建设法治政府和服务政府。完善法律法规制定程序，给予利益相关方参与权并让其有足够的时间适应法规政策的调整，提高法律法规制定的公开性、透明性和可预期性。进一步完善法律法规，尽快出台实施细则、操作指南等，最大限度地保证法律法规解释和执行的一致性，以避免地方政府层面存在的法律法规解释、标准以及执行不一致问题，推动减少自由裁量式执法带来的不公正和不公平。例如，由于从汽车研发到生产的长周期性，新能源汽车法规政策的制定或出台应该给予市场主体足够的反应和调整时间。再如，外国人员入境和居留方面，由于国家法律法规没有更细致的规定，各地方的审批程序、审批时间、文件要求等存在明显不一致。因此，应进一步完善《外商投资法》的配套法律法规，出台指南、意见或解释；推动完善《不可靠实体清单规定》《出口管制法》《阻断外国法律与措施不当域外适用办法》《外商投资安全审查办法》等法律法规，进一步明确相关定义、适用范围以及适用的判断标准，避免法律法规定义的泛化和滥用。通过完善法律法规，各级政府有更具体的实施指引，便于提高监管部门政策执行的透明度，缩减宽泛的自由裁量权，增强跨国公司对华投资的信心。[1]

---

[1]　中国日本商会：《中国经济与日本企业 2021 年白皮书》，2021，第 21 页。

2.尽最大可能给予外资国民待遇，实现公平公正

在跨国公司诉求最多的领域，如审批程序、产业补贴、政府采购、环境保护、标准制定、知识产权保护等方面，对所有市场主体一视同仁，推动建立公平透明公正的市场环境。首先，尽快废除对外国企业、产品及服务存在歧视的法律法规、审批程序、采购要求以及执法程序等。其次，相关政策文件的出台，应减少以内部指导文件形式出现的次数，并及时发布在投资者能查询到的官方网站上，提升审批程序、采购要求、执法程序的公开透明度。再次，完善部门沟通联通机制，加大对外资企业的管理和服务。建议商务部加强顶层设计、统筹协调，及时与市场监管、外汇、财政、税务、海关等部门沟通协同。各部门应加强信息共享，畅通外商投资管理、服务通道。最后，进一步完善各级外商投诉机制，便于外资企业在遇到公平待遇时有渠道及时反映并解决问题。

3.加大知识产权保护，打造良好的创新环境

完善知识产权保护一直是在华经营外资企业比较集中的诉求，也是目前我国加大自主创新、建设创新型国家的需要。首先，应明确在华经营的外资企业是中国市场主体，明确将其纳入我国自主创新体系之中，减少外资企业对被排挤的担心。其次，按照国际惯例，进一步完善我国知识产权相关法律法规，发布更详细的意见和指南，强化对所有市场主体的知识产权保护。如在新型专利和外观设计专利申请时引入实质审查，减少无效专利被保护、专利被滥用的情况。再次，加大知识产权执法力度。如在知识产权侵权案件中优先考虑按比例赔偿，而非法定赔偿，切实加大对反复实施假冒行为的企业的执法力度，提高重复或大规模侵权行为的法定赔偿。[①] 最后，加大知识产权相关机构的协调合作，推动中央及地方市场监管局、海关、公安等机关的处罚信息共享，统一知识产权处罚措施。

4.创新政策支持，稳定制造业利用外资

聚焦制造业外资企业的需求和关切，深化改革，破除体制机制障碍，简

---

① 中国欧盟商会：《欧盟企业在中国建议书 2021/2022》，2021，第 75 页。

政放权、放管结合、优化服务，切实降低制度性交易成本。其一，尽快研究制定支持制造业外资的专项文件，强化重点制造业项目要素保障，优化土地、用能、排放等要素供给方式，精准对接融资需求，加大对重大项目落地支持力度。其二，建立项目优先的政府服务通道，体现鼓励性倾斜政策，使国家有关制造业开放政策落地见效，形成一批特色鲜明、优势突出的外资制造业集聚区和示范企业。其三，探索建设制造业国际合作示范区。选择部分产业基础好、创新体系全、配套能力强、发展潜力大的地区，建设各有侧重、各具特色的中国制造国际合作示范区，在市场准入、公平竞争、财税金融、科技创新等方面予以积极支持。其四，进一步加大制造业企业减税降费力度。大幅降低外资制造企业在华投资成本，如对重点鼓励类制造业项目减按15%的税率征收企业所得税，对先进高端制造业重大项目、战略新兴产业项目减按10%的税率征收企业所得税，同时扩大高新技术企业认定范围，进一步加大对企业研发投入的税前抵扣力度。

5.完善外商投资统计制度，客观反映地方稳外资成效

商务部统计口径以国际收支为基础，从全国角度进行统筹，外商投资性公司所投资项目资金不纳入项目所在地统计，而外商投资性公司多设立在北京、上海、广东等发达地区。为了更好地激发地方政府稳外资的积极性，建议国家层面修订完善外商投资统计制度，根据外商投资项目的实际落地和建设情况，判定外商投资资金的实际到位地区，从而客观、真实地反映各省份实际吸收外商投资的成绩。

（六）建立健全监管制度，防范重大风险

随着美国视中国为主要战略竞争对手、中美贸易摩擦加剧、全球产业链供应链重构、俄乌冲突爆发等，我国面临的外部环境前所未有的严峻，开放的风险也将进一步加剧。因此，如何平衡开放和风险的关系成为重大课题。应建立健全监管制度，加大对美国对我国不正当打压的反制，以防范重大风险的发生。

1.完善外商投资安全审查制度

进一步完善《外商投资安全审查办法》，细化国家安全的范围以及涉及国家安全审查交易行业的"重要"标准，一方面需要给外商投资企业明确的预期，使其明确哪些领域是涉及我国国家安全的，是需要被审查的；另一方面，也要充分利用外商投资安全审查制度，精准保护我国核心安全。

2.完善对美等进行反制的制度

进一步完善技术进出口管理制度、《不可靠实体清单规定》以及《阻断外国法律与措施不当域外适用办法》等法律法规，建立健全我国经济发展的保障体系。充分平衡发展与监管的关系，一方面，不波及无辜的外国投资者，给跨国公司在华投资营造良好环境；另一方面，对严重侵害我国国家安全利益的国家、经济体或企业进行有理有据反制，保障我国核心利益。

3.完善对服务业开放的风险监管

构建完备的服务业开放监管及风险管控体系。统筹开放与安全，逐步建立和完善立法机构、政府机构以及行业协会等中介组织"三位一体"的监管组织体系。对有可能给国家安全带来风险的跨境服务贸易项目和直接投资项目实施安全审查制度。对有可能给消费安全带来风险的专业服务业开放，实行本地化存在、注册许可或授权经营、专业资质认证、经营牌照许可等监管措施。对于教育和医疗等允许境外服务者直接跨境提供服务的领域，应进一步明确境外服务提供者的资质条件，并要求其在境内进行备案或登记，以加强对境外投资者的监管。对危及行业秩序、对国内相关产业造成损害的服务业开放项目，建立并实施服务贸易救济制度。借鉴货物领域开放经验，出台《跨境服务贸易开放风险调查规则》，明确服务贸易四种模式对外开放中对产业或国家安全造成重大风险的，有关部门有权采取调查与救济措施。建立并完善重点领域风险监测预警制度。借助行业协会和智库机构，推动服务业重点领域信息预警工作实现专业化与常态化。

本部分研究围绕我国稳外资存在的突出问题以及新形势下稳外资的发展目标和主要方向，选取了稳外资的重点领域、重点平台和重点区域以及外商投资促进体系四个重点方面进行专题剖析。

第六章　重点领域稳外资

制造业和服务业是我国稳外资最重要的领域，本章重点对我国制造业和服务业稳外资进行专题分析。

一　制造业稳外资

改革开放 40 多年来，秉承开放发展理念，国内要素成本、市场潜力等比较优势与外资企业的资本优势、先进技术、管理经验相结合，带动中国逐步融入全球产业分工体系，我国成为世界制造业大国。工业和信息化部发布的数据显示，2021 年，我国制造业增加值规模达 31.4 万亿元，占 GDP 比重的 27.4%。自 2010 年以来，我国制造业增加值已连续12 年世界第一，对世界制造业贡献的比重接近 30%，集成电路、5G、新能源、新材料、高端装备、新能源汽车、绿色环保等战略性新兴产业不断发展壮大。

制造业是国家竞争力的重要体现，也是当前稳增长、调结构的战略支点。重视制造业是后疫情时代经济大国争夺全球经济战略制高点的关键。目前在全球制造业四级梯队格局中，中国处于第三梯队，制造业大而不强、全而不优，基础能力薄弱，关键核心技术受制于人，传统竞争优势逐步削弱，新的竞争优势尚未形成，劳动密集型企业由于核心竞争力的缺失而面临被淘汰的风险，制造业外资面临发达国家"高端回流"和发展中国家"中低端分流"的两端挤压。在进入新发展阶段、构建新发展格局的大背景下，加快推动制造业高质量外资进入更加迫切。

（一）中国制造业利用外资的历程及特点

按照现有统计口径，我国制造业包括 31 个行业（见表 6-1）。在行业对外开放过程中，我国对外资开放的首先是属于竞争性产业的一般加工制造业、劳动和资源密集型产业，对一些重要产业的开放则实施渐进原则，国家掌握控制权和审批权。

表 6-1　我国制造业分类和行业代码

代码	类别名称	代码	类别名称
13	农副食品加工业	29	橡胶和塑料制品业
14	食品制造业	30	非金属矿物制品业
15	酒、饮料和精制茶制造业	31	黑色金属冶炼和压延加工业
16	烟草制品业	32	有色金属冶炼和压延加工业
17	纺织业	33	金属制品业
18	纺织服装、服饰业	34	通用设备制造业
19	皮革、毛皮、羽毛及其制品和制鞋业	35	专用设备制造业
20	木材加工和木、竹、藤、棕、草制品业	36	汽车制造业
21	家具制造业	37	铁路、船舶、航空航天和其他运输设备制造业
22	造纸和纸制品业	38	电气机械和器材制造业
23	印刷和记录媒介复制业	39	计算机、通信和其他电子设备制造业
24	文教、工美、体育和娱乐用品制造业	40	仪器仪表制造业
25	石油、煤炭及其他燃料加工业	41	其他制造业
26	化学原料和化学制品制造业	42	废弃资源综合利用业
27	医药制造业	43	金属制品、机械和设备修理业
28	化学纤维制造业		

资料来源：国家统计局《国民经济行业分类（GB/T 4754-2017）》，2017。

1. 探索和试验性阶段（1979~1985 年）

制造业是我国较早实现对外开放的部门。改革开放之初，我国处于工业化的初期，资金、技术要素短缺，劳动力大量闲置。1979 年 7 月，国务院制定了鼓励"三来一补"的试行办法。由于建厂快、投产快、受益快，这项业务发展很快。在此期间，我国对外向型加工制造业提供用地、税收和融资方面的优惠，除享受"两免三减"外，只要企业年出口额占企业总销售额的70%以上，均可享受减半征收企业所得税的优惠。优惠政策和市场前景吸引了港澳台等地区的资金进入内地。但总体而言，港澳台资本以大量中小厂商将劳动密集型制造职能迁入沿海地区为主要特点，制造业领域投资以来料加工、来件装配和来样加工及补偿贸易等加工项目为主，投资规模较小，投资方式以中外合资和中外合作为主，主要集中于纺织、服装、制鞋、玩具、小家电等轻工行业，广泛分布于沿海乡镇地区。此类企业对出口创汇、吸纳农村富余劳动力、改革落后地区经济格局起到重要作用，充分发挥了我国在劳动密集型生产活动中的比较优势。这一阶段制造业外资流入体量尚小，外资企业在正常经营、开展进出口业务和依法行使自主权方面仍面临许多体制障碍。

2. 快速发展阶段（1986~2001年）

为了改善投资环境、引进先进的制造业技术，1986年，国务院制定了《关于鼓励外商投资的规定》；1987年12月，国务院办公厅转发了外经贸部《关于抓住有利时机进一步发展对外加工装配的请示》，次年，广东省和外经贸部相继出台了鼓励发展加工装配业务的进一步放宽政策；1992年，邓小平同志视察南方并发表重要讲话；1995年，国家计委编制《外商投资产业指导目录》。随着对外开放体制和环境的不断改善，外资大规模进入中国，制造业仍是主要投资领域，中外合资经营是最主要的投资方式。

20世纪90年代中期，我国采取了用产业指导目录的办法来引导外商投资结构，此后根据不同时期经济建设的需要对目录进行调整（见表6-2）。20世纪90年代是我国利用外资加速增长阶段，沿海开放城市具备了一定的产业基础和投资发展能力，大力发展制造业成为带动经济快速发展的基本途径。

表 6-2　外商投资产业指导目录的调整历程

调整时间	调整内容
1995 年 6 月	产业条目 316 条,其中鼓励类 172 条,限制类 113 条,禁止类 31 条
1997 年 12 月	产业条目 319 条,其中鼓励类 177 条,限制类 111 条,禁止类 31 条
2002 年 3 月	产业条目 372 条,其中鼓励类 262 条,限制类 75 条,禁止类 35 条
2004 年 11 月	产业条目 367 条,其中鼓励类 254 条,限制类 78 条,禁止类 35 条
2007 年 10 月	产业条目 478 条,其中鼓励类 351 条,限制类 87 条,禁止类 40 条
2011 年 12 月	产业条目 473 条,其中鼓励类 354 条,限制类 80 条,禁止类 39 条
2015 年 4 月	产业条目 423 条,其中鼓励类 349 条,限制类 38 条,禁止类 36 条
2016 年 12 月	鼓励类 344 条,负面清单(限制类 35 条,禁止类 27 条)
2017 年 7 月	鼓励类 348 条,负面清单(限制类 35 条,禁止类 28 条)
2018 年 6 月	鼓励类 348 条,负面清单(限制类 21 条,禁止类 27 条)
2019 年 6 月	鼓励类 415 条,负面清单(限制类 17 条,禁止类 23 条)
2020 年 6 月	鼓励类 480 条,负面清单(限制类 12 条,禁止类 21 条)
2021 年 12 月	鼓励类 480 条,负面清单(限制类 10 条,禁止类 21 条)

　　资料来源：根据《外商投资产业指导目录》《鼓励外商投资产业目录》《外商投资准入特别管理措施（负面清单）》整理。

　　1992 年开始，我国制造业外商直接投资进入大发展时期。这一时期，制造业成为我国利用外资的绝对主导领域，从实际金额看，从 1997 年的 281.2 亿美元增长为 2001 年的 309.1 亿美元，占我国实际外资的比重一直在 60% 左右波动（见表 6-3）。

表 6-3　1990~2001 年制造业利用外资情况

单位：亿美元，%

年份	制造业利用外资	占实际外资总量的比重
1990	55.7	84.4
1995	616.5	67.5
1997	281.2	62.1
1998	255.8	56.2
1999	226.0	56.1
2000	258.4	63.5
2001	309.1	65.9

　　注：1985~1995 年数据为合同外资金额，其余年份为实际外资金额。
　　资料来源：历年《中国对外经济统计年鉴》。

吸收外资较多的制造行业有电子和通信设备、电器机械、交通运输设备和纺织服装业等。欧洲、美国、日本、韩国等成为这一阶段我国制造业吸收外资的主要来源。1992~2001年，欧美日对华投资占我国外商直接投资的比重从13.3%上升为27.7%，表明跨国公司对中国的投资已从初期的试探性、零散性、临时性转向实质性、战略性、规模性。

3. 持续发展阶段（2002~2011年）

加入WTO后，我国对制造业利用外资的政策进行了一系列调整，以试点为特征的开放向受国际规则约束的开放转变。2002年起，"中国制造"广泛融入世界，低成本优势和专业化产业集群赢得大量代工生产订单，成为国际制造业的生产外包基地。这一阶段，我国制造业外资尽管保持增长态势，从2002年的368.0亿美元增长为2011年的521.0亿美元，但由于服务业开放的加快，我国制造业实际外资在全国实际外资总额中的份额呈明显下降态势，由2002年的69.8%降为2011年的44.9%（见表6-4）。

表6-4　2002~2011年制造业利用外资情况

单位：亿美元，%

年份	制造业利用外资	占实际外资总量的比重
2002	368.0	69.8
2003	369.4	69.0
2004	430.2	71.0
2005	424.5	70.4
2006	400.8	60.9
2007	408.7	54.7
2008	499.0	54.0
2009	467.7	51.9
2010	495.9	46.9
2011	521.0	44.9

资料来源：历年《中国统计年鉴》。

由于从优惠政策引导的试点开放走向了国际规制约束的制度开放，我国制造领域利用外资质量不断提升，投资的重点转向资本技术密集型产业。外商投资主要集中在以普通机械制造业、电子及通信设备制造业、仪器仪表文化办公机械制造业为代表的装备制造业领域。其中，电子及通信设备制造业是外资企业占比最高的产业，同时劳动密集型的传统产业，如服装、皮革等，虽然外资存量较高，但新增投资呈下降趋势。外资企业在我国制造领域投资、产出、出口等主要指标中的份额不断上升。2007年，外商投资企业的工业增加值占全国工业增加值的比重达28%，在机电产品出口和高技术产品出口总额中，外资企业的比重分别达73%和87%。从2009年起，我国成为世界第一制造大国，世界500种主要工业品中，我国有220种产品产量居全球第一位。

这一期间，沿海地区的制造业发展带动了我国经济发展水平的提高，并带动中西部地区制造业的梯度扩张和升级。随着沿海地区开放程度的提高和比较优势的变化，电子、通信、机电等高附加值加工贸易逐渐占据主体，加工贸易边际产业出于成本考虑开始向中西部转移。在政策支持方面，国家鼓励在条件成熟的中西部地区设立与经济发展水平相适应的海关特殊监管区或保税监管场所，培育和建设一批加工贸易梯度转移重点承接地，引导东部地区劳动密集型加工贸易企业、运输成本占综合成本比例相对低的加工贸易企业、可以与中西部地区产业配套的加工贸易企业到中西部发展。

这一阶段国家根据中西部发展特点，加快修订外商投资产业指导目录，不断放宽中西部地区鼓励行业外商投资准入条件，积极推进外商西进工程，为跨国公司和加工贸易企业向中西部梯度转移进一步创造条件。在政策支持下，中西部地区承接产业转移的条件和能力不断增强，如2010年湖北省在承接产业转移中引进省外资金超过1700亿元，同比增长50%以上。与此同时，东部地区技术密集型和资本密集型制造业呈快速发展态势，传统产业的生存空间越来越小，东中西部地区经济和产业发展梯度形成。中西部地区积极承接制造业产业转移，并取得了一定成效，通信设备计算机作为高技术行业被成功承接转入，得益于西部大开发改善基础交通设施的先行工程，交通运输设备行业也持续转入，但中西部地区产业链配套不完善、物流成本偏高等因素对外资制造业转移的影响也不容忽视。

4. 调整优化阶段（2012年至今）

2012年，党的十八大提出"要提高利用外资综合优势和总体效益，推动引资、引技、引智有机结合"。2017年1月，国务院发布的《关于扩大对外开放积极利用外资若干措施的通知》进一步指出，鼓励外商投资高端制造、智能制造、绿色制造等领域，以及工业设计和创意、工程咨询、现代物流、检验检测认证等生产性服务业，改造提升传统产业。自2013年9月起，我国先后在上海、广东、天津、福建、辽宁、浙江、河南、湖北、重庆、四川、陕西、海南、山东、江苏、河北、云南、广西、黑龙江、北京、湖南、安徽设立了21个自由贸易试验区，形成了覆盖东西南北中的全方位开放新格局，在深层次开放方面加大先行先试力度，努力探索更高水平自主开放。2018年，我国宣布海南全岛建设自由贸易试验区，探索建设自由贸易港。2017~2021年，我国连续五年修订全国版和自贸试验区外商投资准入负面清单，全国版和自由贸易试验区版负面清单限制措施分别缩减至31条和27条。2021年修订中，实现了自贸试验区负面清单制造业条目清零。2020年版的《鼓励外商投资产业目录》继续将制造业作为鼓励外商投资的重点方向，根据"引资补链""引资强链""引资扩链"导向增加了相关内容，在人工智能、集成电路等高端制造领域，新增或修改集成电路封装及测试设备制造、激光投影设备、超高清电视、呼吸机、ECMO、人工智能辅助医疗设备等条目。

这一时期，尽管我国制造业实际外资金额逐渐下降，从2012年的488.7亿美元降为2021年的337.3亿美元（见表6-5），但由于结构的不断调整优化带动了我国制造业结构优化，中国制造业国际竞争力显著提升。2021年，我国高技术制造业、装备制造业增加值增长18.2%、12.9%，对规上工业增长的贡献率达28.6%、45%。制造业数字化、绿色化转型步伐加快，重点领域关键工序数控化率达55.3%，数字化研发设计工具普及率达74.7%。中国制造业企业500强的资产总额、营业收入分别从2012年的19.7万亿元、21.7万亿元增长至2020年的39.19万亿元和37.4万亿元。220多种工业产品产量居世界第一位，新能源汽车、家电、智能手机等重点产业跻身世界前列，通信设备、工程机械、高铁等一大批高端品牌走向世界。

表 6-5　2012~2021 年我国制造业利用外资情况

单位：亿美元，%

年份	制造业利用外资	占实际外资总量的比重
2012	488.7	43.7
2013	455.6	38.7
2014	399.4	33.4
2015	395.4	31.3
2016	354.9	28.2
2017	335.1	25.6
2018	411.7	30.5
2019	353.7	25.6
2020	310.0	21.5
2021	337.3	19.4

资料来源：历年《中国统计年鉴》，2021 年数据来自商务部外资统计。

同时，在我国利用外资的主要省份中，制造业已经具备了一定的产业基础和投资发展能力，制造业部门成为 GDP 增长的主要支撑力量，技术密集型产业增长速度加快，但制造业基础较好的几大区域中，主导产业或支柱产业发展的政策导向类似，如电子及通信设备、汽车及零部件、电气机械及器材、化工、医药等，使区域之间和区域内部的制造业竞争有不断加剧的趋势。

（二）外商投资对我国制造业结构变革的积极作用

外商对我国工业部门的直接投资大部分集中在制造业，其中加工工业的比重较高，轻工业的比重高于重工业。从最初承接以消费品为主体的轻加工制造业开始，通过大规模吸收外资，我国从产品制造起步，参与跨国公司全球生产体系的广度和深度不断扩展，在国际分工格局中逐步确立了工业品生产和出口大国的地位。在我国制造业发展进程中，外资产生的外溢效应很显著，成为推动我国制造业结构变革和消费品工业扩张的一个重要因素。外商投资对我国制造业结构变革的积极作用主要体现在三个方面。

1.释放了我国的生产要素优势

改革开放之初，我国是一个典型的农业大国，工业基础薄弱，产业体系不完善，工业化水平很低。通过开放，积极引进跨国公司进入我国工业领域，推动了我国工业的快速发展。统计数据显示，外资企业工业增加值增幅普遍高于全国工业增加值平均增幅，尤其是在 2008 年以前。2008 年以后，随着国内制造水平的提升，两者增幅逐渐趋平（见表6-6）。目前，我国已成为拥有世界上最完整产业体系、最完善产业配套的制造业大国，其中，纺织、服装等产业增加值占世界的比重超过30%，造船、汽车、计算机、笔记本电脑、电视机等数百种制造业产品的产量居世界第一位。

表 6-6　1992~2020 年规模以上外商投资企业工业增加值情况

单位：%

年份	全国工业增加值增幅	规模以上外资企业工业增加值增幅
1992	21.0	48.8
1993	20.0	46.2
1994	18.8	28.0
1995	14.0	19.0
1996	12.5	13.1
1997	11.3	13.4
1998	8.9	12.7
1999	8.6	12.9
2000	9.9	14.6
2001	8.7	11.9
2002	10.0	13.3
2003	12.8	20.0
2004	11.6	18.8
2005	11.6	16.6
2006	12.9	16.9
2007	14.9	17.5
2008	10.0	9.9
2009	9.1	6.2
2010	12.6	14.5
2011	10.9	10.4

年份	全国工业增加值增幅	规模以上外资企业工业增加值增幅
2012	8.1	6.3
2013	7.7	8.3
2014	7.0	6.3
2015	6.0	3.7
2016	6.0	4.5
2017	6.4	6.6
2018	6.1	4.8
2019	5.7	2.0
2020	2.8	2.4

资料来源：《中国外资统计公报2021》。

　　制造业吸收外资的过程，也是我国全方位释放自身比较优势的过程。我国劳动力、土地、自然资源等生产要素丰富而且廉价，这对于吸收制造业尤其是出口导向的外商投资起了关键作用；另外，我国市场广阔，人均消费水平低，原来的市场开发水平远远不够，所以国内市场的开拓极大地吸引市场型外商投资。

　　我国工业高速增长主要是由制造业尤其是加工工业的扩张拉动的。加工贸易是我国承接国际产业转移的重要方式，充分发挥了我国劳动力资源丰富的比较优势，解决了社会主义初级阶段存在的二元经济结构的矛盾，加快了国内产业升级和技术进步的进程，带动了外向型经济跨越式发展。外商投资加工贸易的发展，培养了大批适应工业化生产的熟练劳动力以及技术与管理人才，加工贸易出口获得的大量外汇为进口工业化所需的先进设备提供了资金，对我国工业化进程做出了巨大的历史贡献。随着加工贸易规模的扩大，产业集聚效应促使产业链向上下游环节延伸，从而将国内企业也纳入全球生产制造过程。

　　国家统计局数据表明，2020年，外商投资规模以上工业企业实现营业收入241779.4亿元，同比增长0.9%，占全国规模以上工业企业营业收入的22.8%，实现利润总额18234.1亿元，同比增长7%，占全国规模以上工业企业利润总额的 28.3%。外资企业以占全国不足 3% 的数量，创造了 1/4 的规模以上工业企业利润、1/5 的税收收入，为促进国内实体经济发展、推进供给侧结构性改革发挥了重要作用。同时，外商投资企业也是吸纳国内就业的重要主体，1990~2020 年，外商投资企业就业人数从 66 万人增长为 2375 万人，占我国城镇就业总人数的比重从 0.5% 上升为 13.9%（见表 6-7）。

表 6-7　1990~2020 年外商投资企业就业情况

单位：万人，%

年份	全国城镇就业人员数	外商投资企业就业人数	占比
1990	14059	66	0.5
1991	14508	165	1.1
1992	14792	221	1.5
1993	14849	288	1.9
1994	14849	406	2.7
1995	15301	513	3.4
1996	15221	540	3.5
1997	15036	581	3.9
1998	12696	587	4.6
1999	12130	612	5.0
2000	11612	642	5.5
2001	11166	671	6.0
2002	10985	758	6.9
2003	10970	863	7.9
2004	11099	1033	9.3
2005	11404	1245	10.9
2006	11713	1407	12.0
2007	12024	1583	13.2
2008	12193	1622	13.3
2009	12573	1699	13.5
2010	13052	1823	14.0
2011	14413	2149	14.9
2012	15236	3115	20.4
2013	18108	2963	16.4
2014	18278	2955	16.2

续表

年份	全国城镇就业人员数	外商投资企业就业人数	占比
2015	18062	2790	15.4
2016	17888	2666	14.9
2017	17644	2581	14.6
2018	17258	2365	13.7
2019	17162	2360	13.8
2020	17039	2375	13.9

资料来源：《中国统计年鉴2021》。

2. 培育了我国原本不具备大规模出口能力的制造业部门

通过吸引外商投资，我国电子、通信、家电等行业在较短时间内具备了融入国际供应链的能力，使我国形成了符合国际市场要求的制造平台，建立了出口导向型劳动密集产业的多元化格局，迅速成为全球最大的产业制造与组装基地。由此我国外贸出口结构也实现了由初级产品向劳动密集型轻工产品转变再向劳动密集型机电产品的转变，推动了中国特色的社会主义工业化建设。1987~2021年，外商投资企业成为我国外贸的重要主体，2006年，外商投资企业进出口额占我国进出口总额的比重达58.9%，占比最高，之后尽管有所下降，但2021年占比依旧为35.9%（见表6-8）。

表6-8　1987~2021年外商投资企业对中国进出口的贡献度

单位：亿美元，%

年份	全国进出口	外商投资企业进出口	外商投资企业外贸占比
1987	826.5	45.8	5.6
1988	1027.8	83.4	8.1
1989	1116.8	137.1	12.3
1990	1154.4	201.2	17.4
1991	1357.0	289.6	21.3
1992	1655.3	437.5	26.4
1993	1957.0	670.7	34.3
1994	2366.2	876.5	37.0

年份	全国进出口	外商投资企业进出口	外商投资企业外贸占比
1995	2808.6	1098.2	39.1
1996	2898.8	1371.1	47.3
1997	3251.6	1526.2	46.9
1998	3239.5	1576.8	48.7
1999	3606.3	1745.1	48.4
2000	4743.0	2367.1	49.9
2001	5096.5	2591.0	50.8
2002	6207.7	3302.2	53.2
2003	8509.9	4722.6	55.5
2004	11545.5	6631.6	57.4
2005	14219.1	8317.2	58.5
2006	17604.4	10364.4	58.9
2007	21761.8	12568.5	57.8
2008	25632.6	14105.8	55.0
2009	22075.4	12174.4	55.2
2010	29740.0	16003.1	53.8
2011	36418.6	18601.6	51.2
2012	38671.2	18940.0	49.0
2013	41589.9	19190.9	46.1
2014	43015.3	19840.5	46.1
2015	39530.3	18346.2	46.4
2016	36855.6	16874.1	45.8
2017	41045.0	18391.4	44.8
2018	46230.4	19681.0	42.6
2019	45753.0	18239.0	39.9
2020	46620.0	18033.3	38.7
2021	60514.9	21716.5	35.9

资料来源：中国海关统计。

3. 推动了我国高技术制造业的发展

国家统计局分类中，高技术制造业包括医药制造、航空航天器及设备制造、电子及通信设备制造、计算机及办公设备制造、医疗仪器设备及仪器仪表制造、信息化学品制造六大类。从不同类型的企业看，2020 年，外商投资企业（不包括港澳台企业）和港澳台企业进行产品创新和工艺创新企业占比明显高于我国内资企业，具体情况如表6-9所示。因此，外商投资企业的技术溢出效应明显有助于带动我国高技术制造业的快速发展。工业和信息化部发布的数据显示，"十三五"时期，我国高技术制造业增加值平均增速达10.4%，高于规上工业增加值平均增速4.9个百分点。2020年，我国高技术制造业增加值同比增长7.1%，占规上工业增加值的15.1%；装备制造业增加值同比增长6.6%，占规上工业增加值的33.7%。

表6-9　2020年规模以上工业企业产品和工艺创新情况

单位：家，%

企业类别	有产品或工艺创新活动的企业数	实现产品创新的企业所占比重	实现工艺创新的企业所占比重
总计	208073	35.3	39.4
内资企业	184644	35.0	39.2
港澳台企业	10809	38.3	41.5
外商投资企业(不包括港澳台企业)	12620	37.1	39.9

资料来源：《中国统计年鉴2021》。

随着中国经济转型升级步伐加快，外商在华投资加快向高技术制造领域倾斜，高技术制造业利用外资规模占制造业整体利用外资规模已达1/3。2016年，中国进一步放宽一般制造业的准入门槛，制造业高端化趋势明显。近年来，我国科技创新能力有了突飞猛进的发展，技术创新的广阔前景吸引了全球投资者的目光，外商投资企业已成为我国产业结构优化调整的重要推动力。2017~2020年，我国高技术制造领域，实际外资金额从98.9亿美元增长为103.0亿美元（见图6-1）。2021年，我国高技术产业外资增长17.1%，占比提升至30.2%，其中，高技术制造业增长10.7%，高技术服务业增长19.2%。高技术制造业中，电子工业专用设备制造、通用仪器仪表制造引资分别增长200%和64.9%。电子及通信设备制造业成为高技术制造业吸引外资规模最大的产业。

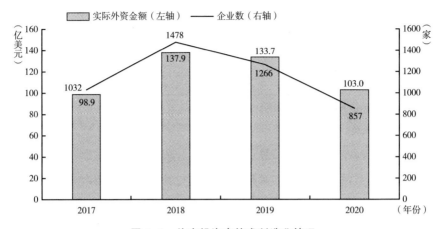

图 6-1 外商投资高技术制造业情况

资料来源：商务部外资统计。

在通信电子制造业、交通运输设备制造业、通用设备制造业等资金技术密集型新兴行业中，外商投资成为推动行业快速发展的关键力量，这对于我国制造业向高加工度方向升级和技术密集型产业的发展，起到了明显的推动作用。从 2018 年我国高技术制造领域外资分布看，主要集中在电子及通信设备制造业、医疗仪器设备及仪器仪表制造业以及医药制造业领域，实际外资金额分别为 89.8 亿美元、27.1 亿美元和 13.1 亿美元，分别占高技术制造领域外资总额的 65.1%、19.7%和 9.5%（见表 6-10）。外资对高技术制造业投资的溢出效应、示范效应和竞争效应为我国自主创新提供了良好基础，有力地促进了国家整体技术水平的提升。

表 6-10 2018 年高技术制造业利用外资

单位：家，亿美元，%

行业	企业数	同比	实际使用外资	同比
医药制造业	139	10.3	13.1	-38.7
航空、航天器及设备制造业	18	500.0	0.9	18.7
电子及通信设备制造业	968	55.4	89.8	40.4
计算机及办公设备制造业	70	52.2	6.6	77.2
医疗仪器设备及仪器仪表制造业	281	21.7	27.1	212.0

行业	企业数	同比	实际使用外资	同比
信息化学品制造业	2	−33.3	0.4	5.2
总计	1478	43.2	137.9	39.4

资料来源：《中国外商投资报告 2019》。

总体看，改革开放以来，外商投资企业对新产业、新技术、新理念、新渠道的引入以及与本土企业多种形式的合作与竞争加快了国内产业升级和技术进步的进程，对促进中国新兴产业和高技术产业发展发挥了积极而重要的作用。

（三）中国制造业吸收外资总体规模下降

1978 年以来，我国制造业一直秉持改革开放的国家战略。从对经济安全影响的角度考虑，制造业大致分为四类：第一类是航空、航天、核工业等产业；第二类是装备制造业；第三类是原材料工业及产业链条长、关联性强的产业如汽车等；第四类是一般消费品制造业，如食品、服装等行业。第一类基本属于禁止开放的领域，被排除在投资自由化之外，制造业外资主要是指后三类产业。

近年来，我国制造业吸收外资呈总量下降、增速放缓甚至负增长、占比持续下降的趋势，美国、日本、欧盟对华投资下降主要集中在制造业。加入WTO 后的 20 年间，我国制造业外商投资所占比重由 60% 以上下降到了 30%以下，下降超过 30 个百分点。从工业增加值看，2014 年起，规模以上外资企业工业增加值下降幅度明显，增幅低于全国平均水平。外商投资增长相对较慢的行业多属于传统制造业、资源型制造业以及内资垄断制造业，这些行业创新能力不强、竞争力差、产品或服务质量不高。我国制造业外资总体规模下降，服务业引资增加是其中的缘由之一，但一些非正常因素也不容忽视。我国制造业对国际投资吸引力减弱可以归纳为以下几个原因。

1. 国内投资环境存在短板

当前我国营商环境仍存在一些短板和薄弱环节，与国际先进水平相比还有差距，在法治环境、金融环境、信用环境、行政效率等方面还不适应信息化和全球化发展的要求，面临的改革任务依然艰巨繁重。

我国经济正面临比较大的转折，国内市场饱和度、投资政策、要素成本的变化、中西部地区产业链配套不完善、物流成本偏高等都加剧了制造业领域外资下行压力。此外，制度性因素对外商投资的影响也不容忽视，外资项目落地难，政府部门信息共享和协同审批管理机制不健全，外籍工作人员出入境、定居、工作等便利化程度不足，"玻璃门""弹簧门"等问题仍较突出，使外商对发展环境、发展预期和长期投资缺乏信心。

根据世界银行发布的《营商环境报告 2020》，中国在纳税（排名第105）、获得信贷（排名第80）和跨境贸易（排名第56）等领域仍显滞后。中国的出口边境合规耗时为 21 小时，成本为 256 美元，相比经合组织高收入经济体耗时较长、成本较高。中国企业财税合规年平均耗时 138 小时，而新加坡仅为 64 小时。JETRO 在 2020 年针对在华日资企业开展了问卷调查，日资企业回答"今后 1~2 年扩大在华业务"的企业占比为 36.6%，与 2019年的 43.2% 相比，呈下降趋势。在华日资企业面临的经营问题主要有员工工资上涨、采购成本上涨、环保监管更加严格、新客户开拓停滞、竞争对手崛起等，具体情况如表 6-11 所示。

表 6-11　在华日资企业面临的经营问题

单位：%

调查项目	2020 年	2019 年
员工工资上涨	63.3	73.7
环保监管更加严格	46.7	43.5
成本削减接近极限	46.1	42.1
竞争对手崛起(成本方面竞争)	44.8	50.0
新顾客开拓停滞	42.0	41.4
客户订单量减少	40.8	36.4
主要客户要求降价	40.4	39.8
员工素质下降	39.3	44.0
采购成本上涨	36.8	47.5
质量管理困难	35.0	42.4

资料来源：JETRO《2020 年度亚洲、大洋洲日资企业实况调查》。

2. 中美关系紧张延缓了跨国公司在中国的投资布局

特朗普执政时期，美国对华政策发生重大调整，美国联合盟国加大了对我国的制衡力度，中美战略竞争日益加剧，中国在军事、政治、经济、外交、舆论等方面有着前所未有的压力。中美贸易摩擦对国内外向型外资企业造成了不同程度的影响。一是部分加工贸易订单和产能转移加速。对于产品竞争力强、可替代性小的企业影响较小，但对于产品竞争力较弱、具有一定可替代性的企业影响较大，主要是成本增加、订单减少的压力，个别企业面临停产转产、工人失业等风险。除此之外，贸易摩擦虽然针对的是产品，但受到打击的则是涉案产品相关的整个行业，并进而影响到相关上下游产业的发展，加大了我国投资环境的不确定性，导致企业预期不稳，外资在中国的投资布局延缓。二是对投资者及企业家信心产生影响。中美经贸关系紧张不仅给全球贸易带来压力，也影响了全球投资者的信心。外资对东道国的信心源自两个方面，一是市场，二是政策。如果外商投资者信心遭到侵蚀，投资意愿将会下降。美国对来自中国的进口产品加征关税，影响与中国企业合作的众多跨国公司，进而影响供应链的稳定和安全，中美在制造业领域的价值链将出现分离。

3. 新冠肺炎疫情影响产业链和供应链的稳定

疫情全球扩散导致全球经济深度衰退。疫情带来的停工停厂、港口关闭和飞机停航等措施，导致部分零配件供应中断，商品物资跨境运输的成本和中断风险显著上升，制造业订单按时交付遭受较大冲击。融入全球价值链分工较深的汽车、电子、机械、医药等产业面临断链、转链的风险。

疫情凸显外部供应链中断带来的风险，供应链安全成为跨国企业全球供应链重新布局的重要考虑因素，本土化、分散化特征进一步增强，跨国公司将进一步调整其产业布局，增强其供应链抗风险能力。作为全球最大的生产基地和销售市场，我国在全球产业链中具有举足轻重的地位，是制造业全球产业链发展的重要驱动力量。疫情破坏了原有的建立在劳动效率和资源禀赋基础上的国际供应链系统，致使具体产业在产业链分工的不同环节出现一定程度的割裂，破坏了国内外供求关系及产业生态关系。

4. 我国新兴工业发展阻力加大

新兴产业全球化发展的特征显著，产业链、创新链都是全球化布局。美国政府以所谓国家安全的名义，采取对中国企业进行制裁和限制科技人员交流的方式，连续对华为等多家中国企业和一些研究机构实施"长臂管辖"制裁，还采用多种方式推进技术保护主义。新兴工业是建立在强大科学技术基础上的，美国对华贸易摩擦的意图之一在于打击中国高新技术和机电产品的生产和出口能力。一些高新技术企业，由于两头在外，核心零部件的采购来源于欧美，销售市场则遍布全球。这种经营模式直接造成企业供应链体系面临断裂风险。美国限制技术和核心零部件对华出口，华为、中兴等骨干企业将面临比较严峻的形势。在汽车领域，美国征税清单集中在自动驾驶的传感器和导航设备以及新能源汽车的电机和电池，对汽车低碳化、信息化、智能化领域的全球化创新合作造成阻碍。

5. 制造业外资增长空间受到国际投资格局变化的不利影响

疫情在全球扩散蔓延，世界经济各种风险不断累积和暴露，国际投资环境的不稳定不确定因素大大增加。

一是国际资本流动规模放缓。国际金融市场波动、投资风险显著、政策不确定性、主要发达经济体货币政策收紧、部分发展中国家的公司和主权债务风险持续上升等原因对全球资本流动形成抑制。疫情使企业收入下降和新增投资信心不足，已有的国际投资项目被迫推迟甚至取消。拜登总统上台之后，美国经贸政策的可预测性有所提升，英国脱欧尘埃落定，《区域全面经济伙伴关系协定》（RCEP）的签署推动区域内供应链加快整合，中美关系出现阶段性缓和，非理性的贸易摩擦有所降温，这些对投资者利好的因素无疑有利于跨境资本流动，但疫情的持续和反复、新兴市场国家脆弱的宏观经济形势等将继续影响全球投资的复苏。

二是全球产业转移步伐放缓。发达国家制造业发展水平高，是产业转移的主要推动力，东道国的要素成本优势、市场规模、研发创新能力、投资环境、配套能力等是决定产业转移方向的主要因素。新兴工业国家在推动产业升级的过程中，既是产业承接方又是产业转移方。在中美经贸摩擦、疫情等冲击下，制造业全球产业转移速度明显放缓。发达国家部分产业已由离岸生产转向近岸或在岸生产，我国制造业依托低成本比较优势的发展空间进一步收窄。

三是外国投资回报率下降。投资回报率下降是导致国际投资低迷的原因之一。纵向比较近年来的数据可以看出，外国资产的回报率处在下行通道。2012~2017年，全球外国投资收益率从8.1%降为6.7%，其中，发展中国家外国投资回报率虽高于全球平均值，但也面临持续下行的压力，从10.0%降为8.0%（见表6-12）。外国资产回报率下降趋势导致全球投资者意愿下降，也将影响国际资本流动的长期前景。

表6-12　全球外国投资收益率比较

单位：%

年份	2012	2013	2014	2015	2016	2017
全球	8.1	7.8	7.9	6.8	7.0	6.7
发达国家	6.7	6.3	6.6	5.7	6.2	5.7
发展中国家	10.0	9.8	9.5	8.5	8.1	8.0
东亚/东南亚	11.5	11.8	11.7	11.0	10.3	10.1

资料来源：联合国贸发会议。

（四）稳定制造业外资的政策建议

制造业外资减少将导致我国外贸出口减少，继而导致经济增长乏力、失业率上升，所以下降趋势长期化或幅度过大势必会对我国经济增长的速度和质量产生一定的影响，还将带来产业安全隐患，削弱我国经济抗风险能力和国际竞争力。同时还需要正视的是，我国工业化时间尚短，科技力量积累不足，工业基础与能力均待强化。必须牢固确立制造立国的理念和政策导向，避免在逐步失去成本优势的同时又由于创新滞后而出现低端制造和高端制造优势的双重流失。

制约我国制造业高质量发展的最根本的问题是市场化改革不到位、公平竞争机制尚不健全、市场准入限制依然存在、企业税费负担较重等。党的十九大做出"我国经济已由高速增长阶段转向高质量发展阶段"这一历史性论断，意味着我国由以资源、劳动密集型为主的产业结构向以技术、知识密集型为主的产业结构转变。我国制造业在产业基础、创新能力、人力资源、市场规模等方面的优势明显，这为制造业吸收外资奠定了基础。全球制造业格局演变以及科技革命和产业变革的新趋势，为我国战略性新兴产业发展提供了重大机遇。居民对更高质量、更高性能产品的需求成为推动我国制造业升级的重要动力。国内大循环将增强我国制造业对全球资本的吸引力。

进入"十四五"阶段，应以提升我国制造业的现代化水平为着力点，进一步提升产业链、供应链稳定性和竞争力，增强制造业对各类资源要素的吸引力，促进制造业素质的整体提升，打造制造业未来发展的新优势。积极扩大制造业外资有利于我国制造业整体技术水平的提升。高新技术制造业是高度全球一体化的产业，跨国公司是全球范围内高新技术制造业发展的主要推动力，要加快我国高端制造业的发展，就要加快引进外资。应抓住全球制造业知识化、数字化、服务化、绿色化发展趋势，充分依托我国制造产业配套优势，加快推进新型工业化进程，发展研发设计等高附加值制造环节和科技含量高的先进制造业。

1.打破认识误区

美国、德国和日本是公认的世界一流制造强国，在关键行业技术、先进材料等硬实力及品牌影响力、人力资源、法律法规体系等软实力方面有比较强的优势，但这些国家在我的制造业投资比例并不高。当前，各方面对制造业发展的支持力度都有了很大提高，但对加快制造业吸收外资并未完全形成共识。目前认识上存在偏差，一是认为外资在我国制造业领域中已经占有较高的份额，现有的产业保护措施都是必需的，有利于保障我国民族产业发展和经济安全；二是认为国内资金供给充裕，不少产业生产能力过剩，内资企业的技术能力和制造水平不断提高，对外资的内在需求减弱；三是认为当前国际投资发展的新趋势和新规则是发达国家遏制中国的手段，将外国投资与自主创新完全对立起来进行批判。这些错误观念从舆论环境传导至决策层，导致有关政策的偏差和短视，因此有必要首先提高认识，统一思想，加快推动制造业尤其是中高端制造业吸收外资。

2. 持续推进优化投资环境

习近平总书记强调，"营商环境是企业生存发展的土壤"，李克强总理在 2020 年全国深化"放管服"改革优化营商环境电视电话会议上指出，要"加快打造市场化、法治化、国际化营商环境，不断解放和发展社会生产力"。

为了更好地吸引国外先进高端制造业企业来华投资，要完善制造业对外开放的制度建设，切实加强知识产权保护，支持内外资企业公平参与标准制定，推动标准化工作与国际接轨。要切实解决营商环境方面的突出问题，深入推进《外商投资法》及其实施条例的落实，着力打造内外资企业公平竞争的市场环境，保护外商投资者合法权益，完善外商投资企业投诉工作机制，及时处理外商投资企业反映的问题，使外资企业不仅能够正常生存，而且能够实现更大发展。下一步应聚焦外资企业的需求和关切，深化改革，破除体制机制障碍，简政放权、放管结合、优化服务，切实降低制度性交易成本，提升事中事后监管能力和水平，建立集中统一的外资管理体制。

外商投资负面清单制度不仅涉及一个部门，相关各部门是否能够同步取消审批也很关键。目前，地方及部门的一些内部文件还在起作用，且缺乏透明度和统一性。建议全国人大成立专题小组，对现行的法律和行政法规进行进一步的全面审查，对无具体限制条件的管理措施，应协调相关行业主管部门明确具体限制条件。总之，应抓住机遇，着力城市营商环境的整体升级，建设吸纳优质资本、优质技术的世界级平台。

3. 扩大开放和国际合作

我国制造业走出困境并维持国际竞争力的唯一出路在于转型升级。在开放环境下，实现《中国制造 2025》提出的"三步走"战略，只能在全面参与国际竞争与合作中实现，有效利用外资，与国外的企业在研发、技术、资本和人才等领域开展深度合作，将大大缩短转型升级的过程。

当前，云计算、大数据、物联网、人工智能等新一代信息技术正推动制造业进入智能化时代。在新一代信息通信技术快速发展的背景下，加快发展智能制造是实现中国制造业转型升级的必由之路。给予外商更多投资机会，对提升制造业的科技含量、提高产品品质和效率、加快信息技术与传统产业融合以及实现传统制造业升级转换，都具有重要的现实意义。

近年来，各发达国家都在纷纷制定重振制造业计划，美国发布了《先进制造业伙伴计划》和《制造业创新网络计划》，德国发布了《工业 4.0》，英国发布了《英国制造 2050》，日本发布了《2014 制造业白皮书》，这些计划与《中国制造 2025》形成竞争关系，但从中也可以找到合作的空间。当前，同其他发展中国家相比，我国对外商投资领域的限制仍然偏严。

我国应从顶层设计开始，制定开放目标和规划，在开放领域推出更大的举措，进一步加强中国制造 2025 与全球制造业的对接合作，所有支持中国制造 2025 的政策措施应适用于中国境内的各类企业，对内外资企业一视同仁、平等对待。加快对标国际先进产业水平，梳理完善我国制造业质量标准、规则等。尽快制定《国家安全法》实施细则，破除制造业垄断行业实质性开放的阻力，选择部分产业基础好、创新体系全、配套能力强、发展潜力大的地区，建设各有侧重、各具特色的中国制造国际合作示范区，在市场准入、公平竞争、财税金融、科技创新等方面予以积极支持。

4. 建立起与现代制造业相匹配的产业工人队伍

制造业产业升级要求将劳动力密集型从低附加值的制造业转移至高附加值的制造业。目前，制造业技术工人无论是数量还是技能素质都无法满足向"高、精、尖"方向发展的需要，高层次的技能型综合型人才、管理人才和熟练技术工人比例明显偏低。据统计，2021 年中国农村劳动力占总劳动力比重仍高于 30%，这就意味着我国尚有将农村劳动力转移到制造业的潜力和空间，但国内工资水平的上升导致劳动力成本优势削弱，从低端制造业转移出来的大量劳动力难以胜任高端制造业技术岗位需求，政府需要加大制造业职业教育的投入，完善技能培训补贴管理办法，整合职业技术教育资源，借助企业和民间力量，在高素质技术人才培养方面加大支持力度，制定企业对职业教育的投入税前抵扣政策，优化制造业人才供给结构。

5. 加大产业政策支持力度

进入工业化中后期阶段后，我国制造业面临产能过剩、转型升级、第三次工业革命等多重挑战，而制造业增长主要依靠传统要素投入，仍存在产业结构不合理、创新能力不足、生产模式粗放、资源利用率低等问题。在新的发展阶段，制造业吸收外资，一方面需要营造良好的市场环境；另一方面，也需要产业政策来增强制造业创新能力、提升制造业供给质量、提高制造业生产效率、支撑制造业绿色发展、增强制造业发展活力、推动制造业供应链创新应用等。仅凭低廉的劳动力成本并不足以支撑我国制造业发展，在吸引外资方面也不具备明显优势，特别是 RCEP 签署后，东盟国家的劳动力成本优势进一步放大，将加剧劳动密集型产业向东盟转移的趋势。因此，我们有必要通过政策举措的导向，使外商投资与我国制造业转型升级的要求相一致。尽快研究制定支持制造业利用外资的专项文件，建立项目优先的政府服务通道，体现鼓励性倾斜政策，使国家有关制造业开放政策落地见效，形成一批特色鲜明、优势突出的外资制造业集聚区和示范企业。

6. 降低制造业外商投资成本

目前国际资本竞争加剧，美国采取的减税政策会对其他国家产生外溢性和传递效应，对国际资本流动格局产生重要影响，我国应采取措施降低制造业投资经营成本。这不仅是为了加强我国对外商投资的竞争力，同时也是为了加强我国企业自身的竞争力。目前我国很多制造业企业对外大规模投资，美国等发达国家的制造业投资成本在许多方面都低于我国，已经凸显降低制造业生产成本的急迫性。

美国的减税措施出现了两大效应。一是外溢效应，首先是英国、日本、德国、澳大利亚和韩国等发达国家，以及越南、印度和巴西等新兴国家，都已经颁布或提出了削减本国公司所得税税率的措施，以吸引国际流动性生产要素资本和人才为特征的国际税收政策竞争空前激烈。二是虹吸效应，美国减税后导致了大量的海外资本，特别是制造业的回流，改变了国际资本流动的国际趋势，其他国家则面临着资本外逃和人才外流的压力。建议重点鼓励类制造业项目减按15%的税率征收企业所得税，先进高端制造业重大项目、战略新兴产业项目减按 10% 的税率征收企业所得税，同时扩大高新技术企业认定范围，进一步加大对企业研发投入的税前抵扣力度。

二　服务业稳外资

改革开放之初，我国外资是从服务业吸收外资起步的，最早的三家合资企业都是与旅游服务相关的，分别是 1980 年与港资合资的北京航空食品公司和北京建国饭店以及与美资合资的北京长城饭店。随着加入 WTO，我国服务业全面对外开放，服务业外资进入高速增长通道。党的十八大以来，国内外环境发生重大变化，我国进入以服务业开放为主的新时期，服务业吸收外资保持持续稳定增长态势，并成为我国吸收外资的主导领域。我国服务业外资取得巨大成效的同时，也面临开放不足、结构不优等突出问题，下一步应以推动流动型开放和制度型开放双轮驱动，扩大服务业外资规模，优化服务业外资结构，推动我国整体吸收外资的稳定增长。

（一）服务业稳外资发展成效及特点

我国服务业吸收外资与全国外商投资发展历程同步，也呈现了四个明显的发展阶段，尤其是"十一五"以来，服务业外资高速发展，取代制造业成为我国吸收外资的第一大产业。

1. 规模快速扩张

商务部发布的《中国外资统计公报 2021》显示，2005～2020 年，我国服务业实际外资金额从 271.4 亿美元增长为 1123.7 亿美元，年均增长 9.9%，比同期我国实际外资总额平均增速（4.9%）高 5 个百分点。尤其是"十一五"时期，服务业吸收外资高速增长，年均增速为 16.9%，2010 年服务业实际外资金额达 592.5 亿美元，是 2005 年的 2.2 倍。这一时期，我国服务业吸收外资取得质的飞跃，2008 年服务业外资首次超过制造业，但 2009 年又有所回落，从 2010 年开始，服务业外资全面超越制造业，成为我国吸收外资的主导领域。"十二五"和"十三五"时期，服务业实际外资稳步增长，不断迈向新台阶，2020 年服务业实际外资金额超过 1000 亿美元，达 1123.7 亿美元，占我国实际外资的份额首次超过 70%，达 75.2%，2021 年服务业吸收外资继续创新高，为 1366.3 亿美元，同比增长 21.6%，占我国实际外资总额的 78.8%，比上年提升 3.6 个百分点（见表 6-13）。

表 6-13　2005~2020 年中国服务业吸收外资情况

单位：家，亿美元，%

年份	新设企业数	占当年新设外资总数的比重	实际外资金额	占当年中国实际外资总额的比重
2005	13139	29.8	271.4	37.5
2006	15029	36.2	270.0	37.1
2007	16918	44.6	399.5	47.8
2008	14435	52.4	539.7	49.8
2009	12369	52.8	427.2	45.4
2010	14999	54.7	592.5	51.6
2011	15323	55.3	665.7	53.7
2012	14752	59.2	668.0	55.2
2013	15253	66.8	727.7	58.7
2014	17495	73.5	832.6	64.8
2015	20888	78.6	908.7	67.0
2016	22741	81.5	917.8	68.6
2017	29047	81.5	945.6	69.4
2018	51986	85.8	893.3	64.6
2019	34224	83.7	985.5	69.8
2020	33566	87.0	1123.7	75.2
2021	42733	89.7	1366.3	78.8

资料来源：《中国外资统计公报 2021》，2021 年数据来自商务外资统计。

2.结构不断优化

我国服务业外资结构呈现明显优化。2006~2015 年，房地产一直是我国服务业外资的绝对主导领域，占服务业外资总额比重均超过 30%，平均份额达 37.7%，其中 2007 年、2010 年、2011 年、2014 年占比超过 40%。

2015 年开始，我国房地产外资进入下降通道，实际外资金额从 2014 年的
346.3 亿美元降至 2020 年 203.3 亿美元，占服务业外资总额的比重从
41.6% 降为 18.1%。租赁和商务服务业逐步取代房地产业成为我国服务业吸
收外资的第一大领域。2005~2020 年，租赁和商务服务业实际外资金额保持
稳步增长态势，从 37.5 亿美元增长为 265.6 亿美元，年均增速达 13.9%，
占服务业外资总额的比重从 13.8% 增长为 23.7%，2020 年取代房地产成为
我国服务业外资第一大领域（见表6-14）。

表 6-14　中国服务业吸收外资行业变化

单位：亿美元，%

行业分类	2005 年		2010 年		2015 年		2020 年	
	实际外资金额	占服务业外资总额比重	实际外资金额	占服务业外资总额比重	实际外资金额	占服务业外资总额比重	实际外资金额	占服务业外资总额比重
服务业合计	271.4	100.0	592.5	100.0	908.7	100.0	1123.7	100.0
交通运输、仓储和邮政业	18.1	6.7	22.4	3.8	41.9	4.6	50.0	4.4
信息传输、软件和信息技术服务业	10.1	3.7	24.9	4.2	38.3	4.2	164.3	14.6
批发和零售业	10.4	3.8	66.0	11.1	120.2	13.2	118.4	10.5
住宿和餐饮业	5.6	2.1	9.3	1.6	4.3	0.5	8.2	0.7
金融业	2.2	0.8	11.2	1.9	149.7	16.5	64.8	5.8
房地产业	54.2	20.0	239.9	40.5	289.9	31.9	203.3	18.1
租赁和商务服务业	37.5	13.8	71.3	12.0	100.5	11.1	265.6	23.7
科学研究和技术服务业	3.4	1.3	19.7	3.3	45.3	5.0	179.4	16.0
水利、环境和公共设施管理业	1.4	0.5	9.1	1.5	4.3	0.5	5.7	0.5
居民服务、修理和其他服务业	2.6	1.0	20.5	3.5	7.2	0.8	3.1	0.3
教育	0.2	0.1	0.08	0.0	0.3	0.0	2.8	0.2
卫生和社会工作	0.4	0.1	0.9	0.2	1.4	0.2	2.4	0.2
文化、体育和娱乐业	3.1	1.1	4.4	0.7	7.9	0.9	4.0	0.4

资料来源：商务部外资统计。

与此同时，服务业中高技术服务领域和现代服务领域吸收外资规模不断扩张。科学研究和技术服务业以及信息传输、软件和信息技术服务业吸收外资快速增长，从2005年的3.4亿美元、10.1亿美元增长为2020年的179.4亿美元、164.3亿美元，年均增长30.3%和20.4%，远高于同期服务业外资总额增幅（9.9%），占服务业外资总额的比重也从2005年的1.3%、3.7%上升为2020年的16.0%、14.6%，成为服务业吸收外资的第三大和第四大领域。2005~2015年，金融领域吸收外资保持了快速增长，从2.2亿美元增长为149.7亿美元，年均增长52.5%，占服务业外资总额的比重从0.8%上升为16.5%。此后，金融领域吸收外资呈下降态势，从2015年的149.7亿美元降为2020年的64.8亿美元，占服务业外资总额的比重也降至5.8%，但依旧远高于2005年的比重（见图6-2）。

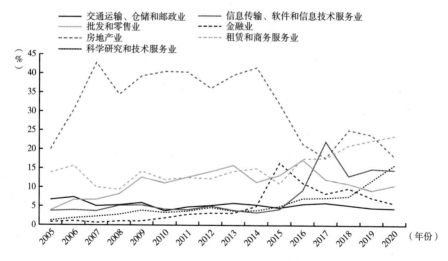

图6-2　主要服务领域实际外资额占服务业外资总额比重变化

资料来源：根据商务部外资统计数据计算。

3. 发达地区服务业引资更有优势

经济发达地区由于第三产业基础较好，服务业引资优势更为明显。如北京"十三五"时期服务业累计实际吸收外资774.9亿美元，占全市外资总额的93.4%，较"十二五"时期提高4.7个百分点，其中，高技术服务业累计实际吸收外资426.8亿美元,占同期全市外资总额的51.4%,是"十二五"时期的5倍多。2015~2020年,上海服务业实际吸收外资从159.4亿美元增长为191.1亿美元,年均增长3.7%,占全市实际外资总额的比重从86.3%上升为94.5%。2020年末,上海累计认定跨国公司地区总部771家(亚太区总部137家)、外资研发中心481家,比2015年底多236家和85家。广东作为我国引资大省,外资不断调整优化,"十三五"期间,三次产业实际吸收外资结构为0.2:28.3:71.5,而"十二五"期间为0.5:47.2:52.3,服务业外资份额上升了将近20个百分点。2015~2020年,广东服务业实际外资金额从806.5亿元增长至1282.3亿元,年均增长9.7%,占全省实际外资总额的比重从60.0%上升为79.1%。

4. 美国、东盟国家对华投资以服务业为主

从我国外资的主要来源地看,美国、东盟国家对华投资以服务业为主。美国对华投资中,金融业,信息传输、软件和信息技术服务业,租赁和商务服务业也占据主要地位,2019年,占美国实际对华投资总额的13.1%、12.5%和10.1%,而制造业对华投资占比为32.2%。东盟国家对华投资也以服务业为主,2020年东盟对华投资中制造业实际外资金额仅占27.4%,房地产业,租赁和商务服务业,交通运输、仓储和邮政业,批发和零售业占比为22.1%、18.5%、7.9%和7.0%。

5. 中国香港对内地投资以服务业为主

商务部数据显示,2019年香港地区对内地投资领域中制造业实际投资金额仅占15.6%,服务领域占据主导地位,其中,房地产业,租赁和商务服务业,信息传输、软件和信息技术服务业,科学研究和技术服务业对内地实际投入金额分别占到20.7%、16.9%、13.2%和9.0%。

(二)服务业稳外资存在的问题及制约因素

尽管我国服务业稳外资取得了积极成效,但依旧存在较为突出的问题,包括质量有待提升、结构须不断优化等问题以及服务业开放水平不够等制约因素。

1. 结构不优

从行业结构看，尽管房地产业吸收外资占比大幅下降，但依旧占据了近20%的份额，这点在中西部体现更为突出。而金融、信息服务、运输等生产性服务领域，实际吸收外资规模也较低，"十三五"期间，金融服务领域对外开放不断推进，但实际吸收外资金额呈明显下降态势。与此同时，文化娱乐、医疗、教育等民生领域，实际吸收外资金额也基本可以忽略不计。

从区域结构看，中国服务业吸收外资过度集中于东部地区，中西部尤其是中部服务业吸收外资明显不足。这一方面反映出中西部在中国整体经济中服务业发展水平的滞后，尤其是市场化发展的滞后；另一方面也反映出中西部营商环境有待进一步完善。因为除了特定行业如房地产、金融及运输外，批发零售、商贸租赁等外商投资主体以中小私营企业为主，而中小企业对市场及营商环境更为敏感。

从来源结构看，2021年中国内地超过70%的服务业吸收外资来自香港地区，而香港服务企业以中小企业为主，对整个行业的积极和正面影响相对有限，如在先进管理经验和经营模式等引进方面。同时除零售业外，其他服务领域来自欧洲、美国以及日本等发达国家的龙头服务企业偏少，这也说明我国服务业外资质量亟待提升。

2. 开放不足

服务业外资准入限制多。尽管我国不断削减服务业外资市场准入限制，自贸试验区外商投资市场准入负面清单中服务领域的特别管理措施从2013年的93条降为2021年的22条，全国版外商投资准入负面清单中服务领域特别管理措施保留了23条。但从历年外资准入负面清单看，服务领域的市场准入限制最多，2021年自贸试验区外商投资准入负面清单中，总计保留了27条特别管理措施，其中服务业的限制措施有22条，占比达81.5%，而制造领域完全取消了对外资的市场准入限制。在服务业外资准入特别管理措施中，文化、体育和娱乐业外资准入限制措施最多，有7条；其次是交通运输、仓储和邮政业，有4条；农、林、牧、渔业，科学研究和技术服务业并列第三位，有 3 条；信息传输、软件和信息技术服务业，租赁和商务服务业，教育三个行业并列第四位，有 2 条（见表 6-15）。

表 6-15　2013~2021 年自贸试验区负面清单所涉及行业特别管理措施数量

单位：条

行业	2013年	2014年	2015年	2017年	2018年	2019年	2020年	2021年
农、林、牧、渔业	7	6	6	5	4	3	3	3
采矿业	16	14	8	6	3	1	1	1
制造业	63	46	17	11	5	3	2	0
电力、热力、燃气及水生产和供应业	5	2	5	3	2	2	1	1
建筑业	4	4	0	0	0	0	0	0
批发和零售业	13	9	4	4	1	1	1	1
交通运输、仓储和邮政业	21	15	19	11	7	6	4	4
信息传输、软件和信息技术服务业	8	8	4	4	2	2	2	2
金融业	5	4	14	13	3	3	0	0
房地产业	4	3	0	0	0	0	0	0
租赁和商务服务业	13	9	9	5	3	3	3	2
科学研究和技术服务业	12	4	4	4	3	3	3	3
水利、环境和公共设施管理业	3	3	2	2	1	0	0	0
教育	3	3	2	2	2	2	2	2
卫生和社会工作	1	1	1	1	1	1	1	1
文化、体育和娱乐业	12	8	24	21	8	7	7	7

资料来源：根据历年自贸试验区负面清单整理。

服务业开放制度型壁垒多。我国服务业对外开放除了外资市场准入限制较为突出外，竞争壁垒、监管透明度、自然人移动限制、政府采购及知识产权相关的其他歧视性措施等制度型壁垒也大量存在。来自 OECD 的服务贸易限制指数库最新数据显示，由于行业垄断明显，竞争壁垒成为我国电信领域开放的最大障碍，2021 年限制比重达 63.7%，物流货物装卸、铁路货运、空运、商业银行、保险、物流仓储、邮政服务领域的竞争壁垒也较突出，比重分别达 42.3%、38.5%、37.6%、27.8%、27.0%、24.3%、21.1%。对于物流领域来说，除了外资市场准入限制外，监管透明度也是开放的核心障碍，2021 年物流货代、物流报关、物流仓储限制比重分别达 27.3%、25.6%、20.4%。对于建筑设计、法律、工程服务、会计、建筑等专业服务领域来说，除了外资市场准入限制外，自然人移动限制也成为阻碍开放的重要壁垒，2021 年限制比重分别为 40.8%、31.6%、31.0%、27.9% 和 26.3%（见表 6-16）。

表 6-16 2021 年中国服务业具体领域五大壁垒所占比重

单位：%

领域	市场准入限制	自然人移动限制	其他歧视性措施	竞争壁垒	监管透明度
会计	56.2	27.9	5.9	7.4	2.5
邮政服务	57.6	8.7	2.5	21.1	10.0
分销	73.3	13.4	5.1	2.6	0.6
商业银行	58.3	5.3	8.3	27.8	0.0
保险	56.0	7.5	9.5	27.0	0.0
物流货物装卸	34.9	7.4	0.0	42.3	15.4
物流仓储	44.3	11.1	0.0	24.3	20.4
物流货代	53.6	12.9	0.0	6.2	27.3
物流报关	50.7	12.3	0.0	11.8	25.6
建筑	68.1	26.3	0.0	5.6	0.0
公路货运	71.8	13.4	7.2	5.7	14.4
铁路货运	48.5	13.0	0.0	38.5	0.0
建筑设计	59.2	40.8	0.0	0.0	0.0
工程服务（工程咨询）	69.0	31.0	0.0	0.0	0.0
法律	66.7	31.6	0.0	1.5	0.0
电影	76.7	12.6	7.5	1.3	1.8
广播	82.3	4.9	4.8	6.1	1.8
录音	55.4	16.9	15.2	8.9	3.4
电信	31.3	2.1	1.8	63.7	1.2
空运	58.2	3.0	0.0	37.6	1.2
海运	71.1	16.9	0.0	9.9	2.1
计算机服务	75.9	18.1	0.0	6.0	0.0

资料来源：根据 OECD 服务贸易限制指数数据库计算。

3. 监管制度并不完善

监管机制不完善。由于协调和沟通机制不完善，服务业开放管理部门与业务主管部门之间还难以形成统一、有效的监管。此外，行业协会和中介组织不完善及不健全，导致行业自律监管与发达国家及地区差距较大。

监管不足与过度监管共存。目前，我国服务业开放当中过度监管和监管不足同时存在。如种类繁多、划分过细的资质资格许可程序的存在，导致专业服务领域的过度监管、开放不足，外资规模和质量难以扩大和提升；而免除当地存在的服务业开放模式以及新兴服务领域等则存在明显的监管真空。此外，服务业开放监管方式、手段和措施还较为单一，缺乏灵活性和多样性，尤其是事中事后监管手段和措施明显不足。

（三）稳服务业外资的对策建议

我国服务业外资结构不优、质量不高的核心在于服务业对外开放的不足，因此，新时期稳服务业外资的核心在于进一步深化服务领域对外开放，以开放促引资，来扩大服务业外资规模、提升服务业外资质量。

1. 总体思路

（1）分类有序推动服务业全面深化开放。由于服务行业门类众多，考虑到服务业在国民经济中的地位、竞争力现状和开放的可承受能力，新发展阶段应分类有序推进服务业全面深化开放。对于我国竞争较为充分且具有较强竞争力的领域如旅游、分销、建筑、供应链、环境、计算机、与制造业相关的服务等，推动全方位扩大开放。对于与要素流动紧密相关服务行业以及与民生密切相关领域如金融、电信、专业服务、人才培训、医疗、养老、高等教育等进一步加大开放力度。对于涉及意识形态的文化娱乐等敏感领域，按照抓大放小的原则，有策略地推动对外开放。对于涉及国家核心安全的服务行业如基础教育、核能、军事等应全面禁止开放。

（2）依托自主开放与协议开放双轮驱动深化开放。自主开放具有主动性，敏感领域和关键规则率先通过自主开放试验，可极大降低开放风险，为协议开放积累经验。而协议开放具有法律约束性，能够将对外承诺转换为行业开放规则，通过协议开放能够提升我国在国际服务贸易新规则中的主动权和话语权。在加大自主开放步伐的同时，依托WTO改革中服务贸易开放相关议题、RCEP、《中欧全面投资协定》、《全面与进步跨太平洋伙伴关系协定》（CPTPP）等积极推进多边、区域、双边等协议开放力度，双轮驱动新发展阶段我国服务业开放全面深化。

（3）推动流动型开放与制度型开放双提升。新阶段服务业开放既需要全面放宽对外资准入的限制及管制，推动与服务业发展相关的核心要素包括资金、技术、人才以及数据等的跨境自由流动，更需要以法治化的方式按照国际高标准的经贸规则来推动市场的开放，对外资准入后的管理、标准、规则等加强与国际接轨，完善服务业开放的相关制度与法制，形成开放透明、公平竞争的营商环境，推动服务业流动型开放与制度型开放全面提升。

2. 四点具体建议

（1）全面放宽外资准入限制，提升流动型开放水平。针对我国现有外资准入限制较高的服务领域，我国应围绕服务领域外资准入的具体障碍，精准全面放宽限制。如金融领域，按照"取消数量型限制，增加机制性约束"原则，从金融市场开放逐渐过渡到资本账户开放，积极探索新金融领域开放。电信服务，全面放开增值电信领域的外资股比限制，探索适当放开基础电信限制。医疗领域，进一步放宽外资股比限制，允许外商设立独资的专科医院甚至综合医院。教育领域，推动修订《中外合作办学条例》及其实施办法，适当放宽办学主体和办学模式限制，允许外方院校在理工科、应用型本科等领域独立办学。文化领域，应在内容审查的前提下，进一步放宽文艺表演团队、互联网文化经营、音像制品制作、艺术品拍卖等领域对外资的限制。进一步放宽大数据、物联网、区块链等新技术衍生出来的服务新业态、新模式外资准入限制。

（2）加快对标国际高规则，提升制度型开放水平。加快实施跨境服务贸易负面清单管理制度，推动服务领域四种模式全面开放。允许竞争力较强的服务领域免除当地存在要求，提升跨境交付模式下的开放力度；对于会计、法律、建筑设计等专业服务领域，借鉴发达国家经验，对境外人员参与国内专业技术资格考试以及执业给予国民待遇，完善境外专业人员管理，减少人员流动限制，推动自然人移动模式下进一步开放。同时，积极对标国际惯例和国际规则修订法律法规，完善行业管理制度，如在医疗领域除外资准入限制外，还须不断完善药品、先进医疗设备等进口管理，以及医保、商业保险、医生职称评定等相关要求，尽可能破除准入后的制度型障碍。同时对于高标准的服务贸易规则要求如数字贸易、国有企业、竞争政策、知识产权、政府采购、监管一致性等，率先在自主开放平台先行先试。

（3）依托核心开放平台，加快敏感领域开放和敏感规则的先行探索。海南自由贸易港全面对接国际服务贸易新规则、新标准，如CPTPP、《数字经济伙伴关系协定》（DEPA）等，探索服务贸易领域全方位的系统性开放。自由贸易试验区和服务业扩大开放综合试点地区应根据国家的战略定位以及核心主导产业发展需求，选取服务领域敏感以及核心规则开展开放压力测试，在放宽准入限制、接轨国际规则、推动数据自由流动、互认或单方面认可境外执业资格等关键性举措方面率先探索。如上海自贸试验区为建设国际金融中心应率先对标金融领域高标准规则先行先试，率先推动新金融领域开放，率先允许跨境提供的金融服务，推动资本项目进一步扩大开放。在研发创新走在全国前列的深圳前海、北京、合肥等地，有条件率先在知识产权领域对标国际最高规则，对声音、气味、地理标识等纳入知识产权保护范围，并提高民事损害赔偿，降低刑事处罚标准，进一步完善知识产权保护，为创新营造有利的制度环境。东北地区的自贸试验区积极探索对标国有企业规则，推动我国国有企业加快改革。北京自贸试验区在数据流动、数字贸易治理规则等方面应进一步加快与国际接轨。

（4）完善监管手段和措施，防范发生重大风险。特定服务领域在国民经济中具有重要性和特殊性，例如，金融业关系国民经济命脉，通信服务业维系我国的信息安全，文化、教育等领域事关价值观及国家意识形态等。从发达经济体的经验看，服务领域的开放必然伴随监管，因此，在全面深化服务业开放的同时，也必须强调国家安全及系统性风险的防范，尤其是开放越深入，越有可能涉及中西方之间的意识形态之争、制度之争，因此在打破我国服务贸易领域开放过程中的"玻璃门""弹簧门"的同时，必须建立起我国服务领域开放的"防火墙""安全门"。进一步完善部级协调机制，即横向合作机制，增强服务业开放政策与产业政策的协调性和稳定性。强化服务业开放的主管部门与省（自治区、直辖市）机制的协调，完善纵向协调机制，推动中央政策在地方的落实和及时反馈。进一步加强行业协会及中介组织建设，加快去行政化，赋予行业协会更多的行业自律监管职能，明确行业组织可以制定行业规范、进入标准和技术条件以及对相关会员的惩戒制度等。采取灵活多样的监管手段。对采取跨境交付模式提供的服务可要求注册许可或授权经营。对单方面认可的境外专业技术人员完善注册管理制度。对外籍劳务进入可采用外籍劳工配额制度进行监管。对文化、金融、教育、法律等敏感领域保留牌照监管手段。

第七章　核心平台稳外资

本章选取海南自贸港、自贸试验区和国家级经开区三类最主要的开放平台，分析梳理我国核心开放平台稳外资的成效、存在的问题，并提出下一步稳外资的思路。

一　自由贸易港

（一）海南自贸港稳外资取得积极成效

1. 外资规模高速增长

2018 年海南建设自贸试验区，之后稳步推进自贸港建设，2018~2020 年，自贸港新设外商投资企业 167 家、338 家、1005 家，同比增长 92.0%、102.4%、197.3%；实现实际外资金额 7.3 亿美元、15.1 亿美元、30.3 亿美元，同比增长 112.7%、106.1% 和 100.0%。2018~2020 年累计实际使用外资金额 52.7 亿美元，超过海南建省前 30 年实际使用外资金额总量（96.07 亿美元）的一半以上。

2. 现代服务业是引资重点领域

2018~2020 年，自贸港现代服务业新设外商投资企业分别为 125 家、280 家、909 家，占当年新设外商投资企业总数的 75%、83%、90%；实际使用外资金额为 4.54 亿美元、7.50 亿美元、26.51 亿美元，占当年实际使用外资总额的比例由 62% 升至 87%。现代商务服务业、批发业、科学研究和技术服务业实际使用外资金额位居前三位，三年累计实际使用外资金额分别为 23.9 亿美元、7.0 亿美元、3.0 亿美元，在现代服务业中分别占比 62.0%、18.2%、7.9%；从外资增速看，批发业、软件和信息技术服务业、现代交通运输业增长最快，与 2018 年相比，2020 年实际使用外资金额分别增长 8024 倍、109 倍和 66 倍。

3. 外资主要集中在重点县市和园区

2018~2020 年，自贸港有实际外资的市县达 12 个，其中海口（28.4 亿美元）、洋浦（6.8 亿美元）、三亚（5.6 亿美元）三个市县为外商直接投资重点区域，三年累计实际吸收外资 40.8 亿美元，占自贸港实际使用外资总额（52.7 亿美元）的 77%。洋浦经济开发区、海口江东新区、博鳌乐城国际医疗旅游先行区等 11 个重点园区作为推动海南自贸港建设的样板区和试验区，承载实施自贸港"早期安排"政策的重要任务，正逐步成为自贸港吸引外资的"新高地"。2018~2020 年，11 个重点园区新设外商投资企业 634 家，占全省新设外商投资企业（1510 家）的 42%；实际使用外资金额 32.3 亿美元，占全省实际使用外资总额（52.7 亿美元）的 61.3%。新设企业数排名前三的分别是海南生态软件园（131 家）、海口江东新区（125 家）、海口复兴城互联网信息产业园（119 家）。实际使用外资金额排名前三的分别是海口江东新区（13.2 亿美元）、洋浦经济开发区（6.9 亿美元）、海口综合保税区（3.5 亿美元）。2020 年 11 个重点园区实际使用外资金额合计为 24.0 亿美元，占实际使用外资总额的 79%，重点园区以不到自贸港 2% 的土地面积贡献了自贸港近 80% 的外资规模。

4. 外资来源地不断扩展

2018~2020 年，来自全球 89 个国家和地区的投资者在自贸港投资，包括新加坡、日本、韩国、以色列、印度、泰国和中国港澳台地区等 25 个亚洲国家和地区，英国、法国、德国、意大利、西班牙、瑞士、瑞典、俄罗斯等 22 个欧洲国家，美国、加拿大、墨西哥、巴西、阿根廷、秘鲁等 18 个美洲国家以及南非、埃及、津巴布韦、尼日利亚等 20 个非洲国家，澳大利亚、新西兰等 4 个大洋洲国家。其中，中国香港、中国台湾、美国、新加坡、俄罗斯设立企业数排名前五。亚洲国家和地区在自贸港设立的企业数量最多，占新设外资企业总数的六成多；欧美地区增长最快，设立的企业数量由 33 个增长到 280 个，增长 8.5 倍，外资来源国别由 11 个增加到 37 个。

5.大项目带动效应明显

2020 年，自贸港实际到资超过 2000 万美元的外资大项目为 27 个，合计 26.9 亿美元，占海南实际使用外资总额的 88.8%。在投资领域，引进美国索思福股权投资、中国香港新世界、交银国际等；在新能源汽车领域，引进美国特斯拉、日本丰田等；在能源环保领域，引进法国苏伊士、德国欧绿保等；在医疗健康领域，引进英国阿斯利康、德国默克、GE 医疗、中国香港华氏医药等；在园区管理、物流领域，引进新加坡普洛斯、淡马锡等；在商业地产和物业管理领域，引进中国香港世茂、英国第一太平戴维斯等；在教育领域，引进德国比勒费尔德应用科技大学、英国爱丁堡大学、考文垂大学、荷兰瓦赫宁根大学、美国密歇根州立大学、罗格斯大学、加拿大多伦多大学、葡萄牙里斯本大学、瑞典斯德哥尔摩经济学院、爱尔兰国立科克大学等，以及英国哈罗公学、德威公学、威雅公学等；在中介咨询领域，引进普华永道、毕马威、德勤、安永等进驻自贸港。

（二）自贸港稳外资的主要经验

1.海南省委、省政府高度重视

海南省委、省政府认真贯彻落实习近平总书记 2018 年 4 月 13 日讲话中关于"欢迎全世界投资者到海南投资兴业"的指示要求，坚持把扩大开放和吸收外资放在突出位置，海南省委、省政府主要领导在多次讲话中提出"利用外资水平是海南自贸港外向型经济显示度的一个重要指标"，"利用外资规模体现海南自贸港建设成果"，"要全力做好利用外资工作"。2018～2020 年，海南省委、省政府主要领导多次听取外资工作专题汇报，研判形势，推动重大改革性举措，谋划一批具有战略性、前瞻性的重大外资项目，指引自贸港外资工作行稳致远。分管省领导坚持每月召开外资工作专题会议，一竿子插到底，全省上下同心协力、真抓实干，推动外资工作不断迈上新台阶。

2. 自贸港开放政策效应带动

在《中共中央国务院关于支持海南全面深化改革开放的指导意见》（12号文件）基础上，国家部委和海南自贸港共同出台了系列配套实施方案，形成"1+N"的政策体系。海南自贸港总体方案出台后，自贸港政策带动效应不断增强，特别是在外资市场准入、投资促进、投资保护、制度性开放等方面进展显著。国家部委、省委省政府陆续出台配套措施，在税收、人才引进、跨境人员流动、跨境资金进出等多方面为外商投资提供优惠和便利。法制保障方面，《海南自由贸易港法》出台，进一步稳定了投资预期，增强了外商投资海南的信心。

3. 营商环境持续优化

近年来，海南自贸港主动对标国际一流营商环境，大胆试、大胆闯、自主改，相继发布100多项制度创新案例，提升企业办事便利化程度，降低制度性交易成本，优化营商环境的步伐不断加快。全面实施准入前国民待遇加负面清单管理模式；国际投资"单一窗口"上线运营，整合投资事前、事中、事后的全链条服务，为投资者提供"一站式"全流程"套餐式"政务服务和"管家式"生活服务；招商引资"项目库"和"资源库"上线运营，为投资主体了解海南、洞悉投资机遇提供"一站式"窗口；省商务厅会同产业厅局、市县、园区、经发局形成"横向协同、上下联动"的工作机制，为企业提供快速反应、精准务实的贴身服务。

4. 投资促进机制不断完善

完善自贸港招商工作联席会议制度，守住生态底线，严把项目质量关，确保把"最好的资源留给最好的投资者"。发挥联席会议办公室统筹作用，对市县、园区提出跨领域、跨部门诉求，及时推动相关部门予以支持，重大问题提请海南省政府研究；充分调动市县、园区积极性和能动性，分解外资任务指标，压实招商主体责任；开展体制机制创新，组建国内首个由政府发起成立的社团法人机构海南国际经济发展局，建立专业化、市场化的招商队伍。

5. 依托国际性会议加大引资力度

充分利用博鳌亚洲论坛、世界新能源汽车大会等主场国际性会议平台，开展"美丽乡村会客厅"等省领导与世界知名企业家商务洽谈；借助进博会、厦门投洽会、东盟博览会等展会平台，推介海南自贸港政策和投资环境；在省部合作机制框架下，2018~2020年连续三年与商务部联合举办投资促进和人才培训活动。不断提升海南自贸港知名度和影响力。

（三）自贸港稳外资面临的问题及制约因素

1. 外资规模小

尽管设立自贸试验区、自由贸易港以来，海南吸收外资金额快速增长，但在东部沿海 11 个省市中，海南自贸港的实际外资水平处于垫底位置，仅高于河北，2020 年实际吸收外资金额占当年东部地区外资总额的比重仅为 1.3%，基本是江苏、广东、上海、山东、浙江、北京等地区引资水平的零头（见图 7-1）。

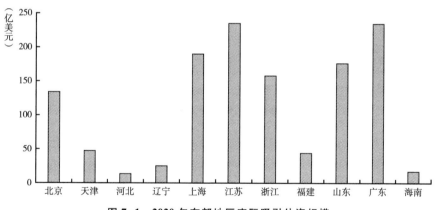

图 7-1　2020 年东部地区实际吸引外资规模

资料来源：商务部外资统计。

2. 经济和产业发展基础薄弱

从总量上看，2020 年海南自贸港地区生产总值仅为 5532 亿元，在 31 个省区市中排在第 28 位，处于倒数位置。同时从产业基础看，2020 年自贸港三次产业结构比为 20.5：19.1：60.4，全国平均比为 7.7：37.8：54.5，与全国相比，自贸港第一产业比重明显偏高，第二产业发展不足，工业化进程明显落后于全国；第三产业发展有优势，但自贸港第三产业以房地产、旅游服务为主导，生产性服务业和高新技术服务业发展明显滞后，这都对自贸港稳外资形成明显制约。

3. 开放政策频繁出台但实际落地效果一般

自 2020 年 6 月海南自贸港建设总体方案公开发布以来，中央层面出台了上百个相关政策文件。由于政出多门以及政策的频繁出台，政策的一致性、透明度和可预见性都不够，让人眼花缭乱，投资者甚至对许多政策知之甚少。以负面清单为例，自贸港出台了外商投资准入负面清单以及跨境服务贸易负面清单，就两张清单本身而言，与国际通行负面清单相比，还存在涉及的核心义务窄、例外条款过于宽泛等突出问题。同时开放政策尤其是服务业开放的政出多门也带来很多弊端。两张清单中，外商投资准入负面清单由国家发展改革委主导，跨境服务贸易负面清单由商务部主导，由于涉及的部委不同，两张清单的发布、实施以及修订时间都存在明显差异。对于境外投资者来说，明显增加了信息获取成本，也容易混淆。同时，两张清单共存，又由不同部委发布和解释，直接影响了海南自贸港开放政策监管的一致性。

4. 开放型经济发展人才短缺

2021 年，海南有普通高等学校 21 所，其中 13 所为大专层次，公办本科院校 5 所，其中仅有海南大学一所是"211 工程"大学。总体看，自贸港高水平的教育机构较为缺乏，同时受制于海南收入水平低、工作机会少、物价和房价高等因素的影响，在本地上学的本科生、研究生等高层次外地人才留在自贸港以及出岛上学的高层次本土人才回流就业的比例都较低，从而导致海南高层次人才缺乏。而海南开放型经济发展的滞后，也导致高层次开放型人才明显不足。

（四）进一步稳外资的建议

自贸港稳外资的核心和根本就是对标国际高标准，加大开放力度，便利技术、资金、人才、数据等要素自由进入，完善营商环境，为跨国公司在自贸港经营提供良好条件。

1. 进一步解放思想，中央加大对自贸港开放支持力度

按照海南自由贸易港建设总体方案以及海南自由贸易港法的要求，从贸易自由便利、投资自由便利、资金自由便利、人员自由便利、运输自由便利以及数据安全有序流动等方面进一步细化自由贸易港分阶段的具体开放措施以及财税、环境等保障措施，明确贸易、投资、资金、人员、运输以及数据安全等方面国家安全底线。在此基础上，将每个阶段所有措施的中央开放权限"一揽子"下放到自贸港，中央相关部委和部门仅提供业务指导和风险防控要求，全面推动自贸港的开放措施及时有效落地，增强海南自贸港开放政策对跨国公司的吸引力，提升跨国公司的获得感。

2. 加快推动两张清单"二合一"，推动实现开放政策的一致性

探索推动海南自贸港外资准入负面清单与跨境服务贸易负面清单"二合一"。

一是明确主导部委。两张清单"二合一"，到底是由国家发展改革委还是商务部来主导负面清单的制定和发布，这是首先需要明确的。由于商务部一直是我国外资的主管部委，也是服务贸易跨部门的协调机构及主管部门，最有条件承担自贸港服务业开放的中央协调职能，因此建议商务部作为服务开放政策的唯一对外发布的部委，"二合一"负面清单以商务部为主导来制定。

二是按照国际高标准要求进一步完善负面清单。为提高自贸港负面清单的质量，应对标国际高标准要求进一步完善负面清单。一方面，对照国际通行的核心义务，完善外商投资特别管理措施。进一步全面梳理各行业领域（包括金融和文化领域）现存的外商投资准入限制，尽最大可能纳入负面清单中，提高外商投资准入透明度。另一方面，借鉴国际负面清单的一般范式，极大缩减负面清单例外要求。实现最大限度的开放是国家对自贸港的根本要求，因此，自贸港有必要对照国际高标准，仅保留与国家安全、公共秩序、金融审慎等少数例外，删除社会服务、文化新业态等宽泛的例外要求，在负面清单中直接列出与之相关措施，进一步提高开放的可预见性和透明度，打造受国际认可的对外开放新标杆。

三是规范负面清单的名称及格式要求。借鉴国际经验，"二合一"负面清单名称应调整为海南自由贸易港投资和跨境服务贸易负面清单。从格式体例上看，为体现延续性，不改变现有负面清单格式和列表习惯，还是按照我国行业领域分类，将外商投资准入和跨境服务贸易相关的限制措施进行梳理汇总、分条列出，直接整合成一张清单。

3. 加快境内外人才的引进力度，提升人才对稳外资的支撑

进一步加快教育尤其是高等教育和职业教育领域的开放力度，吸引国际知名高校和职业院校在自贸港设立中外合作、合资甚至独资学校，为自贸港建立培养高层次人才以及各类技术工人。进一步完善境外人才到自贸港就业和居留政策，更好引进国际化的高素质人才。增强产业发展对人才的吸引力，为创新营造宽松的环境，创设各类高科技园区，推动专业服务加快发展，通过产业发展吸引国内外高科技人才和专业服务人才到自贸港创业和就业。加大高层次人才的保障力度，完善税收优惠政策，提供国际化、高水平的住房、教育、医疗和养老等全方位的人才保障，以一流的保障服务和宜居的生活环境增强对各类人才的吸引力，为自贸港开放型经济发展以及外资企业在自贸港长期稳定发展提供人才支撑。

二　自由贸易试验区

截至 2021 年底，我国总计设立了 21 家自贸试验区。来自商务部数据显示，2021 年，21 家自贸试验区实际使用外资金额 2130 亿元，实现进出口总额 6.8 万亿元，分别同比增长 19% 和 29.5%。21 个自贸试验区国土面积占全国的比重不到 4‰，却实现了全国 18.5% 的外商投资和 17.3% 的进出口，为我国稳外资和稳外贸做出了积极贡献。

（一）自贸试验区稳外资的主要做法

1. 以负面清单不断加快推进对外开放

自 2013 年在上海设立第一家自贸试验区以来，我国开始探索以负面清单的开放新模式，第一次出台了自贸试验区外商投资准入负面清单，随后，

我国每年基本都对外商投资准入负面清单进行修订完善，不断放宽对外资准入的限制，截至 2021 年底，已经进行了 8 次修订。自贸试验区外资准入负面清单中的特别管理措施从 2013 年的 190 条减少到 2021 年的 27 条，缩减比例达 85.8%，其中，限制类措施由 152 条减少至 10 条，缩减比例达93.4%；禁止类措施由 38 条减少至 17 条，缩减比例达 55.3%，推动我国对外商投资的限制不断放宽（见图 7-2）。尤为突出的是，服务领域的对外开放不断提升，特别管理措施从 2013 年的 95 条减少为 2021 年的 22 条，缩减比例为 76.8%。

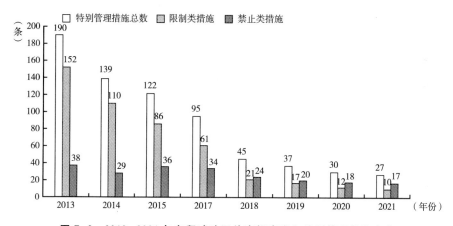

图 7-2　2013~2021 年自贸试验区外商投资准入特别管理措施变化

资料来源：国家历年发布的自贸试验区外资准入负面清单。

2. 加快制度规则对接，提升制度型开放水平

除了以负面清单方式推动放宽外资准入限制来提升流动型开放水平外，国家明确要求自贸试验区要积极对标国际高标准规则制度，大胆试、大胆创。因此，各个自贸试验区围绕自身产业发展需求，积极探索对标国际高标准的规则制度。例如，北京自贸试验区强化知识产权运用保护，探索国家数字产品专利、版权、商业秘密等知识产权保护制度建设；探索建设数字贸易港，在软件实名认证、数据产地标签识别、数据产品进出口等方面先行先试。浙江自贸试验区扩展区域方案中明确，打造数字经济发展示范区，加强

数字经济领域国际规则、标准制定。中国（广东）自由贸易试验区发展"十四五"规划中提到积极对接 RCEP、《中欧全面投资协定》，在海关程序和贸易便利化、电子商务、知识产权保护、政府采购、绿色发展、竞争中立、中小企业和经济技术合作等领域，加快形成与国际通行规则相衔接的投资管理体系；深化与港澳规则、制度、机制联通贯通融通，建设粤港澳大湾区融合发展示范区。

3. 积极推动国家及省级管理权限下放

（1）国家层面积极向自贸试验区下放审批权。2018 年和 2021 年国务院分别发布《关于支持自由贸易试验区深化改革创新若干措施的通知》和《关于推进自由贸易试验区贸易投资便利化改革创新的若干措施的通知》，将外资企业设立建筑企业和人才中介机构、港澳服务提供者设立旅行社等审批权下放到自贸试验区。同时国家相关部委围绕自贸试验区的不同产业定位向地方下放特定领域的审批权。如中央将国际航行船舶保税加油许可权下放至舟山市人民政府，同时也是第一次正式明确保税油供应资格的申请条件，精简准入程序；中央将增值电信业务外资准入审批权、国际快递业务经营许可审批权以及无船承运、外资经营国际船舶管理业务行政许可权等下放至海南省。此外，中央也积极推动省市政府加大向自贸试验区下放省级管理权限，尤其是投资审批、市场准入等权限（见表 7-1）。

表 7-1　国家层面向自贸试验区下放审批权限情况

中央层面	审批权限下放的具体措施
2018 年国务院发布《关于支持自由贸易试验区深化改革创新若干措施的通知》	①将建筑工程施工许可、建筑施工企业安全生产许可等工程审批类权限下放至自贸试验区 ②将外商投资设立建筑业(包括设计、施工、监理、检测、造价咨询等所有工程建设相关主体)资质许可的省级及以下审批权限下放至自贸试验区 ③省级市场监管部门可以将外国(地区)企业常驻代表机构登记注册初审权限下放至自贸试验区有外资登记管理权限的市场监管部门 ④将在自贸试验区内设立中外合资和外商独资人才中介机构审批权限下放至自贸试验区，由自贸试验区相关职能部门审批并报省(市)人力资源社会保障部门备案

中央层面	审批权限下放的具体措施
2021 年国务院发布《关于推进自由贸易试验区贸易投资便利化改革创新的若干措施的通知》	①在内地与香港、澳门关于建立更紧密经贸关系的安排（CEPA）框架下，将港澳服务提供者在自贸试验区投资设立旅行社的审批权限由省级旅游主管部门下放至自贸试验区 ②在符合条件的自贸试验区所在地推进网络游戏审核试点工作 ③将自贸试验区所在省份注册的国内水路运输企业经营的沿海省际客船、危险品船的船舶营业运输证的配发、换发、补发、注销等管理事项，下放至自贸试验区所在地省级水路运输管理部门负责办理

资料来源：根据国务院发布的自贸试验区的两个通知整理。

（2）积极推进省级管理权限向自贸试验区下放。在国家"放管服"改革的引领下，各地重视将部分行政审批权下放给自贸试验区，推进简政放权，提升自贸试验区行政效率，提升外商投资便利度。2015 年，上海市政府率先将部分行政审批权下放给上海自贸试验区。2015 年、2017 年和 2021年广东省政府分三批将总计 105 项省级管理权限直接下放到自贸试验区。2020 年云南省发布《关于向中国（云南）自由贸易试验区各片区管委会下放第一批省级管理权限的决定》，向自贸试验区下放第一批省级行政权力事项 73 项。2021 年湖南省发布《关于在中国（湖南）自由贸易试验区开展放权赋权极简审批的通知》，明确向自贸试验区下放第一批 98 项省级管理权限等。截至 2021 年，上海、福建、陕西、四川下放了外商投资企业设立、变更审批权；福建、陕西、河南、辽宁、云南下放了中外合作职业技能培训机构设立审批权；福建、河南、重庆、四川、辽宁下放了外商投资道路运输立项审批权；福建、河南下放了外资企业、中外合资企业、中外合作企业经营我国沿海、江河、湖泊及其他通航水域水路运输审批权；福建、陕西、江苏、湖南下放了设立中外合资（合作）经营娱乐场所审批权；四川、湖北、江苏下放了设立中外合资、合作印刷企业和外商独资包装装潢印刷企业审批权；湖南、黑龙江下放了外国非企业经济组织在华设立常驻代表机构审批权。

4. 单一窗口为依托，提升投资便利化水平

（1）上海搭建企业准入"单一窗口"。外资企业设立和投资过程中常遇到不同审批系统信息不互通、信息重复验证、资料重复提交、办理流程不清晰等问题。为提高管理效能，自贸试验区率先实行企业准入"单一窗口"制度，推行"一个部门、一个窗口集中受行政理"。2013年10月，上海自贸试验区上线企业准入"单一窗口"1.0版，由工商受理窗口统一收取内外资企业设立、外资备案、工商营业执照、税务登记证等登记申请材料；各审批职能部门通过书面材料内部流转、电子数据交换和信息共享，完成审批流程。2015年11月，上海自贸试验区推出市场准入"单一窗口"2.0版，该版本由四证联办变为七证联办，将对外贸易经营者备案登记表、海关报关单位注册登记证书、报检企业备案表、企业公章印铸准许证和法人一证通数字证书的办理统一纳入"单一窗口"流程中来，进一步提高了行政效率。目前，投资"单一窗口"制度的部分经验已逐步在全国范围内推广。2018年，商务部、国家工商总局联合发布了《关于外商投资企业商务备案与工商登记"单一窗口、单一表格"受理有关工作的通知》，明确自2018年6月30日起，在全国推行外商投资企业商务备案与工商登记"单一窗口、单一表格"受理，切实增强外商投资企业获得感。

（2）海南推动国际投资"单一窗口"。海南聚焦投资便利化系统集成创新，创设了全国首个国际投资"单一窗口"，它将涉及投资相关的业务审批系统整合到一个窗口，建设投资全流程"套餐式"服务平台，包含咨询服务、企业开办、项目建设、配套服务四大模块，覆盖投资事前、事中、事后的全流程业务办理服务。"单一窗口"实现外商投资企业开办至多跑一次，全流程减少55%的表单材料提交；审批时限和环节缩减70%；全流程办理企业设立、税务登记、公章刻制、外商投资信息报告、外汇登记、银行预约开户等业务，最快2天内即可办结。

5. 加快复制推广力度，巩固自贸试验区开放成果

制度创新以及向全国复制推广试点经验是自贸试验区的核心任务。自2014年国务院首次发布29项自贸试验区改革试点经验以来，到2021年底，自贸试验区累计推广制度创新成果 278 项，其中包括国务院分六批发布的 143 项试点经验、分四批发布的 61 个最佳实践案例以及相关部委自行复制推广的 74 项改革试点经验。278 项制度成果中，与投资管理相关的制度成果 120 项；贸易便利化制度成果 64 项；金融及服务业开放相关制度成果 63 项；事中事后监管制度成果 31 项（见图 7-3）。

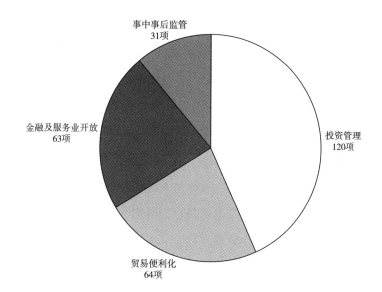

图 7-3 截至 2021 年底自贸试验区累计复制推广的制度成果分布

资料来源：国家历年发布的自贸试验区改革试点经验。

（二）存在的主要问题及制约因素

1. 体制机制还需进一步理顺

根据国家有关要求，自贸试验区基本都是在原有国家级园区的基础上设立的，包括许多自贸试验区还存在区内跨多个行政区划、内含多个园区等情况。除了上海、海南等自贸试验区，大多数自贸试验区管理机构都没有行政职能，也导致了体制机制还不够顺畅，统筹协调、指导管理方面受到了一定影响，同时各自贸试验区机构设置层级和模式也各不相同。

2.改革自主权还须进一步扩大

从上海自贸试验区设立至今，国家已批准设立 21 个自贸试验区，随着自贸试验区建设的不断深入，制度创新也进入了深水区，改革创新的难度也越来越大，但是大多数试点试验的权限还在国家相关部委，制度创新事项争取落地的时间较长、程序烦琐、难度较大。由于改革自主权不够，形成的改革创新大多是方式方法和优化流程等方面的微创新，存在碎片化现象，系统性集成性不够。同时，各地自贸试验区在结合自身比较优势、加快产业发展方面，还未探索出制度创新与产业发展高效联动的推进机制，特色优势产业和外向型产业的集聚度还有待提升，对外资企业的吸引力不足。

3.负面清单有待进一步完善

与国际高标准的负面清单相比，自贸试验区外资准入负面清单还存在明显不足，导致对外资准入限制壁垒多。一是涉及的核心义务少。我国外资准入负面清单中主要涉及股比要求、高管要求等少数义务，而国际协定中投资章节涉及的主要义务包括国民待遇、最惠国待遇、业绩要求、高级管理层与董事会等。由于自贸试验区外资准入核心义务覆盖不足，所列出的特别管理措施并不全面，从而影响开放的透明度。二是例外条款太过宽泛。我国外资准入负面清单未列出文化、金融等领域与行政审批、资质条件、国家安全等相关的措施。国际协定中明确投资义务不适用政府采购以及补贴或赠款，包括政府支持的贷款、担保和保险。与国际的例外要求相比，我国外资准入负面清单的例外界定过于宽泛，政府的解释权限过大，实质上影响了开放程度。

4.对外资企业的投资保护还有待提升

长期以来，自贸试验区投资便利化改革的重点在于不断扩大开放、简化审批流程和程序、为外资企业在华经营提供更好的服务，对投资保护的关注不够。外商投资法颁布实施后，新设立的自贸试验区对外资保护的力度开始加强。但总体看，自贸试验区现有的投资保护规定原则性多，创新性举措少，如国际投资协定中高标准的竞争中立、知识产权保护、劳工、环境等制度建设都是在华外商投资企业关注的保护内容，但从自贸试验区的制度创新成果看，涉及投资保护的内容很少。

5.复制推广工作还存在一定障碍

国家已复制推广了 278 项自贸试验区改革创新经验，但在实践中，对于部分复制推广事项，虽然国务院已发文，但是国家相关部门没有相应的配套政策，相关规定也没有及时调整，导致部分自贸试验区经验无法在地方真正落地，影响了复制推广成效。

6.法治保障须进一步加强

目前，全国人大和国务院会定期调整在自贸试验区适用的法律法规。同时，自贸试验区也基本都已出台自贸试验区管理办法和条例，进一步加强了地方立法。但是在国家层面还没有出台专门针对自贸试验区的法律法规和部门规章。

（三）推动自贸试验区稳外资的建议

1.完善体制机制和法治保障

建议国家在自贸试验区体制机制方面加强顶层设计，从国家层面明确自贸试验区工作架构，在目前国家级园区的机构设置基础上进一步提升自贸试验区管理机构规格层级。建议加强自贸试验区与国家部门之间的联动，由国务院自由贸易试验区工作部际联席会议办公室针对自贸试验区的政策诉求，定期组织召开自贸试验区与国家部委的座谈会和政策对接会，建议国家相关部门加强对各自贸试验区的调研指导，确保国家各项改革创新任务能尽快落地。建立自贸试验区之间的沟通交流合作机制，支持建立区域性的自贸试验区联盟，探索形成跨自贸试验区的制度创新成果，尤其在标准、规则、资质互认、物流通关合作、口岸联动等方面进行跨区域的探索创新。出台国家层面的自由贸易试验区条例、规章，并争取出台自由贸易试验区法，加强自贸试验区法治保障。

2.赋予自贸试验区更大的改革自主权

赋予自贸试验区更多更大的改革自主权，根据每个自贸试验区的主导产业发展，除涉及国家核心安全的领域外，中央应明确将部委层面所有与产业开放相关的事权"一揽子"全部下放到自贸试验区所在省市或直接下放到自贸试验区，推动自贸试验区更高水平的对外开放。同时在投资便利、投资保护等方面对自贸试验区设定一些具体的目标要求，例如，要求自贸试验区搭建国际投资"单一窗口"等制度创新平台；推动自贸试验区对标国际高标准的投资保护规则，在竞争中立、国有企业、知识产权、劳工、环境等方面先行先试。

3. 完善负面清单，进一步放宽外资准入限制

积极对标国际高标准负面清单要求，完善自贸试验区负面清单，打破外资准入当中的各种显性或隐性障碍。一是在负面清单中纳入国际投资涉及的所有的核心义务，梳理所有领域涉及国民待遇、市场准入、业绩要求、高级管理层与董事会等不相符的措施，全面纳入负面清单中，提高外资准入负面清单的透明度。二是借鉴国际负面清单高标准要求，加快出台自贸试验区跨境服务贸易负面清单，并在适当的时机，推动外资准入负面清单与跨境服务贸易清单合并，极大减少服务领域的各种隐性壁垒，提高服务领域对外开放水平。三是借鉴国际负面清单的一般范式，极大缩减自贸试验区负面清单例外要求，仅保留与国家安全、公共秩序、金融审慎等少数例外，删除过于宽泛的例外要求，在负面清单中直接明确与之相关的具体特别管理措施，进一步提高开放的透明度。

4. 推广国际投资"单一窗口"，提升便利化水平

建议在国家层面积极推动自贸试验区搭建投资便利化制度创新平台，建立从市场准入、审批、经营、监管等完整的投资便利化制度体系。目前在全国最为完善的是海南自贸试验区的国际投资"单一窗口"，因此建议各自贸试验区充分借鉴海南国际投资"单一窗口"的经验，根据自身基础、特色和优势，建立本地的国际投资"单一窗口"，将外商投资从准入、审批、促进、保护、服务以及监管等全过程覆盖，打破现有外商投资多头管理、信息不共享的弊端，推动极大优化外商投资相关的审批流程再造，压缩审批时限，推动弥补自贸试验区外资保护的不足，不断优化投资环境。

5.加强对复制推广工作的统筹协调

针对国家出台的复制推广经验，建议国务院自由贸易试验区工作部际联席会议办公室协调组织国家相关部门尽快出台相关配套政策，调整相关规定，以利于地方部门有依据具体执行。同时，建议出台针对新一批复制推广经验的指导意见或指导指南，对每一项自贸试验区改革创新经验都能明确首创地、工作路径、关键环节，让复制推广工作更有可操作性。

6.对标高标准国际规则，营造更加公平的营商环境

在华经营外资企业最看重的是公平竞争的市场环境。国际协定中高标准的公平竞争规则主要包括国有企业、知识产权、劳工和环境等。在国有企业规则方面，在自贸试验区率先推动国有企业分类改革，探索商业类国有企业和公益类国企的具体分类标准；推动进一步完善补贴制度，对包括国有、民营以及外资在内的所有企业一视同仁。在知识产权方面，进一步扩大知识产权的保护范围，将声音、气味、地理标识等纳入知识产权保护范围；加大保护力度，完善重点领域知识产权侵权快速查处机制，建立侵权惩罚性赔偿制度，加大侵权惩罚力度。进一步提高自贸试验区的劳工和环境标准，清晰界定投资者的环保权益和责任，确保劳动者的休假制度、最低工资、健康保险、医疗保险等权益保护的法制化。

三　国家级经济技术开发区

1984年10月，国务院批准在沿海12个城市设立首批14家国家级经开区，作为我国沿海开放战略推进的重要载体平台，到2021年底，我国累计批复232家国家级经开区，其中2家已经退出国家级经开区行业，现存230家国家级经开区，遍布31个省（区、市），东部地区112家，中部地区68家，西部地区50家。国家级经开区一直是我国改革创新的排头兵和对外开放的重要平台，也是我国稳外资的重要载体。2020年，217家[①]国家级经开

---

① 2021年退出1家，新批14家国家级经开区。

区实际使用外资和外商投资企业再投资金额 611.0 亿美元，同比增长
17.5%，占全国利用外资（含再投资）比重的 23.1%。

（一）国家级经开区稳外资的成效

1. 外资规模在波动中攀升

从商务部外国投资管理司（简称商务部外资司）提供的可获取数据显示，
2011~2020 年，国家级经开区实际外资和外商投资企业再投资额从 2773.0 亿
元增长为 4214.0 亿元，年均增长 4.8%。但并不是一直保持增长，而是在波
动中规模实现攀升，2011~2014 年，国家级经开区外资规模稳步上升，2014
年实际外资额已达 3854.0 亿元，随后有所下降，2016 年同比下降 10.3%，
跌至 3301.0 亿元，从 2018 年开始，又逐渐进入上升通道（见图 7-4）。

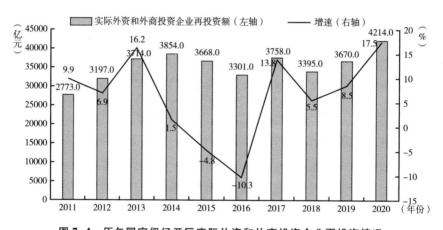

图 7-4　历年国家级经开区实际外资和外商投资企业再投资情况

资料来源：根据商务部外资司发布的相关数据整理。

2. 东部国家级经开区发挥了稳外资主平台作用

2011~2020 年，我国东部地区国家级经开区实际外资和外商投资企业再
投资额从 2110.0 亿元增长为 2476.0 亿元，年均增长 1.8%。尽管平均增幅
低于整体国家级经开区外资增幅，但东部地区国家级经开区稳外资主平台的
作用并未发生改变，2011~2020 年，东部地区国家级经开区数量占国家级经

开区总量的比重为 49.0%，但实际外资金额占国家级经开区外资总额的占
比为 65.9%，2020 年经开区数量占比为 49.3%，实际外资金额占比为
58.8%（见表 7-2）。

表 7-2　国家级经开区实际外资分区域情况

单位：%

年份	东部国家级经开区		中部国家级经开区		西部国家级经开区	
	经开区数量占全国经开区总量的比重	实际外资占全国经开区外资总额的比重	经开区数量占全国经开区总量的比重	实际外资占全国经开区外资总额的比重	经开区数量占全国经开区总量的比重	实际外资占全国经开区外资总额的比重
2011	50.4	76.1	29.0	17.4	20.6	6.6
2012	49.1	75.3	28.7	18.5	22.2	6.2
2013	48.6	72.5	29.1	20.2	22.4	7.3
2014	48.4	71.5	29.3	22.6	22.3	5.9
2015	48.9	63.1	28.8	26.4	22.4	10.6
2016	48.9	61.7	28.8	30.7	22.4	7.6
2017	48.9	60.0	28.8	32.1	22.4	7.9
2018	48.9	59.7	28.8	30.0	22.4	10.3
2019	49.1	60.2	28.9	29.3	22.0	10.3
2020	49.3	58.8	29.0	31.3	21.7	10.0

资料来源：根据商务部外资司发布的相关数据整理。

3. 中西部国家级经开区的开放功能不断提升

2011~2020 年，我国中部和西部地区国家级经开区实际外资和外商投资
企业再投资额分别从 481.0 亿元、183.0 亿元增长为 1317.0 亿元和 421.0 亿
元，年均增长 11.8% 和 9.7%，远高于国家级经开区整体外资以及东部国
家级经开区的外资增幅。2011~2020 年，中部地区国家级经开区数量占比
基本保持不变，在 29% 上下浮动，但实际外资金额占比从 2011 年的
17.4% 上升为 2020 年的 31.3%，上升了 13.9 个百分点。西部地区也一样，
2011~2020 年，国家级经开区数量占比基本保持不变，在 22% 上下浮动，

但实际外资金额占比从 2011 年的 6.6% 上升为 2020 年的 10.0%，上升了
3.4 个百分点，这反映出中西部地区国家级经开区的开放功能以及稳外资
功能得到了提升。

（二）国家级经开区稳外资的经验做法

1. 国家级经开区开放载体平台不断扩围

国家级经开区是我国改革开放以来对外开放的重要载体平台，在推进我
国有梯度的渐进式的对外开放中发挥了重要作用。从 1984 年国务院决定在沿
海城市设立首批 14 家国家级经开区以来，随着我国对外开放向纵深推进，国
家级经开区逐步向沿江、沿边和内陆城市布局。2000 年前，全国设立的国家
级经开区仅有 36 家，2006 年 49 家，2011 年国家级经开区大范围扩围，总量
达 131 家，2013 年超过 200 家，为 210 家，2021 年新批复 14 家国家级经开区，
2021 年底国家级经开区数量扩展到 230 家（见图 7-5）。其中，东部地区国家
级经开区数量从 2011 年的 66 家扩展为 2021 年的 112 家，中部地区国家级经
开区数量从 2011 年的 38 家扩展为 2021 年的 68 家，西部地区国家级经开区数
量从 2011 年的 27 家扩展为 2021 年的 50 家，2021 年，东、中、西部地区国家
级经开区数量占国家级经开区总量的 48.7%、29.6% 和 21.7%。

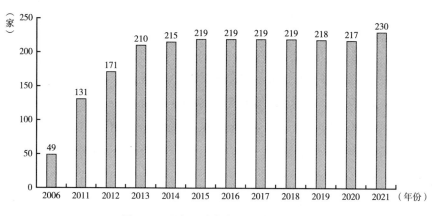

图 7-5　历年国家级经开区数量变化

资料来源：根据商务部外资司发布的历年国家级经开区数据整理。

2.体制机制不断创新

国家级经开区聚焦市场主体关切，坚持市场化改革，不断创新管理体制机制、创新服务方式、提升行政效能，为企业破解难点痛点，持续优化营商环境。

四川省国家级经开区根据发展需要不断实际优化机构职能。成都经开区探索实行"政区合一"管理机制，推动经开区与行政区职能、机构和功能整合，探索构建以产业功能区为基本单元的新管理体制。宜宾临港经开区借机构改革新设口岸贸易局、五个主导产业投资促进局等特色机构，为自贸试验区协同改革、新兴产业发展提供专业支撑。广元经开区推行大部门制改革，全面整合归并职能相近、业务范围趋同部门，归口集中管理社会事务。德阳经开区组建项目中心、投促中心、行政审批中心、征地拆迁中心，健全项目招引建设服务链条。遂宁经开区新设科技合作与国际交流中心，构建"政产学研用投"协同创新体系。

山东经开区坚持市场化改革和去行政化改革。推行"党工委（管委会）+"等多种形式的体制改革，剥离社会事务管理职能、开发运营职能，促进管委会瘦身强体，推动经开区聚焦经济发展、"双招双引"、科技创新、改革开放等主责主业。例如，青岛经开区全面剥离社会管理事务，将债务剥离给市、区政府，确保经开区卸下包袱，轻装上阵抓招商，充分发挥"党工委（管委会）+公司"体制优势，与平台公司在招商力量、发展资源等方面，形成协同融合、互动共赢局面。推行全员聘任制，面向社会公开选聘、选优配强领导班子，熟悉经济管理、发展规划、资本运作、招商引资等领域的复合型、专业型干部数量大幅增加。实施绩效薪酬制改革，待遇向招商一线倾斜，拉开关键业务岗位与综合岗位薪酬级差，建立激励竞争的干部人事管理制度。

广东省国家级经开区积极创新对企业的服务机制。广州经开区创新"承诺制信任审批服务""定制式审批服务""企业开办无费区""政策限时兑现"等服务模式，推动企业落户运营的环节无缝对接，紧密联动，迈出"1个月审批、3个月交地、6个月动工"的快节奏，树立了"来了就办、一次搞掂"的营商环境品牌，全力打造全球投资首选地和最佳发展地。南沙积极开展机制创新，充分利用招商项目落户审批和土地出让法定程序中的时间间隙，企业、政府及第三方机构通力协作，穿插并联开展建设方案编制、规划技术审查、行政审批等工作，南沙经开区以"南沙效率"做好重点项目服务工作。

3.不断完善考核体系以促发展

根据《国务院办公厅关于促进国家级经济技术开发区转型升级创新发展的若干意见》（国办发〔2014〕54 号）和《国务院办公厅关于完善国家级经济技术开发区考核制度促进创新驱动发展的指导意见》（国办发〔2016〕14 号），2016 年商务部发布了《国家级经济技术开发区综合发展水平考核评价办法》〔简称《考核评价办法》（商资函〔2016〕192 号）〕，对考核评价原则、内容、程序等做出具体规定。2016 年开始，商务部从产业基础、科技创新、区域带动、生态环保、行政效能五个方面对全国国家级经开区进行全面系统的考核评价，并明确对当年考核评价结果排名靠前的经开区进行宣传推介，对排名后 10 的国家级经开区开展约谈，督促整改。2020 年和 2021 年，对连续两年考核评价位于倒数 5 名内的国家级经开区，降低为省级经开区，已有 2 家国家级经开区被降级。2019 年，国务院印发《关于推进国家级经济技术开发区创新提升打造改革开放新高地的意见》（国发〔2019〕11 号），明确了新阶段国家级经开区的目标方向和重点任务。依据新目标以及新发展阶段和新发展格局的需要，2021 年商务部对《考核评价办法》进行了修订完善，调整为对外开放、科技创新、绿色发展、统筹协调和发展质量五大类指标，更加强调国家级经开区的高质量发展和高水平对外开放功能。

（三）国家级经开区稳外资面临的主要问题及制约

1.国家级经开区稳外资功能有所下降

商务部投资促进事务局和商务部研究院发布的《中国国家级经济技术开发区产业发展报告 2012》显示，2011 年全国 131 家国家级经开区实际使用外资金额占全国外资总额比重高达 37%；商务部外资司数据显示，2020年，217 家国家级经开区实际使用外资金额占全国外资总额比重为 23.1%。2020 年国家级经开区数量是 2011 年的 1.7 倍，但占全国外资份额的比重下降了近 14 个百分点，这反映出 10 年来国家级经开区的对外开放功能尤其是稳外资的功能不断弱化。

2. 中西部地区国家级经开区的开放平台功能有待提升

商务部 2021 年完成的国家级经开区综合发展水平考核评价工作，对 217 家国家级经开区 2020 年度综合发展水平进行了考核评价。考核结果显示，综合排名前 30 中，中西部地区的国家级经开区仅 8 家；综合排名前 10 中，中西部地区的国家级经开区仅合肥经济技术开发区 1 家，且只排在第 10 位。利用外资前 10 名中，中西部地区的国家级经开区也仅有合肥经济技术开发区 1 家，排在第 5 位；对外贸易前 10 名中，中西部地区的国家级经开区没有上榜，上榜的全是东部沿海地区的国家级经开区（见表 7-3）。

表 7-3   2020 年国家级经开区排名情况

综合排名前 10 名		利用外资前 10 名		对外贸易前 10 名	
排名	国家级经开区	排名	国家级经开区	排名	国家级经开区
1	苏州工业园	1	广州经济技术开发区	1	苏州工业园区
2	广州经济技术开发区	2	天津经济技术开发区	2	昆山经济技术开发区
3	北京经济技术开发区	3	苏州工业园	3	松江经济技术开发区
4	天津经济技术开发区	4	广州南沙经济技术开发区	4	天津经济技术开发区
5	昆山经济技术开发区	5	合肥经济技术开发区	5	广州经济技术开发区
6	江宁经济技术开发区	6	南京经济技术开发区	6	广州南沙经济技术开发区
7	青岛经济技术开发区	7	杭州经济技术开发区	7	青岛经济技术开发区
8	烟台经济技术开发区	8	嘉兴经济技术开发区	8	烟台经济技术开发区
9	杭州经济技术开发区	9	杭州余杭经济技术开发区	9	苏州浒墅关经济技术开发区
10	合肥经济技术开发区	10	江宁经济技术开发区	10	宁波经济技术开发区

资料来源：商务部 2020 年国家级经济技术开发区综合发展水平考核评价结果。

3.中央层面对国家级经开区的重视有所下降

较为明显的是，自从我国开始设立国家级新区、自贸试验区以及自贸港以来，中央层面对国家级经开区的重视程度明显下降，国家级经开区在税收、财政、土地、人才、知识产权保护等方面享有综合性优惠政策逐渐淡化。尤其是，自贸试验区和自贸港取代了国家级经开区，成为新时期我国对外开放的核心载体平台。包括体制机制创新的举措以及各领域进一步扩大开放措施等都是率先在自贸试验区和自贸港先行先试的，未进入自贸试验区和自贸港范围的国家级经开区最多只能复制推广自贸试验区的改革开放试点经验。

（四）进一步稳外资的建议及对策

1.中央层面应进一步加大对国家级开发区的重视

国家级经开区从改革开放初期就已设立，各地方根据各自经济和开放形势发展，不断创新体制机制。因此，到2021年底，普遍来说，相比自贸试验区，国家级经开区机构设置较为合理；管理体制机制和服务体制机制较为完善；产业发展已成规模，主导产业明确。另外，国家级经开区数量较多、分布数量广，是各省市、区县经济发展和对外开放的重要载体。因此，国家级经开区有基础也有条件成为新发展阶段我国对外开放的核心载体和平台。中央层面应进一步加大对国家级经开区的重视，加大政策支持，提升其创新和开放功能。将自贸试验区的试点经验、政策、发展模式向有条件的国家级经开区全覆盖，特别是在服务业对外开放、境外投资政策、金融政策创新方面予以支持，国家以及省级层面向自贸试验区下放的审批权限也应同时下放到各地的国家级经开区，促进国家级经开区实现第二次创业。

2.积极开展国家级和省级经开区的培育力度

支持各地特别是中西部地区申建综合保税区、省经开区，开展国家级经开区培育工程，支持有条件的省经开区升级国家级经开区，壮大开放型经济载体，推动外向型产业落地，加快形成吸收外资新增量。积极推动省区市建立完善省级经开区综合评价指标体系。加大吸收外资、进出口等开放型经济指标权重，发挥综合评价指标体系指挥棒作用，有效引导和支持各地加大资源投入力度，引导经开区突出经济发展、科技创新、改革开放等主责主业，补短板，强弱项，把省级经开区建设成为开放型经济的主阵地。加强经开区等发展的政策扶持，在中央层面创新国家级经开区的支持政策，在体制机制创新、开放、财政、土地、人才等方面加大扶持力度，在支持中西部地区的园区吸收外资、扩大出口等方面予以更大倾斜。积极鼓励省级层面出台支持经开区发展的政策措施。

3. 支持国家级经开区创新发展国际合作产业园

积极引导外商投资国家级经开区，推动国家级经开区以特定国别（地区）、特色产业优势吸引和聚集国际合作项目，打造差异化发展、产业聚集度高、专业性强的国际产业合作园区。

4. 加大东中西部国家级经开区共建共享

深入贯彻"一带一路"建设、长江经济带、长三角一体化发展战略部署，依托长江经济带东西部国家级经开区合作交流机制、商务部产业转移促进中心等，促进中西部地区的国家级经开区与东部地区的国家级经开区在人才、技术、信息和产业转移等领域开展合作，推动东中西国家级经开区实现共建共赢。

第八章　中西部地区稳外资

改革开放后，我国中西部地区与东部地区的发展差距日益扩大，地区间经济发展的不平衡和贫富差距也日益加剧。新发展阶段，构建新发展格局，区域经济协调发展成为国家关注的重点。纵观历史，我国中西部地区并非天然落后于东部地区，这与我国不同阶段经济发展战略有很大关系。计划经济时期，我国经济发展主要依靠国内循环，中西部地区凭借资源富集形成重化工优势领先全国。改革开放后，中国实施国际大循环发展战略，东部沿海地区凭借区位优势和政策倾斜，通过发展外向型经济逐渐崛起。东部地区快速融入国际大循环的阶段，中西部地区的发展明显滞后，最终拉大了与东部地区的发展差距。

我国提出构建以国内大循环为主体，国内国际双循环相互促进的新发展格局。一方面，以国内大循环为主体强调通过畅通国民经济循环，建立全国统一大市场。这将推进国内经济一体化空间向纵深发展，加强中西部地区与东部地区的分工合作，带动中西部地区全面融入国内经济循环。另一方面，新发展格局强调发挥国内国际双循环相互促进的作用。即通过发挥内需潜力，加大吸引全球资源要素进入，使国内市场和国际市场更好联通，更好利用国内国际两个市场、两种资源，以高水平对外开放打造国际合作和竞争新优势。更高水平的开放将拉近中西部地区与国际市场的距离，加强中西部地区与国际资源的对接，带动中西部地区重新嵌入国际经济循环。国家战略的重大改变，为新时期中西部地区稳外资带来了新的思路。

148

一　中西部地区外资现状及其特点

国家提出"一带一路"倡议以后，中西部地区从开放末梢转向开放前沿，实际外资金额在波动中呈现上涨，但与东部地区相比，仍然表现出整体规模小、区域分布不均衡、结构调整慢、技术含量低等特点。

（一）中西部地区实际外资规模小、强度弱

从外资规模看，在国家开放政策的作用下，我国实际外商直接投资高度集中于东部沿海地区，中西部地区外资规模长期处于较低水平。很多学者研究发现，东、中、西部地区外资规模在绝对值、增长率、波动幅度、相对规模等方面均呈现明显的差异。商务部统计数据显示，1999~2019年的21年间，我国实际使用外商直接投资中，东部地区所占份额一直高于80%，中西部地区相加不超过20%。尽管过程中国家相继提出西部大开发战略、中部崛起战略和"一带一路"倡议，中西部地区逐步从开放末端走向开放前沿，中西部地区实际外资规模也实现了波动上涨，分别从1999年的36.8亿美元和18.4亿美元上升到2019年的97.3亿美元和92.9亿美元。但是，外商直接投资集中于东部地区的总体态势并未改变，这种趋势长久持续，对于我国内陆地区的开放将非常不利，区域的协调发展也将难以形成（见表8-1）。

表8-1　我国实际利用外资的区域分布情况

单位：亿美元，%

区域 年份	东部地区		中部地区		西部地区	
	实际外资额	占比	实际外资额	占比	实际外资额	占比
1999	348.0	86.3	36.8	9.1	18.4	4.6
2000	352.7	86.6	35.9	8.8	18.5	4.5
2001	408.5	87.2	41.0	8.7	19.2	4.1
2002	457.3	86.7	50.1	9.5	20.1	3.8

续表

区域 年份	东部地区		中部地区		西部地区	
	实际外资额	占比	实际外资额	占比	实际外资额	占比
2003	459.5	85.9	58.3	10.9	17.2	3.2
2004	522.1	86.1	66.8	11.0	17.4	2.9
2005	535.6	88.8	48.3	8.0	19.4	3.2
2006	595.4	90.5	39.8	6.0	23.0	3.5
2007	656.4	87.8	54.5	7.3	36.8	4.9
2008	783.4	84.8	74.4	8.0	66.2	7.2
2009	775.9	86.2	53.3	5.9	71.1	7.9
2010	898.5	85.0	68.6	6.5	90.2	8.5
2011	966.0	83.3	78.4	6.8	115.7	10.0
2012	925.1	82.8	92.9	8.3	99.2	8.9
2013	968.8	82.4	101.0	8.6	106.1	9.0
2014	979.2	81.9	108.6	9.1	107.8	9.0
2015	1058.7	83.8	104.4	8.3	99.6	7.9
2016	1092.9	86.7	71.0	5.6	96.2	7.6
2017	1145.9	87.4	83.1	6.3	81.3	6.2
2018	1153.7	85.5	98.0	7.3	97.9	7.3
2019	1191.1	84.3	97.3	6.9	92.9	6.6

资料来源：历年《中国外资统计》。

从利用外资强度看，我国中西部地区利用外资仍有较大开发空间。UNCTAD 使用外国直接投资流入业绩指数（Inward FDI Performance Index），也被称为吸引和利用外资强度，来衡量一国吸收 FDI 的现实状况，即一国 FDI 流入量占全球 FDI 流入量的比例与该国 GDP 占全球 GDP 的比例的比值，数学表达式为 $IND_i = \dfrac{FDI_i / FDI_w}{GDP_i / GDP_w}$。如果比值大于 1，说明该国吸引的 FDI 在全球所占规模较其 GDP 所占规模要大，外资强度较大；反之，如果比值小于 1，说明该国吸引的 FDI 在全球所占规模较其 GDP 所占规模要小，外资强度较低；如果比值等于 1，说明该国吸引的 FDI 在全球所占规模较其 GDP 所占规模相当，即外资强度正常。本章将这一算法引入一国内部，可以测算出我国不同区域利用外资强度指数，从外资强度这一角度来衡量不同地区利用外资的状况。可以将我国东中西部外资强度用公式表达为 $IND_k = \dfrac{FDI_k/FDI}{GDP_k/GDP}$。式中 IND_k 表示我国某个地区的外资强度，FDI_k 表示我国某地区实际使用外资金额，FDI 表示全国实际使用外资金额，GDP_k 表示我国某地区的 GDP 总量，GDP 表示全国 GDP 总额。从计算结果可见，1999～2019 年，我国东部地区 GDP 占全国比重平均为 58.8%，但 FDI 占全国比重平均为 85.7%，外资强度基本上保持在 1.5 上下，既说明东部地区利用外资业绩突出，也说明我国外资过度集中于东部地区。中部地区和西部地区 GDP 占全国比重的平均值分别为 24.9% 上下和 19.2% 上下，但 FDI 占全国比重的平均值仅为 8.0% 和 6.2%，外资强度基本在 0.2 和 0.4 之间上下波动（见表 8-2）。这一结果既说明中西部地区利用外资业绩较差，也说明在中西部地区现有经济体量下，利用外资占比过低，通过扩大开放利用外资促进经济增长还有较大的开拓空间。

表 8-2　我国东中西部利用外资的强度

单位：%

年份＼区域	FDI 占比			GDP 占比			FDI 占比/GDP 占比		
	东部	中部	西部	东部	中部	西部	东部	中部	西部
1999	86.3	9.1	4.6	54.8	24.9	17.0	1.58	0.37	0.27
2000	86.6	8.8	4.5	55.5	24.8	16.6	1.56	0.36	0.27
2001	87.2	8.7	4.1	55.4	24.5	16.5	1.57	0.36	0.25
2002	86.7	9.5	3.8	58.5	23.6	17.0	1.48	0.40	0.22
2003	85.9	10.9	3.2	60.4	23.7	17.2	1.42	0.46	0.19
2004	86.1	11.0	2.9	61.5	24.4	17.7	1.40	0.45	0.16
2005	88.8	8.0	3.2	62.9	24.8	17.9	1.41	0.32	0.18
2006	90.5	6.0	3.5	62.8	24.5	18.0	1.44	0.25	0.19
2007	87.8	7.3	4.9	61.2	24.2	18.2	1.44	0.30	0.27
2008	84.8	8.0	7.2	60.8	24.7	18.9	1.39	0.33	0.38
2009	86.2	5.9	7.9	60.8	24.8	19.2	1.42	0.24	0.41
2010	85.0	6.5	8.5	60.8	25.5	19.8	1.40	0.25	0.43

年份 \ 区域	FDI 占比			GDP 占比			FDI 占比/GDP 占比		
	东部	中部	西部	东部	中部	西部	东部	中部	西部
2011	83.3	6.8	10.0	60.2	26.2	20.5	1.38	0.26	0.49
2012	82.8	8.3	8.9	59.6	26.3	21.1	1.39	0.32	0.42
2013	82.4	8.6	9.0	59.4	26.2	21.4	1.39	0.33	0.42
2014	81.9	9.1	9.0	58.8	26.0	21.5	1.39	0.35	0.42
2015	83.8	8.3	7.9	58.3	25.6	21.1	1.44	0.32	0.37
2016	86.7	5.6	7.6	57.9	25.6	21.0	1.50	0.22	0.36
2017	87.4	6.3	6.2	56.6	24.9	20.3	1.54	0.25	0.31
2018	85.5	7.3	7.3	55.1	24.4	20.0	1.55	0.30	0.36
2019	84.3	6.9	6.6	54.1	24.6	20.7	1.56	0.28	0.32

资料来源：根据历年《中国外资统计》计算。

（二）中西部地区内部外资分布不平衡加剧

外资在我国不仅具有区域差异，而且在中部地区内部和西部地区内部的分布也呈现较大的差异及不平衡。

从纵向对比看，与东部地区相比，中西部地区内部外资分布更加不平衡。通过整理 2019 年东、中、西部各省份实际使用外资区域内分布情况发现，一是东部地区各省实际使用外资金额占地区外资总额的比重较为均衡，大部分省市集中在 10% 上下，极个别省市占比较低，其中占比最多的江苏和占比最少的海南之间相差 17 个百分点。二是与东部地区相比，中部地区内部外资集中度上升，即不平衡性加强，其中中原地区和东北地区差异较大，占比最多的河南和占比最少的吉林之间相差 21 个百分点。三是与东部地区和中部地区相比，西部地区各省实际使用外资金额占地区实际外资总额的比重十分集中，主要集中在四川、重庆和陕西三地，表现出很强的不平衡。其中占比最多的四川与占比最小的青海之间相差近 36 个百分点（见表8-3）。

表 8-3　2019 年东中西部各省份实际使用外资区域内分布情况

单位：万美元，%

东部地区			中部地区			西部地区		
省份	金额	占比	省份	金额	占比	省份	金额	占比
北京	1421299	9.9	山西	135904	1.6	重庆	1031042	28.2
天津	473161	3.3	安徽	1793674	21.4	四川	1316900	36.1
河北	984795	6.9	江西	1357905	16.2	贵州	67887	1.9
辽宁	1287790	9.0	河南	1872727	22.4	云南	72100	2.0
上海	1904800	13.3	湖北	1290746	15.4	陕西	772947	21.2
江苏	2612425	18.2	湖南	1810127	21.6	甘肃	8205	0.2
浙江	1355920	9.5	吉林	53505	0.6	青海	7912	0.2
福建	457343	3.2	黑龙江	55227	0.7	宁夏	25123	0.7
山东	1468933	10.3				新疆	33100	0.9
广东	2206896	15.4				内蒙古	206106	5.6
海南	151115	1.1				广西	110946	3.0
						西藏	—	—

注：一表示无数据。

资料来源：根据各省份 2016~2020 年统计年鉴计算。

从横向变化看，一是中部地区内部实际外资分布较为稳定。2015~2019
年，中部地区的安徽、河南和湖北三省实际外资占地区比重的波动幅度较
小，比重相对稳定，但是河南占比略有下降，后劲稍有不足。江西和湖南两
省实际外资占比增速较快，其中湖南省比重从 2015 年的 16.9% 上升到
21.6%，增长了近 5 个百分点，竞争力上升。山西和黑龙江实际外资占比下
降十分明显；吉林实际外资占比长期处于较低水平（见表 8-4）。

表 8-4　2015~2019 年中部各省份实际外资占中部地区比重变化

单位：%

省份	2015 年	2016 年	2017 年	2018 年	2019 年
山西	4.2	3.2	2.2	2.8	1.6
安徽	19.9	20.1	20.5	20.3	21.4
江西	13.9	14.2	14.8	15.0	16.2

省份	2015 年	2016 年	2017 年	2018 年	2019 年
河南	23.5	23.2	22.2	21.4	22.4
湖北	13.1	13.8	14.2	14.2	15.4
湖南	16.9	17.5	18.7	19.3	21.6
吉林	—	—	—	0.5	0.6
黑龙江	8.5	7.9	7.5	7.0	0.7

注：—表示无数据。

资料来源：根据各省份 2016~2020 年统计年鉴计算。

二是西部地区内部外资分布集中趋势加大。2015~2019 年，四川和陕西两省实际外资占地区外资总额的比重的波动幅度较小，份额相对稳定。其中四川实际外资占比从 2015 年的 30.4% 上升至 2019 年的 36.1%，增长了近 6 个百分点，保持西部第一地位；陕西实际外资占比从 2015 年的 18.7% 上升到 2019 年的 21.2%，增长近 3 个百分点。重庆实际外资占比增速最快，从 2015 年的 12.8% 上升到 2019 年的 28.2%。云南、内蒙古和广西三地实际外资占比下降明显，贵州、新疆实际外资占比长期处于较低水平。总体上，西部地区吸收外资逐步向四川、陕西、重庆三省（市）集中，而且三省（市）之间的竞争越发激烈（见表 8-5）。

表 8-5　2015~2019 年西部各省份实际使用外资占西部地区比重变化

单位：%

省份	2015 年	2016 年	2017 年	2018 年	2019 年
重庆	12.8	11.6	9.0	13.8	28.2
四川	30.4	35.9	40.8	52.2	36.1
贵州	1.7	4.0	3.3	2.6	1.9
云南	12.1	3.6	3.9	4.5	2.0
陕西	18.7	20.9	23.9	9.2	21.2
甘肃	0.4	0.5	0.2	0.2	0.2
青海	0.6	0.4	0.7	0.2	0.2
宁夏	0.8	1.1	1.3	0.9	0.7
新疆	1.8	1.7	0.8	0.9	0.9

省份	2015 年	2016 年	2017 年	2018 年	2019 年
内蒙古	13.6	16.5	12.8	13.4	5.6
广西	7.0	3.7	3.3	2.2	3.0

资料来源：根据各省份 2016~2020 年统计年鉴计算。

（三）中西部地区外资产业结构调整速度较慢

从全国层面看，我国外资产业结构总体优化完善，第三产业占比逐年提升。但从区域层面看，又表现出一定的差异性。

从外资三产分布看，与东部地区相比，我国中西部地区外资产业结构调整速度相对缓慢。一是流入东部地区的外资加速向第三产业集中，第二产业下降速度过快。2015~2019 年，我国东部地区外资第一产业占比从 1.2%下降到 0.7%，总体较低，且波动下降；外资第二产业占比从 41.6%下降到 35.5%，降幅较为明显；外资第三产业占比从 57.2%上升到 64.2%。到 2019 年，东部地区外资三次产业间的比为 0.7∶35.5∶64.2。二是流入中部地区的外资仍然主要集中在第二产业，第三产业有所提升，但占比还相对较低。2015~2019 年，我国中部地区外资第一产业占比从 3.3%下降至 2.5%，高于全国水平，但有所下降；外资第二产业占比从 64.3%下降至 57.3%，逐年降低，但降幅好于东部地区；外资第三产业占比从 32.5%上升到 40.2%。到 2019 年，中部地区外资三次产业间的比为 2.5∶57.3∶40.2。三是流入西部地区的外资以第二产业为主。2015~2019 年，我国西部地区外资第一产业占比从 2.1%下降为 0.3%，下降较为明显；外资第二产业占比从 49.9%上升为 53.8%，较为稳定；外资第三产业占比从 47.7%下降到 45.3%，波动较大，无明显提升。到 2019 年，西部地区外资三次产业间的比为 0.3∶53.8∶45.3。但是，剔除四川省后发现，2019 年，西部地区外资三产间的比为 0.4∶63.3∶36.3，第二产业占更高比重，说明四川省在西部地区第三产业发展中发挥重要作用（见表 8-6~表 8-8）。

表 8-6　东中西部第一产业利用外资占比情况

单位：%

地区	2015 年	2016 年	2017 年	2018 年	2019 年
全国	1.1	1.4	0.6	0.5	0.3
东部	1.2	1.4	2.7	1.4	0.7
中部	3.3	2.6	2.8	2.9	2.5
西部	2.1	3.3	1.4	1.0	0.3

注：因国家和地区统计口径差异，全国占比与区域占比平均水平之间存在统计差异，但差异较小，且趋势一致，不影响研究结论。

资料来源：全国数据来自历年《中国外资统计》；地区数据根据各省份 2016～2020 年统计年鉴计算。其中，因官方统计缺失，中部地区不包括吉林，西部地区不包括西藏。

表 8-7　东中西部第二产业利用外资占比情况

单位：%

地区	2015 年	2016 年	2017 年	2018 年	2019 年
全国	32.2	30.1	30.0	34.9	29.9
东部	41.6	37.2	33.4	38.5	35.5
中部	64.3	66.0	61.4	60.5	57.3
西部	49.9	54.2	65.8	63.0	53.8

注：因国家和地区统计口径差异，全国占比与区域占比平均水平之间存在统计差异，但差异较小，且趋势一致，不影响研究结论。

资料来源：全国数据来自历年《中国外资统计》；地区数据根据各省份 2016～2020 年统计年鉴计算。其中，因官方统计缺失，中部地区不包括吉林，西部地区不包括西藏。

表 8-8　东中西部第三产业利用外资占比情况

单位：%

地区	2015 年	2016 年	2017 年	2018 年	2019 年
全国	67.0	68.6	69.4	64.6	69.8
东部地区	57.2	61.4	63.9	60.1	64.2
中部地区	32.5	31.4	35.8	36.7	40.2
西部地区	47.7	42.4	32.6	35.1	45.3

注：因国家和地区统计口径差异，全国占比与区域占比平均水平之间存在统计差异，但差异较小，且趋势一致，不影响研究结论。

资料来源：全国数据来自历年《中国外资统计》；地区数据根据各省份 2016～2020 年统计年鉴计算。其中，因官方统计缺失，中部地区不包括吉林，西部地区不包括西藏。

从细分行业占比看，与东部相比，流入中西部地区的外资主要集中在制造业及房地产业，租赁和商务服务业表现突出。一是东部地区外资行业分布多元化，服务行业多面开花。2019 年，东部地区除制造业外资（30.3%）外，租赁和商务服务业（15.3%）、房地产业（15.0%）占比均超过 15%；信息传输、软件和信息技术服务业（9.9%）、科学研究和技术服务业（8.2%）、批发和零售业（6.5%）占比均超过 5%。二是中部地区外资行业主要集中在制造业、房地产业以及租赁和商务服务业。2019 年，中部地区制造业外资占比为 47.0%，比东部地区高约 17 个百分点，主要集中在山西、安徽、江西、河南和湖北五省；中部地区房地产业外资占比为 16.1%，比东部地区约高出 1 个百分点，主要集中在黑龙江、湖南和安徽三省，其中黑龙江房地产业外资占比达 34.1%；中部地区租赁和商务服务业占比 5.2%，排名第三，其中湖北（12.1%）在该领域表现突出。三是西部地区外资行业两极分化，主要集中在制造业（45.0%）和房地产业（16.7%），但是采矿业（5.4%）、租赁和商务服务业（6.8%）、金融业（7.7%）都有较为突出的发展。其中，四川和重庆的租赁和商务服务业占比较高，分别为 9.6% 和11.8%，属于两地服务业中发展较好的行业，也是西部地区该行业的重要支撑；贵州的信息传输、软件和信息技术服务业占比较高，约为 52.3%，属于该省一枝独秀的行业，但长期看该行业波动较大，受政府和政策因素影响较大；重庆的金融业（21.5%）也有较好的表现，成为西部重要的金融中心（见表 8-9~表 8-12）。

表 8-9　2019 年东中西部分行业利用外资占比情况

单位：%

行业	东部地区	中部地区	西部地区
农、林、牧、渔业	0.3	2.6	0.4
采矿业	0.5	1.1	5.4
制造业	30.3	47.0	45.0
电力、热力、燃气及水生产和供应业	2.4	8.0	1.4
建筑业	0.8	1.3	2.4

行业	东部地区	中部地区	西部地区
批发和零售业	6.5	4.4	4.2
交通运输、仓储和邮政业	3.2	2.2	2.9
住宿和餐饮业	0.6	3.6	1.3
信息传输、软件和信息技术服务业	9.9	2.5	2.6
金融业	4.1	1.5	7.7
房地产业	15.0	16.1	16.7
租赁和商务服务业	15.3	5.2	6.8
科学研究和技术服务业	8.2	2.2	0.7
水利、环境和公共设施管理业	0.3	0.6	0.3
居民服务、修理和其他服务业	0.4	0.4	0.9
教育	0.2	0.0	0.1
卫生和社会工作	0.2	0.5	0.5
文化、体育和娱乐业	0.5	0.9	0.3

资料来源：根据各省份 2020 年统计年鉴计算。

表 8-10　2019 年东部各省份利用外资行业分布情况

单位：%

行业	北京	天津	河北	辽宁	上海	江苏	浙江	福建	山东	广东	海南
农、林、牧、渔业	0.00	0.00	0.4	0.5	0.1	0.6	0.1	0.3	0.8	0.1	0.2
采矿业	0.0	0.0	1.0	4.5	0.0	0.0	0.0	0.0	2.9	0.2	0.0
制造业	2.4	24.1	70.9	48.0	9.0	48.8	32.2	52.0	23.2	25.2	16.3
电力、热力、燃气及水生产和供应业	2.6	0.0	7.9	3.5	0.0	2.4	0.8	0.5	5.0	1.2	7.4
建筑业	0.1	0.0	0.1	0.0	0.2	1.7	1.5	0.0	1.0	0.1	9.5
批发和零售业	3.7	7.2	0.7	1.7	10.9	5.9	6.6	5.5	6.3	8.5	5.0
交通运输、仓储和邮政业	1.9	1.4	4.3	0.7	1.8	2.2	4.2	1.6	5.1	5.7	0.8
住宿和餐饮业	0.1	0.0	0.1	0.0	2.4	0.1	0.3	0.0	1.2	0.2	0.1
信息传输、软件和信息技术服务业	37.6	0.0	1.3	0.7	14.9	4.0	15.4	0.0	2.8	6.0	1.7
金融业	11.4	0.0	2.4	0.0	10.9	1.0	3.3	0.0	3.4	1.7	0.0

续表

行业	北京	天津	河北	辽宁	上海	江苏	浙江	福建	山东	广东	海南
房地产业	4.9	6.9	7.5	28.3	11.1	13.5	18.2	10.4	31.7	17.4	17.0
租赁和商务服务业	7.7	36.5	1.7	5.0	29.5	8.4	8.9	9.8	9.1	27.6	22.6
科学研究和技术服务业	25.9	0.0	0.4	2.7	6.5	10.4	7.2	0.0	4.6	5.6	19.1
水利、环境和公共设施管理业	0.5	0.0	0.7	0.7	0.0	0.5	0.1	0.0	0.6	0.0	0.0
居民服务、修理和其他服务业	0.2	0.0	0.0	3.3	1.3	0.3	0.1	0.0	0.1	0.1	0.0
教育	0.0	0.0	0.0	0.0	0.1	0.0	0.2	0.0	0.0	0.0	0.0
卫生和社会工作	0.1	0.0	0.0	0.0	0.4	0.1	0.5	0.0	0.1	0.1	0.3
文化、体育和娱乐业	0.8	0.0	0.7	0.3	0.2	0.2	0.5	0.0	1.6	0.4	0.0

资料来源：根据各省份 2020 年统计年鉴计算。

表 8-11　2019 年中部各省份利用外资行业分布情况

单位：%

行业	山西	安徽	江西	河南	湖北	湖南	黑龙江
农、林、牧、渔业	0.3	0.8	4.7	3.0	0.3	4.0	1.7
采矿业	13.7	0.4	0.2	2.6	0.0	0.1	19.8
制造业	58.1	50.0	57.5	46.7	48.8	35.2	24.8
电力、热力、燃气及水生产和供应业	20.9	7.5	2.8	14.1	3.5	7.6	8.4
建筑业	0.5	0.8	1.0	1.7	1.5	1.5	0.0
批发和零售业	0.3	4.4	7.5	2.9	8.7	1.7	0.7
交通运输、仓储和邮政业	0.2	0.7	1.1	3.2	3.9	2.5	4.7
住宿和餐饮业	0.5	1.3	0.2	0.7	0.1	13.9	0.0
信息传输、软件和信息技术服务业	1.7	2.2	3.4	0.3	5.9	2.7	0.1
金融业	0.0	1.3	0.0	0.8	0.2	4.4	0.0
房地产业	0.0	22.5	13.2	13.6	9.8	19.1	34.1
租赁和商务服务业	1.4	2.9	5.8	4.8	12.1	3.9	1.3

行业	山西	安徽	江西	河南	湖北	湖南	黑龙江
科学研究和技术服务业	0.3	2.7	1.6	1.4	4.0	2.2	0.3
水利环境和公共设施管理业	2.0	0.7	0.7	0.4	0.7	0.3	3.9
居民服务、修理和其他服务业	0.0	0.3	0.0	1.0	0.0	0.3	0.0
教育	0.0	0.0	0.0	0.1	0.0	0.1	0.0
卫生和社会工作	0.0	0.2	0.2	1.0	0.1	0.5	0.2
文化、体育和娱乐业	0.0	1.3	0.3	1.9	0.6	0.1	0.0

资料来源：根据各省份 2020 年统计年鉴计算。其中，因官方统计缺失，中部地区不包括吉林。

表 8-12　2019 年西部各省利用外资行业分布情况

单位：%

行业	重庆	四川	贵州	云南	陕西	甘肃	青海	宁夏	新疆	内蒙古	广西
农、林、牧、渔业	0.0	0.4	7.0	1.9	0.0	0.5	0.0	0.6	2.1	0.6	1.1
采矿业	0.0	1.5	0.2	1.0	6.6	0.2	0.0	0.0	89.4	39.3	—
制造业	49.4	25.5	3.8	5.3	63.8	58.0	2.6	60.4	5.9	56.6	74.8
电力、热力、燃气及水生产和供应业	0.0	1.8	13.6	1.2	0.9	41.3	9.4	8.0	0.0	1.8	—
建筑业	0.3	2.6	0.0	0.0	6.6	0.0	0.0	0.0	0.0	0.0	—
批发和零售业	7.0	2.4	0.6	3.2	4.5	0.0	0.0	1.5	0.0	0.4	3.9
交通运输、仓储和邮政业	1.8	6.5	3.0	4.2	1.1	0.0	0.0	4.3	0.0	0.0	1.3
住宿和餐饮业	0.1	4.2	0.0	0.0	0.2	0.0	0.0	0.0	0.0	0.0	—
信息传输、软件和信息技术服务业	1.5	2.5	52.3	0.0	0.6	0.0	0.0	15.9	0.0	1.1	—
金融业	21.5	2.3	7.5	0.0	0.5	0.0	0.0	0.0	0.0	0.0	—
房地产业	5.4	37.3	7.8	71.9	9.0	0.0	87.9	6.9	0.0	0.1	7.1
租赁和商务服务业	11.8	9.6	0.1	0.0	1.2	0.0	0.0	0.0	2.4	0.0	—
科学研究和技术服务业	0.3	2.0	1.5	0.0	0.2	0.0	0.0	0.0	0.0	0.0	—
水利环境和公共设施管理业	0.2	0.3	0.6	0.0	0.7	0.0	0.0	2.4	0.0	0.1	—

续表

行业	重庆	四川	贵州	云南	陕西	甘肃	青海	宁夏	新疆	内蒙古	广西
居民服务、修理和其他服务业	0.1	0.2	0.0	0.0	3.3	0.0	0.1	0.0	0.0	0.0	—
教育	0.0	0.2	0.0	0.0	0.0	0.0	0.0	0.0	0.0	0.0	—
卫生和社会工作	0.2	0.4	0.8	11.1	0.1	0.0	0.0	0.0	0.0	0.0	—
文化、体育和娱乐业	0.0	0.4	1.3	0.0	0.7	0.0	0.0	0.0	0.0	0.0	—

注：—表示无数据。

资料来源：根据各省份 2020 年统计年鉴计算。其中，因官方统计缺失，西部地区不含西藏，四川只展示部分行业数据。

综合来看，一是中西部地区作为农业省份集中区域，第一产业发展潜力较大，但第一产业外资占比也一直处于很低的水平，而且长期呈下降趋势。安全合理引进外资，发挥外资产业集聚效应和技术溢出效应，以带动中西部地区农业产业链的发展和产业技术的提升具有一定意义。二是中西部地区外资第三产业总体发展一直相对滞后，尤其是对生产性服务业的投资相对较少，例如，交通运输、仓储和邮政业，信息传输、软件和信息技术服务业，科学研究和技术服务业，金融业，等等。这与中西部地区居民消费能力和市场开放水平较低有关，也与中西部地区第二产业发展水平较低而对服务业带动能力不足有很强的相关性。因此对于中西部地区而言，调整和优化三产结构不能随大流地只是简单和片面地追求提高第三产业占比，反而应将优化重点放在调整产业内部结构中，尤其是对于第二产业的发展和优化上。

（四）中西部地区利用外资技术含量相对较低

受发展基础和条件限制，与东部地区相比，中西部地区外资总体技术含量较低，具体表现在以下两个方面。

其一，中西部地区外资高技术企业在地区全部高技术企业中的占比较低。中西部地区高技术外资企业占该地区全部高技术企业的比重相对较低，企业数占比分别为5.7%和8.3%，低于东部地区的24.2%。但是，中西部地区高技术外资企业对于地区经济发展的贡献同样较为可观，其中从业人员平均人数占比分别为25.6%和25.4%，营业收入占比分别为28.7%和34.2%，研发机构数占比分别为6.8%和7.4%，研发机构经费支出占比分别为11.9%和4.5%。相较于其他类型外资企业，高技术外资企业研发投入高、生产效益好、人才引力大，更容易产生技术溢出效应，在带动地区产业升级和提高地区全要素生产率中能够发挥重要的作用（见表8-13）。

表8-13　2019年我国东中西部地区高技术外资企业占地区各类型高技术企业比重

单位：%

地区	企业数	从业人员平均人数	营业收入	利润总额	有研发机构企业数	研发机构数	研发机构人员	研发机构经费支出
全国	18.5	39.4	41.2	30.3	20.7	20.1	30.7	23.8
东部	24.2	45.7	45.5	35.8	25.1	24.4	36.3	26.6
中部	5.7	25.6	28.7	15.2	6.1	6.8	15.2	11.9
西部	8.3	25.4	34.2	17.4	6.8	7.4	6.9	4.5

资料来源：根据《中国科技统计年鉴2020》计算。

其二，中西部地区高技术外资企业占全国高技术外资企业的比重很低。2019年中西部地区高技术外资企业占全国比重不到12%，也就是说，超过88%的高技术外资企业分布在东部地区。相应地，高技术外资企业在解决就业的能力、企业的盈利水平、企业的研发投入等多个方面，东部地区都占据绝对优势，尤其在研发投入方面，中西部地区的高技术外资企业占比不到10%，在引进高技术外资企业方面远落后于东部地区（见表8-14）。

综合来看，中西部地区高技术外资企业在数量和质量上均落后于东部地区。一方面，这一现象有其必然性。我国中西部地区地处内陆、开放滞后，在经济发展水平、产业发展基础、科技创新投入、人力资本积累等多个方面都远落后于东部地区，导致对高技术企业的吸引力和孵化能力相对较弱。另

表 8-14 **2019 年我国东中西部高技术外资企业占全国高技术外资企业比重情况**

单位：%

地区	企业数	从业人员平均人数	营业收入	利润总额	有研发机构企业数	研发机构数	研发机构人员	研发机构经费支出
东部	88.4	80.0	77.3	84.9	92.9	91.5	90.0	93.7
中部	6.2	12.3	11.5	8.2	5.1	6.2	8.2	5.2
西部	5.3	7.7	11.2	6.9	2.0	2.3	1.8	1.1

资料来源：根据《中国科技统计年鉴 2020》计算。

一方面，从数据分析中仍然可见，高技术外资企业对于我国各地区经济发展的贡献十分可观，尤其当前，国家提出高质量发展的时代主题，其推动作用将更加突出。因此，在各方面都落后于东部地区的条件下，如何弥补短板、发挥优势、增强竞争力、吸引更多高技术外资企业流入，成为中西部地区未来实现外资突破的重要着力点。

二 中西部地区外资落后原因及新的变化

（一）导致中国外资区域差距的根源在于区位和基础条件

众多学者从不同角度阐释了影响国际直接投资的因素。其中邓宁的国际生产折中理论强调资源禀赋和市场容量；新经济地理理论强调规模经济、运输成本、市场规模和产业关联；空间经济理论强调知识外溢、劳动市场和公共产品等。改革开放以后，伴随外向型经济的发展步伐，国内众多学者运用国际直接投资理论来分析我国外资区域差距的形成原因。发现地区间的相对投资环境和条件差异影响深远。与东部地区相比，中西部地区地理位置偏远、生态环境恶劣、基础设施差、资金短缺、劳动力素质低、人才匮乏、科技水平低、开放政策不足、投资环境差、市场空间小等，都在一定程度上抑制了中西部地区吸引外商直接投资。

（二）经济高速发展带动中西部地区基础条件发生明显转变

1. 中西部地区成本优势日益突出

一方面，随着我国整体经济水平的提高和生产要素市场化水平的提升，地区间生态环境、基础设施、劳动力素质和资金等方面的差距日益缩小，这些因素对于外商直接投资的抑制作用也随之减弱。另一方面，中西部地区幅员辽阔、人口众多、自然资源和人力资源丰富，土地、能源资源和人力成本较东部地区更低，据国家统计局数据显示，2020 年，我国东、中、西部地区人口分别为 60690 万人、42016 万人和 38306 万人，其中，中西部地区合计占全国总人口的 57%；东、中、西部地区大中城市商品房平均销售价格分别为 21950 万元、10990 万元、9759 万元，中西部地区房价是东部地区的 50% 和 44%；东、中、西部地区城镇私营单位从业人员平均工资分别为 62601 元、48861 元和 50510 元，中西部地区平均工资分别是东部地区的 78% 和 81%（见表 8-15）。而且随着人员的跨区域流动，劳动力的技术和熟练度日益提升，中西部地区的成本优势开始显现，反而东部地区面临更大的环境压力、土地压力、人口压力和成本压力。

表 8-15　2013 年和 2020 年东中西部地区统计数据对比情况

单位：元，万人，元/米²

项目	东部地区		中部地区		西部地区	
	2013 年	2020 年	2013 年	2020 年	2013 年	2020 年
人口	57433	60690	42304	42016	36759	38306
城镇私营单位平均工资	35521	62601	26592	48861	29625	50510
商品房平均销售价格	11816	21950	6574	10990	5872	9759
人均可支配收入	23658	41239	15263	27152	13919	25416

资料来源：《中国统计年鉴》，2014，2021。

2. 中西部地区市场规模不断扩大

从统计数据看，2012 年之后，中西部地区的地区生产总值增速较为突出，一度超过东部地区；中西部地区城镇化速度加快，与 2013 年相比，2019 年中西部地区的城镇化率的平均值增长超过 7 个百分点，同期东部地区的城镇化率的平均值增长约为 4.2 个百分点（见表 8-16）；中西部地区人口持续向核心城市聚集，2019 年中西部六大核心城市郑州、武汉、合肥、成都、西安、重庆常住人口分别增加 21.6 万人、13.1 万人、10.2 万人、25.1 万人、20.2 万人和 22.5 万人，城市人口集聚效应和虹吸力越发突出。国家第十四个五年规划中，成渝地区、长江中游地区、中原、关中平原、山西中部、黔中、滇中、呼包鄂榆、兰州-西宁、宁夏沿黄、天山北坡等中西部省市进入国家城镇化战略整体格局。越是起步较晚的地区，市场潜力越大，投资机遇越多。随着中西部地区城镇化进程的加快和特大城市的崛起，以及新发展格局下国内统一市场的逐步形成，中西部地区的市场规模和市场潜力将不断释放，对以国内市场寻求为主的外商直接投资的吸引力将不断增强。

表 8-16　2013 年和 2019 年东中西部地区城镇化率对比情况

单位：%

地区	2013 年	2019 年	差值
北京	86.3	86.6	0.3
天津	83.0	83.5	0.5
河北	48.1	57.6	9.5
上海	89.8	88.1	-1.7
广东	67.8	71.4	3.6
辽宁	66.5	68.1	1.6
江苏	64.1	70.0	5.9
浙江	64.0	70.0	6.0
福建	60.8	66.5	5.7
山东	53.6	61.5	7.9
海南	52.7	59.2	6.5
东部（平均）	67.0	71.1	4.2
黑龙江	57.4	60.9	3.5
湖北	54.5	61.0	6.5
吉林	54.2	58.3	4.1
山西	52.6	59.6	7.0

地区	2013 年	2019 年	差值
江西	48.9	57.4	8.5
湖南	48.0	57.2	9.2
安徽	47.9	55.8	7.9
河南	43.8	53.2	9.4
中部（平均）	50.9	57.9	7.0
宁夏	52.0	59.9	7.9
陕西	51.3	59.4	8.1
内蒙古	58.7	63.4	4.7
重庆	58.3	66.8	8.5
青海	48.5	55.5	7.0
四川	44.9	53.8	8.9
广西	44.8	51.1	6.3
新疆	44.5	51.9	7.4
云南	40.5	48.9	8.4
甘肃	40.1	48.5	8.4
贵州	37.8	49.1	11.3
西藏	23.7	31.5	7.8
西部（平均）	45.4	53.3	7.9

资料来源：历年《中国统计年鉴》。

3. 中西部地区产业配套能力逐步提升

从跨国投资理论看，跨国投资企业偏好于选择具有一定产业基础和配套设施的地区作为投资标的，以降低风险和运营成本。尽管中西部地区经济和产业发展总体水平仍不及东部地区，但也形成了一些优势和主导产业，在装备制造业、汽车制造业、电子信息产业、金属冶炼及压延工业、食品加工制造业等多个领域建立了相对完善的生产体系，同时带动了生产性和商业性服务业的进入，形成独特的产业集群。近年来，随着产业链条不断延伸，专业化分工不断加深，中西部地区的配套能力进一步增强。例如，2012 年韩国三星半导体电子存储芯片项目投资西安，共引入国内外 100 多家配套企业跟进落地，形成了从原材料和设备的研发生产，到设计、制造、封装、测试及系统应用的完整产业链，超过 1000 亿元的产业集群。成都以 2005 年一汽入驻为标志，此后十多年里，形成了涵盖一汽大众、一汽丰田等 11 家整车龙头企业，大众发动机、德国博世等 300 余家零部件企业，美国哈曼、阿尔特等 60 余家第三方独立研发机构、国家级企业研发中心的汽车全产业链。

4. 中西部地区开始走向国家开放前沿

2013 年"一带一路"倡议提出后，中西部地区逐步从开放末端走向开放前沿，从国家宏观政策引导上看，中西部地区开放的区位优势或已显现。宏观层面，国家第十四个五年规划中提出深入实施区域协调发展战略，强化举措推进西部大开发、东北振兴和中部崛起，将成渝地区打造成为全国重要的经济中心、科创中心、改革开放高地，将中部地区打造成为先进制造业基地，能够承接新兴产业布局和转移等，加快开放通道建设，高标准建设内陆地区开放平台。2022 年政府工作报告指出，扩大鼓励外商投资范围，支持外资加大中高端制造、研发、现代服务等领域和中西部、东北地区投资。具体到产业层面，国家打造了多个内陆开放高地，中西部地区在大数据、电子信息、人工智能、新能源、生物医药等方面产业优势不断释放。在国家《鼓励外商投资产业目录（2020 年版）》中，中西部地区外商投资优势产业目录增加了 62 条，修改了 37 条，引导外资向中西部地区优化布局，还提出对西部地区鼓励类产业企业减按 15% 的税率征收企业所得税等系列优惠政策。

（三）开放的不平衡是制约中西部地区扩大吸收外资的重要瓶颈

在中西部地区引资条件升级的同时，东部地区引资条件和优势也在积累中深化，导致中西部地区与东部地区很多方面差距进一步拉大，在国家以市场优势引领发展的阶段形成了新的制约因素。

1. 中西部地区市场开放程度与东部地区相比仍然较低

跨国公司的区位决策并非只追求低要素成本，市场的开放水平和贸易的便利程度也是重要的因素。中西部地区与东部地区相比，虽然资源要素成本较低，但市场开放时间晚、市场开放程度低、开放意识滞后、缺乏与国际市场和国际资源的有效衔接等在一定程度上弱化了该地区对包括外商直接投资在内的外部经济资源的吸引力。我们按照国内常用做法，以外贸依存度（进出口贸易额/地区生产总值）来表示市场开放程度。虽然随着改革开放的进程，中西部地区市场开放度有明显提升，其中，中部地区的市场开放度从 1999 年的 7.3% 上升到 2019 年的 10.1%，西部地区从 1999 年的 8.1% 上升到 2019 年的 13.5%。但是，2019 年，中、西部地区的市场开放度与东部地区仍有非常大的差距，各仅约为东部地区的 1/4（见表 8-17）。

表 8-17　1999~2019 年东中西部地区市场开放程度

单位：%

年份	东部地区	中部地区	西部地区
1999	54.4	7.3	8.1
2000	63.9	8.5	9.3
2001	60.3	8.5	8.7
2002	66.0	8.7	9.1
2003	77.6	10.9	10.5
2004	88.0	11.9	11.6
2005	90.2	11.8	11.8
2006	92.9	12.3	12.4
2007	91.1	12.9	13.1
2008	82.5	12.7	13.1
2009	64.6	8.6	9.7
2010	72.7	10.0	10.6
2011	71.4	10.8	11.9
2012	66.8	10.7	12.8
2013	64.0	10.6	12.6
2014	60.0	10.8	13.7
2015	52.8	10.2	11.1
2016	48.8	9.2	10.3
2017	50.2	9.9	12.1
2018	51.0	10.2	13.5
2019	49.1	10.1	13.5

注：按照国内常用做法，市场开放程度用外贸依存度（进出口贸易额/地区生产总值）表示；进出口贸易额按国家统计局当年美元人民币汇率年平均价折算。

资料来源：根据各省份 2000~2020 年统计年鉴计算。

2.中西部地区市场化水平与东部地区差距明显

新中国成立以来，我国经济之所以能够创造出持续高速的增长奇迹，主要得益于经济制度变迁和市场化改革举措，使我国人口、资源、制度等红利得以释放，资源配置效率大幅提升。但是，国家区域市场分割导致的要素资源流动问题，区域开放政策导致的市场发育差异问题，市场体系改革滞后导致的市场秩序混乱问题，地方政府市场化运作能力差异问题，等等，使中西部地区市场化总体处于较低水平。本书通过借鉴樊纲、王小鲁市场化指数方法，计算了我国东、中、西部地区城市市场化指数。结果发现，2019年东部地区城市市场化指数的平均值是8.25，中部地区城市市场化指数的平均值是6.72，西部地区城市市场化指数的平均值是4.97，中西部地区分别低于东部地区1.53和3.28。但是从指数的增速看，与中部地区相比，西部地区增速相对较快，线性趋势向上（见图8-1）。一方面是由于基数低；另一方面说明西部地区市场化水平明显改善，趋势向好。通过细分城市数据发现，西部地区市场化水平的提升主要得益于四川、重庆、陕西和广西的市场化水平提升。

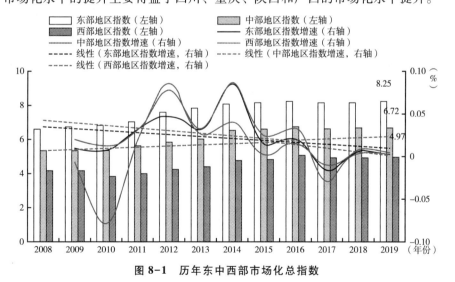

图 8-1　历年东中西部市场化总指数

注：图中条形图表示的是各地区城市市场化指数分值的平均数，分值越高表示该项市场化程度越高，分值的计算以2008年为基期，故不同年份可比。

资料来源：参考樊纲、王小鲁、朱恒鹏《中国市场化指数——各地区市场化相对进程2009年报告》（经济科学出版社，2010）指标体系计算。

从省份的市场化总指数看，2008～2019 年，大部分省份市场化水平都有了明显提升，尤其是天津提升最为明显，从 6.6 上升为 9.6，但也有部分省份市场化水平不升反降，如西藏和甘肃（见表 8-18）。2019 年，市场化总指数超过 9 的都属于东部沿海地区，最高的是上海和浙江，达到 9.9；而西部地区除了重庆、四川、陕西市场化程度较高外，其余省份基本在 5 以下，市场化水平还有较大提升空间。

表 8-18　2008～2019 年中国 31 个省份市场化总指数

省市	2008	2009	2010	2011	2012	2013	2014	2015	2016	2017	2018	2019
北京	7.2	7.4	7.9	8.1	8.8	9.1	9.4	8.9	9.1	9.1	9.1	9.1
天津	6.6	6.6	7.1	7.4	9.0	9.4	9.3	9.4	9.8	9.5	9.6	9.6
河北	5.5	5.6	5.0	5.2	5.4	5.6	6.0	6.3	6.4	6.3	6.3	6.3
山西	4.3	4.1	4.5	4.6	4.8	5.0	5.2	5.5	5.7	5.4	5.5	5.5
内蒙古	4.7	4.7	4.5	4.5	5.2	5.2	5.0	4.8	4.8	4.9	4.8	4.8
辽宁	6.3	6.5	6.2	6.3	6.5	6.6	6.9	6.7	6.8	6.8	6.7	6.7
吉林	5.7	5.8	5.4	5.6	6.1	6.1	6.3	6.5	6.7	6.5	6.6	6.6
黑龙江	4.8	4.9	4.8	4.9	5.9	6.1	6.2	6.0	6.1	6.1	6.1	6.1
上海	8.1	8.4	8.8	8.9	8.7	8.9	9.8	9.7	9.9	9.8	9.8	9.9
江苏	7.8	8.2	8.6	9.2	9.9	9.9	9.6	9.3	9.3	9.4	9.3	9.3
浙江	7.8	8.0	8.2	8.3	9.3	9.4	9.7	10.0	10.0	9.9	10.0	9.9
安徽	5.9	6.0	6.1	6.4	6.3	6.5	7.4	7.0	7.1	7.2	7.1	7.1
福建	6.8	6.9	6.7	6.9	7.3	7.5	8.1	9.0	9.2	8.7	8.9	8.9
江西	5.5	5.5	5.6	5.8	5.7	5.8	6.7	6.8	7.0	6.9	6.9	6.9
山东	6.9	6.9	6.8	6.9	7.2	7.4	7.8	7.9	7.9	7.9	7.9	7.9
河南	5.9	6.0	6.1	6.2	6.3	6.5	6.9	7.1	7.1	7.0	7.1	7.1
湖北	5.4	5.6	5.5	5.7	6.2	6.6	7.2	7.4	7.5	7.3	7.4	7.4
湖南	5.4	5.3	5.5	5.7	5.7	5.8	6.8	7.1	7.1	7.0	7.0	7.0
广东	7.5	7.6	7.7	7.9	8.3	8.6	9.3	9.4	9.9	9.6	9.7	9.7
广西	5.7	5.7	5.1	5.3	6.2	6.3	6.5	6.3	6.4	6.4	6.4	6.4
海南	4.4	4.3	4.7	4.8	5.5	5.7	5.9	5.2	5.3	5.5	5.3	5.3
重庆	6.0	6.1	6.2	6.3	6.9	7.2	7.4	7.7	8.2	7.9	7.9	8.0
四川	5.8	5.8	5.8	5.8	6.0	6.2	6.5	7.0	7.1	6.9	7.0	7.0
贵州	4.4	4.4	3.5	3.6	4.3	4.5	4.8	4.5	4.9	4.7	4.7	4.8
云南	4.5	4.5	4.9	5.1	4.4	4.5	4.8	4.4	4.6	4.6	4.5	4.6

省市	2008	2009	2010	2011	2012	2013	2014	2015	2016	2017	2018	2019
西藏	1.3	1.1	0.4	0.0	0.0	-0.2	0.7	1.0	1.0	0.9	1.0	1.0
陕西	4.3	4.3	3.9	4.3	5.1	5.6	6.3	6.2	6.6	6.4	6.4	6.4
甘肃	3.7	3.7	3.3	3.4	3.3	3.5	3.9	4.5	4.5	4.3	4.4	4.4
青海	3.0	2.8	2.4	2.3	2.6	2.8	2.5	3.1	3.4	3.0	3.2	3.2
宁夏	4.1	4.3	3.8	3.9	4.3	4.4	5.2	5.0	5.1	5.1	5.1	5.1
新疆	3.5	3.5	2.8	2.9	2.9	2.9	3.5	4.2	4.1	3.9	4.1	4.0

资料来源：参考樊纲、王小鲁、朱恒鹏《中国市场化指数——各地区市场化相对进程 2009 年报告》（经济科学出版社，2010）指标体系计算。

3. 中西部地区技术水平与东部地区差距很大

技术创新能力的提升，主要取决于科技创新投入和人力资本积累，中西部地区在这两个方面都存在明显不足。一是科研投入不足。根据《中国科技统计年鉴》和《中国高技术产业统计年鉴》数据，2019 年，我国东部地区平均每个省份科研投入（包括人员、经费、机构数）是中部地区平均每个省份科研投入的 2 倍以上，是西部地区平均每个省份科研投入的 5 倍以上；研发经费支出更是相差很大，其中用以消化吸收技术的经费差距甚至超过 10 倍（见表 8-19）。二是人才要素流入不足。我国区域人力资本差距十分突出，中西部地区受户口制度、教育资源、薪资待遇等因素影响，人才吸引力相对薄弱。实证研究发现，技术创新投入对中部地区技术创新能力的提升作用最大，人力资本积累对西部地区技术创新能力的提升作用最大。正是由于技术水平落后，中西部地区对高技术企业的吸引力相对较弱。据统计，东部地区吸引高技术外资企业数占全国高技术企业数的 16.1%，而中、西部地区的占比仅分别为 1.1% 和 1.0%。但是外资对中西部地区技术创新能力的提升有重要价值。中西部地区科技发展水平和效率整体偏低，地方内资企业的技术创新能力与外资企业有很大差距，因此引入外资企业，对于中西部地区的技术溢出效应要大于东部地区，对于中西部地区区域创新效率的影响也高于东部地区。但是当前，流入中西部地区的外资企业数量相对偏少，未跨过外资产生正面溢出效应的门槛，不利于消化吸收外资带来的先进技术。

表 8-19　2019 年中国东中西部地区技术水平差异情况

单位：倍

指标		东中部差异	东西部差异
R&D 人员		2.0	5.5
R&D 经费内部支出		2.3	6.1
有研发机构的企业数		2.8	17.5
高技术企业数		2.1	6.7
高技术企业中外资企业占比		4.4	2.9
经费支出	引进技术	8.6	14.0
	消化吸收	10.8	31.0
	购买境内技术	6.6	9.7
	技术改造	1.6	3.3

注：东中部差异和东西部差异是指东部地区分别是中部地区和西部地区的倍数。

资料来源：根据《中国科技统计年鉴 2020》和《中国高技术产业统计年鉴 2020》计算。

4. 新形势下中西部地区开放政策仍然落后于东部地区

从东部地区外向型经济的发展经验来看，良好的政策环境对于吸引外商投资有着明显的激励效应。改革开放后，我国首先在东部沿海地区建立经济特区、沿海开放区等经济功能区，并给予优惠政策。20 世纪 80 年代，中央政府在经济功能区的基础上下放给东部地区大量审批权限并给予税收优惠政策和外汇政策。这其中的许多开放政策中西部地区到今天都没有享受过。2008 年为创造公平竞争环境，国家逐步取消区域性差别优惠政策，赋予地方自主出台优惠和奖励措施的权力。

从外部条件看，非差别化引资政策使中西部地区在已经落后的情况下与东部地区同台竞争。此时的东部地区，经济发展水平高，财政相对富裕，能够出台一系列对外资有更强吸引力的优惠措施和奖励政策。中西部地区普遍经济水平落后，财政紧张，给予企业的奖励和优惠力度小，在与东部地区的竞争中明显处于劣势，陷入布局越晚、引资越困难、发展越落后的恶性循环。具体体现在两个方面，一是财政补贴力度小于东部地区。外商投资项目的招引政策主要体现在地方"一企一策"或者财政补贴上，东部企业财力水平普遍高于中西部地区，中西部地区财政补贴力度普遍低于东部地区。例如，广东对在大湾区工作的境外高端人才和紧缺人才，在珠三角九市缴纳的个人所得税已缴纳税额超过其应纳所得税的15%计算的纳税额部分，由当地政府给予财政补贴，该补贴免征个人所得税。二是在全国新一轮发展机遇中，沿海发达地区比中西部地区的优势进一步加大，如海南、上海、北京等地在自由贸易港、自由贸易试验区争取到的国家部门的首创性政策明显多于中西部地区（见表8-20）。

表 8-20　2022 年中国东中西部地区开放平台建设情况

单位：个

开放平台类型	东部地区	中部地区	西部地区
国家级经开区	112	68	50
国家级经开区综合实力前 30 名	22	6	2
国家级经开区吸收外资前 10 名	6	3	1
国家级高新区	77	52	39
自贸试验区	11	4	6
自由贸易港	1	0	0

资料来源：根据商务部公开数据整理。

从内部因素看，东部地区政府部门体制机制灵活，政府工作人员思想更加开放，更有探索的精神和突破的胆识，敢于和能够提出"含金量高"的开放试点和优惠政策。中西部地区则更加封闭保守，很难突破体制机制来出台更加开放的引资政策。因此，外商投资促进政策的缺失成为制约中西部地区引资的重要因素。从国际比较看，国家赋予中西部地区的引资政策吸引力不及东南亚国家，使产业的国内转移进展不及国际转移速度。例如，越南给予企业"三免五减半"的所得税优惠；泰国给予企业前八年法人所得税豁免，随后五年所得税减半的优惠等。当前，国家提出向制度型开放转变，对于中西部地区既是机遇也是挑战。

三　以双循环促进中西部地区稳外资的思路

（一）参与国际循环：发挥要素禀赋优势稳传统型外资

在推进"一带一路"建设的过程中，中西部地区从开放末梢转向开放前沿，开放给经济发展带来的活力得以不断释放。因此，在构建新发展格局中，对于中西部地区而言，对外开放的作用不是弱化，而是要进一步强化，要更好发挥外向型经济在推动中西部地区经济发展中的能动性。但是，中西部地区资源禀赋和自身优势与东部地区有较大差异，优势来源和竞争来源不同，对外开放侧重点与东部地区也应有所差异。在国家进入高质量发展阶段，东部地区强调通过创新驱动、结构调整等吸引高技术、高附加值外资，推动经济高质量发展，而传统产业和成熟技术外资顺应外移趋势，以便"腾笼换鸟"。与东部地区不同，中西部地区具有能源、产能、劳动力、市场潜力等优势，可以通过承接因土地和人力等约束无法承载的传统制造产业外资融入国际大循环，将传统优势转化为后发优势。作为发展中大国，中国存在双重二元经济结构，传统产业部门与现代产业部门并存，发达地区与中西部和沿边落后地区并存，工业化和城镇化的双重任务远未完成。经济增长压力、就业压力和产业空心化风险始终存在，在未来较长时期，传统制造产业外资在中国中西部地区的存续和拓展仍有较强的必要性。当沿海发达地区和中心城市要素成本优势明显弱化的同时，中西部地区要素成本虽然也已上涨，但是与大部分发展中国家相比，在人力资源、基础设施、产业配套、物流商业环境等方面仍保持综合竞争优势，为中国继续发展传统加工和制造产业、吸引传统型外资创造了优越的基础条件和可行性。

（二）融入国内循环：通过融合对接稳外资产业链

我国东、中、西部地区在国民经济循环中形成了以地理空间为划分的梯队模式，在国内产业链条中形成了以附加值为标准的分层模式。其中，东部地区经济更发达、产业发展层次更高，中西部地区经济条件相对较低、产业发展层次更低。理论上，东、中、西部地区在产业链中应具有较强的互补性。但是，很多学者实证研究发现，在经济条件、地区优势和产业基础存在明显差异的情况下，我国东、中、西部地区的区际产业链分工与合作深度在整体上并不高。其原因一方面在于东部地区长期以融入国际循环为主，弱化了与中西部地区的产业关联；另一方面在于我国市场分割、产业碎片化布局，导致东部与中西部地区常常处于竞争状态。这在一定程度上影响了外资在我国产业链的稳定性、根植性和网络化布局。因此，在构建新发展格局过程中，我国可依托畅通国内大循环的契机，鼓励东部地区加强与中西部地区的产业链分工合作，鼓励中西部地区充分发挥比较优势，积极对接东部产业链条，寻求全球价值链和产业链在中西部地区的延伸和发展。一方面，在全国形成"东部总部、西部基地""东部研发、西部制造"的模式，以完善的产业链稳住和吸引外商投资，将更多的外资嵌入国内产业链网络，为双循环发展格局下我国产业链的稳定提供保障。另一方面，在高质量发展过程中，通过产业融合对接，以东部地区产业转型升级，带动中西部地区发展，实现东、中、西部地区产业的同步提升，以更高水平的产业链、价值链吸引更高质量的外资。

（三）弥补政策短板：通过扩大开放稳市场型外资

从市场角度出发，国内学术界主流观点将外资分为出口导向型和市场寻求型。当前，基于中国吸收外资优势的变迁，市场寻求型外资吸引力不断增强，已经成为来华投资的主力。笔者根据联合国贸发会议数据，结合中国外资细分行业实际使用外资金额占比情况，大体估算发现，2019 年，国内市场寻求型外资占我国存量外资比重已经超过 70%。2015～2021 年，市场寻求型外资占我国增量外资的比重也已超过 80%。在华美国、欧洲、日本和韩国等商会的调查报告显示，近年来，各商会 60% 以上的会员企业是针对中国市场，在华生产、提供产品或服务。当前国家提出激发国内市场潜力、畅通国内经济循环，有利于稳定市场寻求型外资。中西部地区城镇化步伐加快，超大城市逐渐形成，经济社会的发展和居民收入的不断提升，其内需消费潜力开始显现，对各类寻求市场扩张的投资吸引力增强。但是，与东部地区相比，中西部地区市场发育不完善，地方和产业保护问题较为严重，服务行业开放措施相对滞后，由此形成的制度和政策短板成为制约中西部地区最大限度激发市场潜力、壮大市场规模、吸引市场型外资的重要障碍。因此，中西部地区可以借助畅通国内大循环的契机，主动打破区域限制，推动要素自由流动，激发市场活力，助力扩大市场规模。中西部地区可以借助国家推动制度型开放契机，加快对接国际先进标准、深化体制机制改革，突破制度型壁垒和障碍，向东部地区看齐，打造法治化、国际化和便利化的营商环境。国家可以通过部分行业优先在中西部地区开放的措施，弥补中西部地区后发短板，助力中西部地区吸引和扩大服务业外商投资。

四　稳中西部地区外资对策建议

构建新发展格局给中西部地区外资带来了新的机遇。国家应顺势而为，扩大中西部地区市场开放程度，加大对中西部地区引资优惠力度，发挥外资集聚效应，带动中西部地区经济活力。中西部地区自身应挖掘资源要素优势、着力市场化体系建设，弥补后发短板，提升引资能力。

（一）把握"一带一路"倡议，形成陆海内外联动、东西互济的对外开放新格局

中西部地区通过"一带一路"建设，推动相关省份共建国际物流大通道，不断提升中欧班列市场化运营质量和效益，降低自身物流成本；提升中西部的开放度，密切与"一带一路"共建国家以及我国东南沿海地区的经济联系；重点推进国际投资、贸易方面的合作，通过开放培育形成内生增长动力。

（二）聚焦中西部地区承接产业转移能力，促进国家区域平衡发展战略的实施

完善国家产业空间整体布局，制定差异化产业支持政策，鼓励外资企业

"东部总部、西部基地""东部研发、西部制造",推进东、中、西部地区产业融合对接、互补发展。建立区域间产业转移对接平台,出台对接产业转移的鼓励措施,提升东部地区主动对接中西部地区的积极性。强化中西部地区劳动力成本低、空间承载力大、市场潜力大等自身优势,完善针对转移产业的支持政策,在税收、用地、信贷等方面落实有关优惠措施,创造地区间产业转移的便利条件和环境,促进东部地区一些受成本上升因素影响的外资向中西部转移。

(三)结合中西部地区产业定位和资源禀赋,发展中西部地区相对优势的产业

放宽中西部地区农业行业准入,引导外资进入现代农业,引进国外优良品种、技术和设备,培养农业科技人才,提高农业生产力水平和生产效率,提升我国农业现代化水平。针对中西部地区政策短板,加强对中西部地区引进制造业外资的支持力度,在土地、企业所得税、个人所得税、社会保险费率等方面给予优惠倾斜。加大中央财政支持力度,鼓励外资流入中西部地区产业链薄弱环节,如技术研发、人才引进和生产性服务等,助力中西部地区做大做强制造业。探索在中西部地区优先放开文化、医疗、金融、电信、教育、旅游、维修等服务行业市场准入,推动中西部地区迸发新的活力和增量。

(四)强化中西部地区开放型经济载体平台建设

自贸试验区、国家级高新区、国家级经开区、国际产业合作园等是地方吸收外资的主要阵地,也是国家探索制度型开放的重要试验场。应扩大中西部地区开放平台覆盖范围,加大对已有开放经验的推广复制力度,支持中西部地区载体平台优先探索行业准入,助力中西部地区打造新的产业集群。我国的边境经济合作区、跨境经济合作区都设在西部地区、边境地区,加快其开放步伐,全面参与国际区域经济合作,允许一些重点口岸、边境城市、经济合作区在人员往来、加工物流、旅游等方面实行特殊方式和政策。

（五）以畅通国内经济循环为契机，健全中西部要素市场

国家应全面贯彻落实《建设高标准市场体系行动方案》，发展和完善土地、资本、劳动力、技术等要素市场和有效的流通机制，促进生产要素在不同区域间的优化配置。中西部地区应以国家畅通国内经济循环为契机，向东部发达地区看齐，增强开放意识，主动对接国际先进经贸规则，探索深化经济体制改革，有效减少行政干预、增强政府服务意识，提升监管能力，破除阻碍要素资源自由流动的各种体制机制障碍，健全要素市场，优化要素配置，形成良好的引资环境。

第九章　中国外商投资促进体系的问题与对策

随着经济全球和国际投资合作的不断深入，尤其是疫情对全球经济增长的负面影响深远持久，世界主要国家和地区更加重视投资促进，尤其是积极吸引跨国公司投资推动本国或本地区经济复苏和持续稳定增长，带动产业转型升级。对于我国来说，外商投资促进政策和促进机制的不断完善也将带动疫情下外资稳定增长。中美竞争的不断加剧、疫情以及俄乌冲突大背景下，进一步建立健全投资促进体系，加大投资促进力度，对于我国长期稳外资意义重大。

一　中国建立了较为完整的外商投资促进体系

（一）国家层面设立了以商务部为主导的投资促进组织架构

商务部是我国外商投资促进工作的主管部门，负责制定外商投资促进相关政策。全国外商投资促进主要执行部门是商务部下属的事业单位——商务部投资促进事务局，负责开展外商投资促进相关工作，在具体执行层面，商务部投资促进事务局下设中国国际投资促进中心（以下简称中心），中心是企业性质，通过企业化运营模式推动地方政府与跨国公司之间的投资合作。此外，中国外商投资企业协会、中国国际投资促进会等社会团体，在商务部的指导下，参与和组织外商投资促进活动，形成灵活的投资促进渠道。从国家层面看，中国外商投资企业协会、中国国际投资促进会等社会团体在外商投资促进方面更多的是补充作用，主要的执行机构是商务部投资促进事务局及其下属的中国国际投资促进中心（见图9-1）。

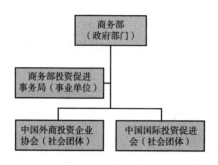

图9-1 国家层面外商投资促进组织架构

资料来源：根据各机构官网及其他公开资料整理。

商务部投资促进事务局（包括中国国际投资促进中心），总计在职员工100人左右，其中驻外机构有韩国办事处和欧洲代表处以及中国国际投资促进中心（欧洲）以及中国国际投资促进中心（德国），驻外人员合计不超过10人。同时，从经费来源看，商务部投资促进事务局属于公益二类的事业单位，是国家财政差额拨款单位，需要自筹一部分收入，其下属的中国国际投资促进中心属于企业性质，自负盈亏。

（二）省级层面设立的促进组织性质各异

目前，我国各省市自治区以及副省级城市中，大部分设立了专门的投资促进机构和部门，负责各地的外商投资促进工作，开展投资环境推介、组织协调活动、引进跟踪项目等具体事项。地方投资促进部门性质各异，有政府单位、有参公管理事业单位、有全额拨款事业单位、有自收自支事业单位、有法定机构等类型。例如，四川省经济合作局，专门负责内外资投资促进工作，和省商务厅是平行机构，属于厅局级政府机构；河北省投资促进机构设在省商务厅，分为投资促进一处和投资促进二处，一处同时挂河北省投资促进局的牌子，属于处级政府机构；海南自贸港借鉴了香港的做法，成立了海南省国际经济发展局，属于法定机构，负责自贸港投资促进工作；云南、贵州等省成立了省投资促进局，属于参公管理事业单位。部分地方省级层面投资促进机构情况如表9-1所示。

表 9-1　部分地方省级层面投资促进机构情况

机构名称	单位性质	行政级别
北京市投资促进服务中心	参公管理事业单位	正局级
河北省商务厅投资促进一处(河北省投资促进局)、投资促进二处	政府部门	处级
上海市外国投资促进中心(上海市对外投资促进中心)	全额拨款事业单位	处级
广东省投资促进局(广东省外商投资企业投诉中心)	参公管理事业单位	处级
福建省国际投资促进中心	自收自支事业单位	处级
江苏省国际投资促进中心(江苏省海外发展综合服务中心)	自收自支事业单位	处级
海南省国际经济发展局	法定机构(社会团体)	—
湖北省商务厅投资促进处	政府部门	处级
江西省投资促进中心	全额拨款事业单位	处级
安徽省外商投资促进事务局	全额拨款事业单位	处级
山西省投资促进局	全额拨款事业单位	副厅级
湖南省商务服务中心	全额拨款事业单位	副厅级
四川省经济合作局	政府部门	厅级
重庆市招商投资促进局	政府部门	厅级
内蒙古自治区外商投资促进中心	全额拨款事业单位	处级
宁夏回族自治区招商引资局(商务厅内设机构)	政府部门	处级
广西壮族自治区投资促进局	全额拨款事业单位	厅级
贵州省投资促进局	参公管理事业单位	厅级
云南省投资促进局	参公管理事业单位	厅级
甘肃省经济合作局	参公管理事业单位	副厅级

注：法定机构不设行政级别。

资料来源：根据各机构官网及其他网络公开资料整理。

从收集和整理省级层面外商投资促进机构的经费来源看，20家投资促进机构中有18家是政府全额拨款，只有2家是自收自支，这反映了省级层面投资促进更多的是实行公共职能属性。省市自治区在设立投资促进机构时，更多的是对公共服务职能的通盘考虑和充分保障，包括地方投资环境的推介、政策和信息宣传、境内外投资者接洽、项目对接、各类投资促进活动承办等基本公共职能，有些投资促进机构则进一步拓展其服务职能，包括投资促进战略、招商引资规划的制定；专业培训；重点招商行业专题调研；外商投资企业投诉受理；等等。

（三）《外商投资法》为我国投资促进提供了法律保障

2020 年 1 月 1 日，《外商投资法》和《外商投资法实施条例》正式实施，成为现阶段我国稳外资的基础性法律。《外商投资法》和《外商投资法实施条例》对投资促进进行了明确规定，为各级投资机构开展投资促进活动提供了基本法律保障。

二 境外外商投资促进体系的特点及借鉴

世界上主要的经济体都建立了稳定运行的投资促进体系，为本地区或本国经济的稳定发展发挥了积极作用。本部分梳理分析美国、德国、英国、法国、日本、新加坡、韩国、中国香港等典型国家和地区投资促进体系的构建和运作模式，发现全球投资促进主要呈现以下特点。

（一）公共服务是投资促进机构的主要职能

境外主要经济体的投资促进机构主要有两类，第一类是政府机构，如德国联邦外贸与投资署、英国国际贸易部、中国香港投资推广署等，其中美国联邦层面设立的投资促进机构"选择美国"项目办公室比较特殊，尽管它是政府机构性质，但是它是由美国商务部牵头、20 多个部委参与的跨部门联合工作组；第二类是法定机构性质，如法国商务投资署、日本贸易振兴机构、韩国的"投资韩国"、新加坡经济发展局以及中国香港贸易发展局等。从工作职能看，公共服务是境外投资促进机构的主要职能，包括宣传推介本国或本地区的营商环境，为企业提供信息咨询、法律咨询、财务咨询等服

务，承办投资促进活动，等等。部分国家（地区）投资促进机构设置情况
如表 9-2 所示。

表 9-2 部分国家（地区）投资促进机构设置情况

经济体	投资促进机构名称	机构性质	主要职能简述
美国	"选择美国"项目办公室（Select USA）	跨政府部门工作组	提供企业服务，包括信息与法律顾问、与潜在合作伙伴建立联系、协助了解监管环境，开展营销和推广及投资宣传
德国	德国联邦外贸与投资署（GTAI）	政府机构	促进出口与引进外资，提供商业模式及市场进入策略、税收及法律风险识别，项目融资及优惠咨询，组织考察、协调谈判，行政事务支持
英国	英国国际贸易部（DIT）	政府机构	负责为海外企业来英国的投资提供建议咨询，以及有关资金、融资、人员招聘和运作方面的信息，引见专业顾问和主要联系人，帮助投资者寻找合作伙伴，获得财政奖励
法国	法国商务投资署（Business France）	法定公共机构	宣传推介法国投资环境，为外商提供服务和支持，提供信息支持和培训，为外商投资提供决策支持，跟踪、研究国际投资趋势和影响投资地点选择的因素，促进企业国际化发展
日本	日本贸易振兴机构（JETRO）	法定公共机构	促进外国对日本直接投资、促进与其他地区商业活动、协助发展中国家业务扩张、促进贸易政策制定等
韩国	"投资韩国"（Invest Korea）	法定机构（非营利性质）	负责国家招商引资，在海外宣传韩国投资环境，提供投资洽谈、投资实施、后续管理等"一站式"服务
新加坡	新加坡经济发展局（EDB）	法定机构	制定和实施商业与投资策略，协助加强新加坡作为商业与投资环球中枢地位
中国香港	中国香港投资推广署（Invest HK）	政府机构	推广中国香港营商优势，鼓励投资项目留港发展，促进在港设立公司或拓展内地业务

资料来源：根据各机构官网及其他网络公开资料整理。

（二）机构运作的经费主要来源于财政支持

由于境外投资促进机构主要职能以公共服务为主，因此，绝大多数国家
和地区都将投资促进机构划归为官方或半官方的机构，并给予充足预算保

障，以保证其公共职能的行使。例如，德国联邦外贸与投资署隶属于德国联邦经济和能源部，其全部运营费用由德国联邦经济与能源部承担，充足的经费保障为德国的投资促进事业提供了雄厚的经济支撑，同时也为其运营和人员的稳定性提供了保障。部分国家（地区）投资促进机构经费来源如表 9-3 所示。

表 9-3　部分国家（地区）投资促进机构经费来源

投资促进机构	经费来源
"选择美国"项目办公室	政府财政支持
德国联邦外贸与投资署	政府财政支持
英国国际贸易部	政府财政支持
法国商务投资署	主要由财政拨款，部分为企业服务项目收入
日本贸易振兴机构	政府财政拨款，但后续运营经费还有其他渠道来源
"投资韩国"	政府财政支持
新加坡经济发展局	政府财政支持
中国香港投资推广署	特区政府支持

资料来源：根据各机构官网及其他网络公开资料整理。

（三）充裕的人才以及广泛布局的境外网络

人员是开展投资促进工作最直接、最关键的核心要素之一。主要经济体的投资促进机构都配备了充足的工作人员，并且不少国家和地区还采用了较为灵活的用人方式，有公职人员，也有社会雇员，很大程度上解决了用人编制问题。同时，几乎所有投资促进机构都在海外设立了办事处，或通过驻外使领馆开展投资促进工作，且海外布局网络广泛、分支机构数量较多。例如，法国商务投资署的工作人员约 1500 人，包括公职人员和雇员，在法国国内设有 28 个地区办公室，在国外设有 85 个海外办公室，主要分布在北美、欧洲和亚洲的经合组织成员国。商务部发布的《2020 法国对外投资合作国别指南》显示，法国还在 140 余个国家设立了约 1.5 万人的企业国际志愿者项目（VIE）。"选择美国"项目办公室尽管只有正式职员 12 人，但具体负责人多有从商背景和政府或外交部门工作经验，并在美国 80 多个驻外使馆有专家团队，同时"选择美国"项目办公室可动员的国内外商务外交官总量以千计。日本贸易振兴机构在国外 56 个国家设立了 74 个办事处，总职员超过 1500 人，其中约一半在海外。"投资韩国"向海外 30 多家招商引资贸易馆派遣了 64 名招商引资负责官。中国香港投资推广署的办事处遍布世界各地 30 个主要商业城市，机构中既有公职人员，也有非政府的社会招聘人员。

（四）机构设立有专门的法律依据

"选择美国"项目办公室的设立依据的是，2011 年 6 月 15 日美国总统奥巴马签署的行政命令，"选择美国"项目办公室计划的启动推动美国进入了联邦政府主导招商引资的时代。法国商务投资署的职能和地位是由 2014 年的关于设立法国商务投资署的法令以及合并法国企业国际发展局和法国政府投资署法令所决定的。而法定机构性质的投资促进机构基本是依专门的法律设立的，如日本贸易振兴机构是依 2002 年的专门法律《独立行政法人日本贸易振兴机构法》设立的。同时新加坡经济发展局、中国香港贸易发展局等也都是依照政府法令依法成立的，在机构设置、职能和业务范围等方面都有着清晰的规定。

三　中国外商投资促进体系面临的主要问题

（一）对投资促进职能的认识有待进一步深化和统一

由于我国经济体量比较大，同时，不同区域之间经济发展水平差异大，中央与地方对投资促进职能认识有明显差异。有的认为投资促进基本是属于政府公共职能的范畴；有的认为投资促进应由政府公共服务和市场化机制共同实现；有的则认为投资促进应完全由市场化的手段实现。这种差异性使中央与地方设立的投资促进机构的性质、目标以及职能侧重点都有很大差异，从而导致投资促进体系的整体性、协同性以及统一性都较差，容易出现促进部门职能职责不确定及不稳定情况。

（二）国家层面投资促进机构公共服务职能履行不足

商务部投资促进事务局及其下属的国际投资促进中心是我国中央层面承担外商投资促进职能的主要机构，但由于存在以下方面的不足，其公共服务职能履行不足。

1. 财政经费支持不足

从境外国家和地区投资促进机构的设立和经费保障看，充足的财政经费是保障其履行公共服务职能的基本条件。从我国实际情况看，商务部投资促进事务局每年通过政府购买服务方式获得了商务部部分财政资金支持，用以开展投资促进公共服务，但其中大部分资金是用于开展活动的直接支出。据了解，该局作为管理和人员投入使用的经费仅占维持机构运营总支出的不到20%，超过80%的经费是需要通过市场化手段获取的，以确保机构持续的稳定运行。财政经费支持的不足，在很大程度上制约着投资促进事务局开展全国性的投资促进工作和提供高质量的公共服务。

2. 投资促进人员的不足

商务部投资促进事务局及其下属单位，包括境内外的职工在内的全部员工总计100人左右，与国际上主要国家投资促进人员数量差距明显。

3. 海外投资促进网络布局有待进一步完善

目前，商务部投资促进事务局、中国贸易促进会等机构在部分国家派驻了投资促进机构，部分地方投资促进机构、商协会等也在海外设立了办事处或是与招商代表签订了合作协议。驻外机构在外商投资促进工作中发挥了重要作用，但也存在驻外机构数量不足、驻外机构之间尚未形成高效的信息网络和投资服务渠道等问题。此外，驻外经商参处在推介中国和各地区投资环境、政策、收集境外企业投资项目以及促进中外企业之间对接交流等方面的投入也有待加强。

（三）缺乏有效的统筹协调机制

1. 缺乏国家层面的投资促进统筹机构和协调机制

商务部作为制定外资政策和投资促进政策的主管部委，相关的政策能够通过中央和地方商务系统实现上下政策的有效联接和落地。但是从投资促进的执行情况来看，尽管商务部投资促进事务局是中央层面投资促进的主要执行部门，但是和地方投资促进机构没有直接隶属关系，一般是通过与地方投资促进部门签署战略合作协定等方式来实现与地方的连接的，但由于战略合作协定的签署是临时的也具有偶发性，国家和地方各级投资促进机构之间缺乏制度性的、常态的有效沟通机制。

2. 地方政府的省级与地市级之间投资促进工作缺乏统筹机制

和中央与地方的机制类似的是，很多省级投资促进机构与地市投资促进机构也仅仅是业务合作关系，并不存在隶属关系，从而导致推进项目和举办活动等方面的协同力度、统筹调度都存在问题。

3. 各省市自治区之间也缺乏有效的横向联动机制

以我国推动产业从东部地区向中西部地区转移为例，东部地区有转移的需求，中西部地区有承接的需求，但由于省市自治区之间缺乏有效的横向联动机制，在产业转移过程中，转出地和转入地之间的沟通协调并不顺畅，尤其是在经济指标的分配、市场监管、环保等方面的沟通对接不够有效和顺畅。

（四）地方投资促进理念和能力有待提升

国际上先进的投资促进机构在开展工作时，最为看重的是服务质量和客户需求，为不同体量企业制定专门的服务政策，同时重视培育新兴企业和配套项目，营造良好的营商环境，以提升品牌来吸引优质企业到本国或本地区投资。而我国地方投资促进部门更多是通过比拼优惠政策、比拼资源等粗放式招商引资，将更多关注放在引进环节，对引进后的政策兑现和服务环节关注较少；对大企业的关注多，容易忽略对中小企业的服务。针对外资开展的投资促进活动在形式上和内容上也缺乏创意和突出主题；项目包装思路依然较为陈旧，内容单一。同时，投资促进工作是一项系统性工作，对人员的专业能力、沟通能力、语言能力等综合素质要求比较高，而由于我们现有的投资促进体系缺乏有效的激励机制，人员的稳定性和专业性较差，人员素质不高也是地方投资促进理念和能力有待提升的重要原因。

（五）投资促进法律法规须进一步完善

尽管《外商投资法》为我国外商投资促进工作的开展提供了基本法律保障。但由于缺乏更为明确的投资促进专门立法或实施细则，从中央到地方，政府对投资促进机构的性质、机构设置、职能范围、业务归属等核心问题没有明确的规定，同时，我国在营商环境形象塑造、项目促进、后续服务、机构联动以及政策反馈等方面缺乏相应的法律依据和保障，投资促进体系存在机制不连贯、专业化水平和服务有待提升等根本问题。

四　完善中国外商投资促进体系对策建议

（一）完善法律法规，推动全国层面统一对投资促进职能的认识

应充分借鉴国际主要经济体和地区投资促进体系的发展经验，首先从法律上进一步明确投资促进机构职能职责、业务归属等问题，这也是建立完善的外商投资促进机构机制以及提高我国投资促进专业化水平的重要保障，统一对投资促进职能的认识，推动建立完善的纵向和横向投资促进协调机制。建议在《外商投资法》大框架下，研究出台《外商投资促进条例》，从国家层面进行顶层设计和职能梳理，进一步明确投资促进的内涵、政府和市场在投资促进中发挥的作用以及投资促进机构的性质、法定地位、组织架构、职责、经费来源、业务归属、纵向和横向联席机制等，从制度上解决外商投资促进工作随意性、短期性以及投资促进部门职能不统一、隶属关系多样等突出问题，形成国家-省市-地市-区县畅通的沟通协调机制和信息共享机制，推动打造层级分工明确、高效联动的全国投资促进服务体系。

（二）完善国家投资促进机构，更好履行公共服务职能

从国际上主要国家中央层面投资促进机构的设置来看，承担公共服务职能是其主要的任务，因此充足的经费、人员以及完善的境外网络是国家级投资促进机构履行公共服务职能的重要保障。从我国经济发展的新阶段来看，由于国内外环境出现重大变化，稳外资、保产业链供应链稳定安全是我国经济实现高质量发展的重要支撑，因此，加大营商环境的推介以及招商引资的重要性进一步显现。中央应进一步重视外商投资促进工作，完善国家级投资促进机构，以推动更好对外宣传我国国家形象以及经济和产业发展成效和潜力。一是进一步完善商务部投资促进事务局的性质。例如，建议从公益二类事业单位转为公益一类事业单位，或改为参公管理事业单位，实现国家财政拨款全覆盖，并通过从高定岗定级形成激励机制以吸引更多专业和综合性人才加入。二是扩充人员和境外网络。根据职能要求，国内职能上，设立主要的地区部门以及主要的产业部门，同时进一步完善境外网络布局，在主要国家和主要城市设立代表处或投资促进中心。三是进一步完善公共服务职能。在宣传推介本国投资环境、提供企业服务、承办投资促进活动的基础上，进一步完善投资促进网络平台，定期发布全球产业转移发展报告以及重点产业和重点企业发展趋势及布局报告等，搭建国家-地方外商投资促进沟通协作机制和信息共享平台。四是搭建并完善全国性的投资促进网络。商务部投资促进事务局根据职能要求对全国外商投资促进网络系统进行资源整合，建立健全全国性的投资促进网络平台。搭建跨境产业促进平台，完善国内外产业信息库，及时发布国内外重点产业及重点企业等相关信息，推动地方充分了解和对接相关产业项目。完善产业转移促进中心建设，在国家层面搭建东部产业向中西部转移的平台和机制，为各地区产业对接搭建交流共享平台，并积极提供协助。

（三）加强地方投资促进机构建设，提升投资促进能力

积极推动地方政府建立专门的投资促进机构，形成投资促进工作的常态

化和专业化，建议省级层面的投资促进机构以提供公共服务职能为主，地市层面可以根据经济发展的需求积极开展差异性探索，建立政府主导或市场主导的专业化投资促进机构。引导地方投资促进机构明确职能范围，充分发挥投资促进机构信息平台和服务平台的作用。适当规范地方投资促进机构名称和性质等，以便建立良好的沟通联系机制，形成从国家到地方和从省级到地市的纵向交流机制以及地方与地方之间的横向交流渠道。

（四）完善人才培养和聘任制度，提升专业化服务能力

加强投资促进人才的培训。建议建立常态化、专业化的投资促进机构人员培训体系，把投资促进人员的培训作为提高全国投资促进水平的一项重要工作，为人员培训提供充足、稳定、持续的费用保障。每年拟定专门的培训方案，利用多种形式，开展培训工作，提高全国投资促进人员的专业素质。加强不同省市、地区间投资促进工作人员的沟通交流，定期组织召开全国投资促进工作经验分享交流会，分享交流先进、创新的投资促进经验和做法。目前的招商引资形势迫切需要建立起掌握市场信息资源优势的专业化招商队伍。应鼓励地方不断创新人才聘用机制，对于鼓励发展行业，可采用聘任制聘用专业人才，以提供深入、专业、高效的产业投资促进服务。鼓励县区、开发区采取社会化聘用的方式，聘用具备专业素质和能力的人员，建立专业化投资促进队伍。

国际篇

中国美国商会、中国欧盟商会、中国日本商会每年都会针对在华的本国企业进行商务环境调查，并出具相关报告，以反映中国发展的机遇、投资环境的改善以及美国企业、欧盟企业、日本企业在华经营面临的问题，并对我国政府提出有针对性的建议。尽管相关机构站在本国立场上提出的部分问题或建议有一定的偏颇，但在相当大程度上也反映出我国投资环境取得的积极成效以及存在的问题。因此，本部分的研究主要梳理中国美国商会、中国欧盟商会、中国日本商会发布的相关调查和报告，分析跨国公司对我国投资环境的基本评价以及提出的意见和建议。以问题为导向，着力解决跨国公司在华投资或经营面临的共性问题，这是新阶段我国实现稳外资的重要路径。

第十章 中国美国商会对中国投资环境的评价及建议

一 中国市场对美国企业保持较大吸引力

（一）中国投资环境不断完善

近年来，我国加快市场开放，不断完善营商环境，外资企业在华经营的获得感也不断增强。这点也可以从中国美国商会的调查中得到体现，2016~2020年，在华经营的美国企业认为中国投资环境"有所改进"的比例不断上升，从24%升至50%，而认为投资环境"有所恶化"的比例不断下降，从31%降为12%（见图10-1）。

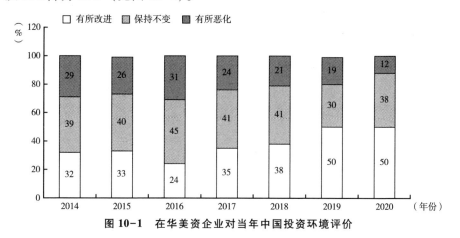

图 10-1 在华美资企业对当年中国投资环境评价

资料来源：中国美国商会《2021中国商务环境调查报告》，2021。

另外，从历年中国美国商会发布的《美国企业在中国白皮书》中提出的主要建议一览表来看，在头一年针对中国政府提出的建议，在第二年其中的大部分建议会有积极进展。如 2020 年发布的白皮书中，中国美国商会在农业、汽车制造、金融、保险、民用航空、竞争法规、合规、海关、直销、教育、环境、快递服务、政府采购、医疗卫生、高科技贸易促进和出口管制、人力资源、信息和通信技术及网络安全、知识产权、投资政策、法律服务、机械制造、文化、能源和电力、零售和电商、房地产、标准及合格评定、税收政策、签证政策、安全生产与应急管理等领域以及针对东北、上海、天津、西南、武汉等地区总计提出了 48 条具体建议，从 2021 年的白皮书中可以看到，2020 年提出的 48 条建议中只有 13 条进展缓慢，其余建议都有所进展或进展明显。这也充分反映出中国政府秉持开放的态度，积极采纳外国商协会的意见和建议，推动国内投资环境的不断完善。

（二）市场成为美国企业投资中国的主要因素

对于美国企业来说，在华投资最大吸引力就是中国市场的机遇。中国美国商会发布的《2021 中国商务环境调查报告》显示，对中国国内市场快速增长抱有信心、将中国市场作为战略重点是美资企业增加在华投资的关键因素。调查显示，75% 的受访企业对未来两年中国市场实现增长和中国经济复苏抱有乐观态度；61% 的受访企业持续将中国视为前三大投资目的地，这一比例比 2017 年的调查高出 5 个百分点，并对中国政府向跨国公司进一步开放市场充满信心。对于技术和其他研发行业、工业和资源行业、消费行业来说，国内消费增长、中产阶层规模扩大和收入提高都是企业在华经营面临的第一大机遇。对于服务行业来说，中国公司的全球化和境外投资的增长成为其在华经营的第一大机遇，国内消费增长、中产阶层规模扩大和收入提高是第三大机遇。此外，持续的经济和市场改革以及城镇化和对基础设施的持续投资也是在华美资企业比较看重的。比较特别的是，对于技术和研发类行业，数字技术的重要性开始不断显现。对于消费行业来说，国内消费者对外国品牌和高品质产品日益增长的需求也是其在华经营面临的重大机遇（见表 10-1）。

表 10-1 美资企业在华经营面临的前三大重要机遇

技术和其他行业	工业和资源行业	消费行业	服务行业
国内消费增长、中产阶层规模扩大和收入提高（48%）	国内消费增长、中产阶层规模扩大和收入提高（44%）	国内消费增长、中产阶层规模扩大和收入提高（74%）	中国公司的全球化和境外投资增长（51%）
持续的经济和市场改革（40%）	城镇化和对基础设施投资的持续支持（39%）	消费者对外国品牌和高品质产品日益增长的需求（55%）	持续的经济和市场改革（48%）
数字技术（如人工智能、云端管理和5G、物联网）（40%）	持续的经济和市场改革（37%）	持续的经济和市场改革（36%）	国内消费增长、中产阶层规模扩大和收入提高（42%）

资料来源：中国美国商会《2021 中国商务环境调查报告》，2021。

尽管疫情及中美经贸关系日益紧张显现了供应链风险和供应链的脆弱性，但绝大部分企业并未有将企业的生产和采购进行重大调整的计划，83%的受访企业表示它们并没有考虑将生产或采购转移至中国以外的地区。

二 美国企业在华投资面临的主要问题

（一）美国企业在华经营的主要挑战

从 2017~2021 年美资企业在华经营面临的重要挑战变化看，劳动力成本的增加、法律法规不明确或执行不一致以及中国私企竞争加剧依旧位列 2021 年面临的前五大挑战之内。但中美关系日益紧张从 2019 年和 2020 年位列第三的挑战上升为 2021 年的第一大挑战，说明中美关系日益紧张对美资企业在华经营的负面影响不断显现（见表 10-2）。

与此同时，随着数字技术和数字经济的快速发展，2021 年对数据安全的顾虑首次上升为美资企业在华经营的第五大挑战。此外，监管合规风险、中国贸易保护主义不断升级、互联网接入服务产品质量/审查制度、难以获得所需许可证、侵犯知识产权行为都进入前十大挑战。其中，互联网接入服

务产品质量/审查制度、侵犯知识产权行为也是 2021 年首次进入前十大
挑战。

表 10-2　2017～2021 年美资企业在华经营面临的前五大重要挑战变化

排名	2017 年	2018 年	2019 年	2020 年	2021 年
1	法律法规不明确或执行不一致（58%）	法律法规不明确或执行不一致（60%）	法律法规不明确或执行不一致（55%）	劳动力成本增加（45%）	中美关系日益紧张（78%）
2	劳动力成本增加（58%）	劳动力成本增加（56%）	劳动力成本增加（48%）	法律法规不明确或执行不一致（41%）	劳动力成本增加（40%）
3	中国贸易保护主义不断升级（32%）	监管合规风险（37%）	中美关系日益紧张（45%）	中美关系日益紧张（41%）	法律法规不明确或执行不一致（37%）
4	缺乏合格的管理人员（30%）	缺乏合作的员工（32%）	中国私企竞争加剧（58%）	监管合规风险（23%）	中国私企竞争加剧（33%）
5	获得相关许可证件困难（29%）	中国贸易保护主义不断升级（32%）	缺乏合格的管理人员（28%）	缺乏合格的管理人员（23%）	对数据安全的顾虑（26%）

资料来源：中国美国商会《2021 中国商务环境调查报告》，2021。

　　从技术和研发行业、工业和资源行业、消费行业、服务行业四类不同行
业的企业来说，除了第一大挑战都是中美关系日益紧张外，其他四大挑战有
差距，如对于技术和研发企业来说，由于中国"十四五"规划中强调自主
创新，在华美资研发企业担心被排除在本土创新及相关产业政策之外，同时
对数据安全的顾虑也位列第五。对于消费行业的企业来说，缺乏合格的员工
和获得相关许可证件困难是在华经营面临的重要挑战。对于服务企业来说，
网络连接质量和（或）审查屏蔽以及对数据安全的顾虑也成为其在华经营
的重要挑战（见表 10-3）。

表 10-3　美资企业在华经营面临的前五大重要挑战

技术和研发行业	工业和资源行业	消费行业	服务行业
中美关系日益紧张（65%）	中美关系日益紧张（62%）	中美关系日益紧张（51%）	中美关系日益紧张（76%）
中国私企竞争加剧（37%）	劳动力成本增加（38%）	劳动力成本增加（43%）	法律法规不明确或执行不一致（37%）
中国贸易保护主义不断升级（34%）	中国私企竞争加剧（35%）	法律法规不明确或执行不一致（29%）	劳动力成本增加（33%）
本土创新和其他产业政策（32%）	中国对美国商品加征关税（29%）	缺乏合格的员工（28%）	网络连接质量和（或）审查屏蔽（26%）
对数据安全的顾虑（32%）	法律法规和（或）执行不一致/不明确（27%）	获得相关许可证件困难（25%）	对数据安全的顾虑（25%）

资料来源：中国美国商会《2021 中国商务环境调查报告》，2021。

（二）在华创新面临的主要障碍

超过半数的美资企业认为中国在数字技术运用方面处于领先地位，所以 87%的企业将创新列为公司在中国发展的重中之重。从中国美国商会的调查来看，美资企业在中国创新面临的主要障碍有：中美技术脱钩的担忧（23%）、网络安全相关政策的限制性增加（19%）以及知识产权保护的不足（17%）。[①]

（三）通关问题

在华美资企业反映我国通关方面遇到的问题主要如下。一是通关开箱查验方面。对于特殊产品，如防尘防静电货物或鲜活产品，海关允许在经进出口收发货人或其代理人申请，经海关审核同意，在指定时间到工厂、仓库等指定地点对货物进行检查和批准。但在实际操作中，各个口岸受各方面限制，实施的标准并不相同，有些口岸由于人力不足，指派专人到指定场所查

---

① 中国美国商会：《2021 美国企业在中国白皮书》，2021，第 87 页。

验耗时较长，从而引发货物损坏或产生时间成本。二是对于距离口岸海关较远的出口商容易增加成本。由于口岸海关在实施查验时，需要出口商派员工在查验口岸对出口货物进行说明，从而人为增加了出口商的成本。三是中国海关为了便利企业，提高通关效率，实施了"两段准入"的监管，在该模式下，海关对有检验要求的货物实施目的地检验。但是在执行过程中，受人员配置等影响，有些目的地海关无法及时安排查验，导致货物在运送到目的地后需要等待安排查验，从而造成进口商货物积压，增加运营成本。[①]

（四）投资政策问题

一是新的《外商投资法》及其实施条例明确了平等对待外商投资企业并加大对外商投资企业的保护，但是由于相对原则，缺乏更详细的指南、意见和解释，地方政府在具体实施落地时具有较大的自由裁量权，从而在很大程度上产生法律法规执行不一致的问题。二是外商投资负面清单的不断缩减给外资企业在华经营提供了更大机遇，但是由于行业监管机构拥有较大的自由裁量权以及审批决策过程缺乏透明度，外商企业在实际获取相关许可证件和执照方面面临较大挑战。三是《外商投资国家安全审查制度》不断完善，但也存在一些问题，包括国家安全的定义较为宽泛、审查交易行业的"重要"标准不明确等。四是《不可靠实体清单规定》以及《阻断外国法律与措施不当域外适用办法》的出台使在华美国企业产生担心和顾虑。

（五）标准问题

尽管中国政府和行业更多采纳国家标准，约75%的中国国内标准（国际或强制性国家标准）源自或采用 ISO、IEC 或 ITU 标准[②]，中国的监管机构也越来越多参与到国际标准制定机构的活动中。但是标准制定过程中依旧

---

① 中国美国商会：《2021 美国企业在中国白皮书》，2021，第 87 页。
② 中国美国商会：《2021 美国企业在中国白皮书》，2021，第 185 页。

存在无正当理由并未将国际标准全部或部分作为国家或行业标准导致标准存在重复和不一致问题。而国内标准与国际标准的不一致导致产品和技术进口的障碍，也阻碍了中国国内产品和技术更好地走向国际。此外，中国标准制定过程的透明度还须不断提高。

（六）签证问题

一是对 60 岁以上外籍员工获发工作许可有条件要求。比如，对于 A 类工作许可，有些地区规定必须有补充医疗保险和意外伤害保险，B 类工作许可持有者须当地政府逐一审批。二是应届毕业生获取工作许可有难度。由于申请在华工作许可证必须有两年工作经验要求，应届毕业生获取工作许可有难度。中国已经开始在上海等地试点，给外籍应届生颁发工作许可。但是在其他地区还有难度。三是签证程序标准统一的问题。如对于外籍员工申请工作许可证，各地存在要求提交的证明材料不一致、落地签证不同的入境口岸实施的入境流程不一致以及 R 类人才签证各试点地区审批标准不一致等问题。

（七）重点行业主要问题

1. 农业

由于美国农业现代化水平较高，因此，种业领域对外资无市场准入限制，美资企业也希望中国对种业放宽市场准入限制，但中国对小麦、玉米新品种选和种子的生产还有中方股比不低于 34% 的限制。同时根据国内法律规定，在中国登记国际生产的农药，外资企业必须委托由农业农村部认定的法定实体在中国进行登记测试。中国并未加入国际上的农药登记互认体系，要求所有的登记测试必须在境内进行。[①]

2. 汽车制造领域

由于汽车产品研发、生产的周期长，因此政策的发布出台应该预留给企

---

① 中国美国商会：《2021 美国企业在中国白皮书》，2021，第 233 页。

业足够的调整期，但目前中国国内每年调整新能源补贴政策，并且政策发布后立即实施，人为增加了企业运营成本。同时由于汽车行业的监管部门包括发展改革委、工信、生态环境等众多部门，政出多门以及地方执行标准的不一致也给企业在华经营带来了挑战。

3. 服务业

（1）银行和资本市场。由于外资银行和内资银行经营模式的不同，中国国内出台的相关监管政策可能对外资银行的经营产生制约。如外资银行在境内的资产相对较小，金融交易比贷款更为活跃，而且更加依赖离岸融资和流动性。中国银保监会为了防范国内银行风险，加强对跨境信用的管理，明确在岸跨境信用服务和集团/关联公司内部交易的上限为净资本的25%，由于外资银行在岸子公司持有的净资本额有限，因此这一规定对外资银行业务的开展产生了负面影响。

（2）环境。"一刀切"的执法给合规企业带来了负担。如在严重污染期或某些重大活动期间，要求某些行业的所有工厂无论其环保标准是否达标都必须限产或停产。

（3）快递。一是不同的地方对国际快递业务经营许可的具体要求存在差距，包括审批的具体要求、审核判定的尺度以及对相关规定的解读都存在差异，给企业经营带来困扰。二是企业取得的国际快递业务经营许可范围只限定在省级层面。

（4）医疗。在医疗领域对外国投资者有限制，如股比限制，最高股比仅为70%，外商投资医院开设医院和诊所的分支机构，要求必须单独注册。同时由于外国人工作许可只能发给一家企业或机构，即使同一个投资者拥有多个医疗机构，但其聘用的外国医生也只能在一家机构工作，不能在不同医疗机构间自由流动。中国药品数据保护有待进一步与国际接轨。根据《药品管理法实施条例》，对新型化学成分药品实施6年的数据保护期。欧洲为新药（化学药和生物制品）提供8年数据独占期以及2年市场独占期，如果在数据独占期8年中有新的具有显著临床效益的适应证获批，市场独占期可再延长1年。美国为新适应证等新的临床探索提供独立的数据保护期，并将生物创新药的数据保护期进一步延长至 12 年。[①]

（5）信息通信。云计算属于增值电信业务，归于"互联网资源协作服务"项下，在国内是禁止外资企业投资的领域。同时，中国对跨境数据流动的限制过于宽泛。

（6）保险。目前允许通过互联网销售的保险范围十分有限。同时，由于经营范围的许可限制，外商投资保险经纪公司还无法在网上开展业务。尽管寿险已经全面取消了对外资的限制，但在企业年金和职业年金方面的管理许可限制非常严格。而且在实际操作中，严格复杂的审批程序也让外资保险机构在申请设立分支机构较为困难。

（7）法律。外资设立的组织形式仅限于代表处，业务方面不能提供与中国法律相关的咨询。同时中国执业律师加入外国律师事务所，必须放弃中国执照。

（8）文化。中国针对影视剧的制作、发行以及网络视听节目都有较严格的准入限制。同时，也对境外节目在国内有播出总时长和时段的限制。此外，在文化领域的知识产权保护还有待进一步提升。

三　对中国政府的主要建议

（一）总体建议

根据中国美国商会的调查显示，美资企业希望中国政府在以下方面提供更好的投资环境：一是确保美国企业在中国的公平竞争环境（34%）；二是进一步向外资开放市场，明确时间表（26%）；三是在中美关系日益紧张的环境下，避免使用激进的言辞和采取针锋相对的行动（24%）；四是确保中央、省级和地市三级业务政策的一致性（24%）；五是确保为外资企业提供

---

① 中国美国商会：《2021 美国企业在中国白皮书》，2021，第 367 页。

开诚布公的、及时的建言献策渠道（21%）；六是积极与外国商界接触（20%）（见图10-2）。

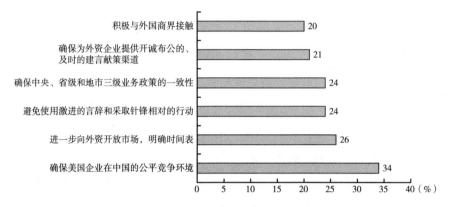

图10-2　美资企业希望中国政府采取的行动

资料来源：中国美国商会，《2021中国商务环境调查报告》，2021。

对于美资企业最为看重的"国民待遇"以及公平竞争的环境，《2021美国企业在中国白皮书》中有以下具体建议。一是在云计算等领域实现对外商投资企业的对等开放。二是放宽市场准入的同时，应为所有企业提供公平的市场环境，并在内部指导意见中放弃暗示用国产同等服务或产品取代外国产品或服务。三是加快废除对外国企业、产品及服务有歧视的法律法规、审批程序、采购要求以及执法活动等。四是对于重大的改革承诺应有明确的要求、时间表以及监督机制，保障法律和监管框架的稳定调整以及公正执行。同时加大各部委之间政策制定、政策实施和执行的协调一致。五是进一步明确或缩小国家安全审查和"安全可供"技术要求的适用范围，防止泛化和滥用。

（二）具体建议

1.重大政策发布和实施要求

在重大政策法规正式生效实施前能提前进行公示，并充分听取各方意见及建议。重大政策发布时，应该视具体情况给予企业3～6个月的准备期以准备和应对任何变化。

2. 海关程序

进一步减少开箱查验频次，尤其是对于信用等级较高的企业，利用大数据加大风险监管。建议保持企业所在城市海关查验机制，企业可自主选择在所在城市海关还是口岸海关进行查验。此外，也建议在"两段准入"监管模式下，在目的地海关资源不足的情况下，进口企业可自主选择在入境口岸或目的地口岸进行货物查验。

3. 投资政策

建议出台《外商投资法》相关的指南、意见或解释，给地方政府提供更好的实施指引，以减少各地政策法规实施不一致给外资企业带来的负担。同时进一步缩减外商投资负面清单和市场准入负面清单，提高行业监管部门政策执行的透明度，缩减过于宽泛的自由裁量权。进一步细化国家安全的范围，明确国家安全审查交易行业的"重要"标准。

4. 标准

建议中国国内标准制定时，尽可能采用国际标准，同时在制定标准时，提高透明度，并在标准实施时给予 60 天的过渡期。

5. 签证

建议放宽对外籍员工获取工作许可的年龄限制，同时建议在全国推行给外籍应届生签发工作许可的相关政策，进一步优化人才签证审批流程，统一交材料的要求以及审批标准和流程。

6. 具体产业

（1）农业。建议进一步放宽种业对外资股比限制，建议特定区域如海南率先放宽对种业的限制。推动中国加入农药登记数据互认体系，如OECD，允许提交在其他国家或地区的登记申请，并不断简化进口安全审批手续。

（2）汽车。建议政府至少提前三年制定并公布与汽车产品相关的政策，让企业有足够的过渡期来适应新政策，做出产业调整。同时建议，建立跨部门和跨地区的协调机制，建立一致性的政策环境。

（3）银行和资本市场。建议充分考虑外资银行在华经营的特点，对内外资银行实施差别化监管。进一步放宽外资银行申请相关业务的牌照或许可，如进口黄金的许可及担任公司债券主承销商许可等。

（4）环境。进一步细化行业能耗指标，避免"一刀切"执法。确保为企业提供合理的过渡期来实施碳排放交易，且碳排放信用评分应以行业为基准。

（5）快递。建议行业主管部门从国家层面进一步细化国际快递经营许可审批的具体要求，推动形成地方一致性的审批要求。推动国家快递经营许可的地域范围从省级推广到地市。

（6）医疗。进一步放宽外资准入限制，允许外资医院直接设立分支机构和诊所，并允许外国医生在国内多点行医。建议中国对标国际标准，进一步延长在中国境内获批上市的新药数据保护期。

（7）信息通信。放宽对外资在云服务领域的限制，有效平衡隐私保护需求和合规成本，积极推动数据跨境流动。

（8）保险。建议扩大网上销售的保险产品范围，如分红险产品等。同时允许外资保险经纪机构拓展经营范围，以便其在网上开展业务。建议建立一套清晰透明且平等对待所有公司的许可申请审批程序，允许外资企业发挥优势，能够为中国提供更多的退休金产品和养老金产品。优化审批流程，加快外资保险机构分支机构的审批进度。

（9）法律。建议进一步放开法律领域的限制，减少歧视性对待。

第十一章 中国欧盟商会对中国投资
环境的评价及建议

一 欧盟企业对中国经济增长前景乐观

（一）对中国市场保持信心

中国欧盟商会发布的《商业信心调查 2021》显示，2021 年接受调查的在华欧洲企业对中国未来两年经济增长前景乐观，68% 的企业表示非常乐观，比 2020 年增长 20 个百分点，充分反映出欧洲企业对中国市场的信心（见图 11-1）。

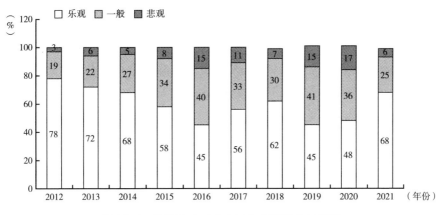

图 11-1 欧洲企业对未来两年中国的前景调查

资料来源：中国欧盟商会《商业信心调查 2021》，2021。

（二）将进一步深耕中国市场

与此同时，欧洲企业进一步深耕中国市场，2021 年明确扩大在华经营的比重提升至59%，比上年提高了 8 个百分点（见图 11-2）。同时欧洲企业纷纷提高其在合资企业中的份额，将供应链迁入中国。中国欧盟商会的调查显示，在华设立合资企业的欧洲企业中，超过 70% 的企业表示，2020 年受中国市场开放的影响，将合资企业转为外商独资企业。①

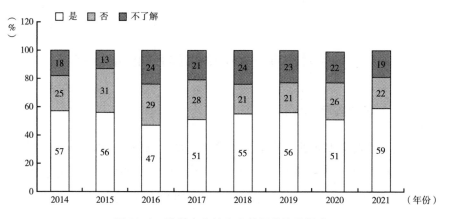

图 11-2　欧洲企业扩大在华经营比重调查

资料来源：中国欧盟商会，《商业信心调查 2021》，2021。

同时，欧洲企业考虑将现有或计划内对华投资转移到其他国家或地区的比例创近十年的新低，仅为 9%，比 2020 年下降 2 个百分点，比 2012 年下降 13 个百分点，这在一定程度上反映出疫情下中国市场成了跨国公司的避风港（见图 11-3）。

二　欧洲企业在华经营面临的主要挑战

疫情下，欧洲企业在华经营面临的主要挑战有宏观经济风险、监管风

---

① 中国欧盟商会：《商业信心调查 2021》，2021，第 12~13 页。

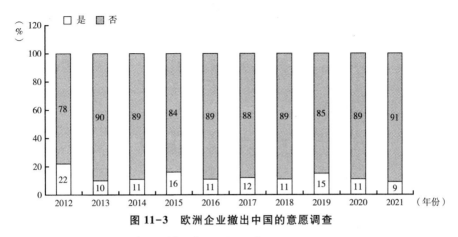

图 11-3　欧洲企业撤出中国的意愿调查

资料来源：中国欧盟商会，《商业信心调查 2021》，2021。

险、经营风险以及其他风险。宏观经济风险包括疫情引发的全球经济和中国经济增速放缓以及不断激化的中美贸易摩擦、中国市场准入壁垒和投资限制、中国产能过剩；监管风险包括模糊不清的法律、注册和认证规定、自由裁量式执法；经营风险包括劳动力成本上涨、人才吸引和留用、中国国有企业的竞争、原材料和商品价格上涨、缺乏合格的人员；其他风险来自中国本土私营企业的竞争、与不合规的竞争对手展开竞争以及经济民族主义。受疫情影响，中国欧盟商会发布的《商业信心调查 2021》显示，欧洲企业在华经营面临的前三大挑战是新冠肺炎疫情、全球经济放缓以及中美贸易摩擦。从中国国内方面看，以下挑战是欧洲企业长期关注的。

（一）市场准入限制

中国欧盟商会发布的《商业信心调查 2021》显示，在接受调查的受访企业中，有 45% 的欧洲企业反映，2020 年因市场准入限制和监管壁垒错失了商机。2016~2020 年，这一比例几乎没有变化。而在制药、建筑、法律和物流行业错失商机最多，制药行业比例达 78%，建筑领域为 75%，法律和物流行业都是 65%。[①]

---

①　中国欧盟商会：《商业信心调查 2021》，2021，第 18~19 页。

市场准入限制包括在负面清单上的直接限制，也包括烦琐的行政审批要求、获取经营许可证的障碍等间接壁垒。从对在华经营的欧洲企业的调查来看，遇到的间接准入壁垒是直接准入限制的三倍。①

（二）不公正对待

尽管外资企业在中国经营过程中面临的市场环境不断完善，2021年的调查显示，仍有39%的企业认为，相比本土企业，外资企业受到了不公平的待遇。② 不公正待遇当中，市场准入最为明显，其次分别是注册牌照（产品和服务许可）、补贴、税务问题、国家安全问题以及各类执法等（见图11-4）。

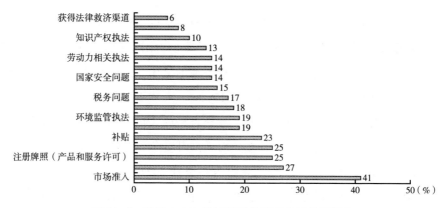

图11-4　欧洲企业在华经营面临的不公正待遇调查

资料来源：中国欧盟商会，《商业信心调查2021》，2021。

（三）自由裁量式的执法

近2/3（63%）的企业反映不同政府机构对同一法律法规制度有不同的解读，超过一半以上（56%）的企业反映不同地区的政府对法律法规的解

---

① 中国欧盟商会：《商业信心调查2021》，2021，第21页。
② 中国欧盟商会：《商业信心调查2021》，2021，第24页。

读也不同，近50%（49%）的企业反映法律法规的解释因时间不同也出现不一致。① 而导致政府自由裁量式执法的核心就是现有法律法规的模糊和不明确。

（四）知识产权执法不足

尽管中国知识产权保护立法取得明显改善，但是欧洲企业认为中国的知识产权执法力度不足，导致企业不愿意将最新技术引进中国。如知识产权侵权案件的赔偿通常与造成的损害或损失不成比例，商业秘密侵权缺乏严格的刑事责任等。

（五）重点领域的主要问题

1. 农业

中国对外资进入种业有股比限制，并禁止外商投资转基因品种选育和种子、种苗的生产。同时，欧洲企业反映，中国是世界上少数不接受农药登记数据互认、并且要求在国内进行所有登记监测的国家之一②，这明显增加了外资企业的负担。

2. 汽车

由于汽车研发、生产制造的长周期和高成本，制造商需要较为明确的长期政策，如新能源汽车产品上市前很多年企业就需要做出产品决策，而国内新能源政策多变以及政策缺乏透明度，如补贴政策多变、新技术要求缺乏透明度等，都将给企业经营带来较大的市场不确定性。

3. 轨道交通

受日益复杂的国际环境的影响，中国更加强调产业链供应链的安全，因此在包括铁路、城轨、地铁等在内的轨道交通领域更加强调技术的安全可控。在执行技术的安全可控过程中，容易将外商独资企业以及外资控股企业

---

① 中国欧盟商会：《商业信心调查2021》，2021，第30页。
② 中国欧盟商会：《欧盟企业在中国建议书2021/2022》，2021，第147页。

排除在外，无法与本土企业公平竞争，这点在铁路、城轨和地铁新建以及后续的服务项目中较为常见。同时，在轨道交通标准制定中，外资企业通常也无法享受与内资企业平等参与的机会。

4. 化工

随着环保督查和相关执法的加强，部分环保合规的石化工厂由于冬季防霾或举办重大活动等频繁接到政府部门要求减产或停产的要求。同时受一些化工园区爆炸事件或者相关流域保护的影响，周边的化工厂被迫停产或搬迁，对整个行业生产和原材料供应链产生较大破坏。

5. 环境

地方政府为了短期目标而采取的环保执法行动缺乏统一性和规范性，而且可预测性也较差。同时，环保执法过程中容易"一刀切"，给符合环保标准的企业增加负担。

6. 法律

中国法律服务领域存在较多限制，包括设立形式的限制、提供法律服务内容的限制等。例如，外国律师事务所聘用中国执业律师，执业资质将会被暂停；外国律师不允许成为中资律师事务所的合伙人；外国律师在中国注册的程序比较烦琐，等等。

7. 医疗

欧洲企业反映，尽管中国的《药品管理法实施条例》明确对含有新型化学成分药品的试验数据设置了6年的保护期，但在实际执行过程中，缺乏相关机制来保护创新制药公司的安全和疗效数据。[1]

8. 电信

中国对增值电信业务有外资股比限制。同时，数据本地化、数据安全和网络安全方面烦琐而含糊的要求都会增加欧洲企业在华经营成本和挑战。例如，数据保护存在多个监管机构，公安机构、国家安全机构在各自的职责范围内承担数据安全监察职责，行业主管部门和国家网信部门也享有监督管理

---

[1] 中国欧盟商会：《欧盟企业在中国建议书2021/2022》，2021，第250页。

权，都容易导致政出多门、执法的不一致。

9. 海关及运输

中国为了进一步提高进口通关效率，在全国推广了"两步"申报模式，但实施过程中，"两步"申报也面临一些问题，包括第一步申报材料和流程过于烦琐。同时，"两步"申报明确，在第二步申报未完成前，通过第一步的货物不得使用或消费，此外还要求"两步"申报进程不一致的货物分开存放。

当前，中国法律并未对国际快递业务经营许可的地域范围做出明确规定。

海运中有市场准入限制，国际捎带运输业务在自贸试验区允许悬挂外旗且由中资企业所有的船舶开展，不允许悬挂外旗但由外资企业所有的船舶开展；其他地方只允许中资企业运营的悬挂中国国旗的船舶完成。

10. 金融

外资银行分行和支行申请手续繁杂，且透明度不够，同时也缺乏退出机制，导致不盈利的分行或支行不能退市。从保险行业看，和外资银行面临同样问题的是，外资机构在中国设立保险公司面临烦琐行政审批程序的挑战。而且外资企业申请保险牌照较为困难，例如，提交了申请材料，但没有获得政府的受理通知书，也没有在规定的时限内获得批准，也并未对申请人解释原因。同时，在实际操作中，外资保险公司每年只能申请一个省的保险执照，导致外资保险公司网络扩张较为缓慢。

三　对中国政府的主要建议

（一）进一步放宽市场准入限制

进一步完善负面清单，减少清单上限制或禁止外商投资的领域。进一步优化投资审批以及资格资质、许可证获取等方面的规定和程序，减少投资的间接准入壁垒。进一步明确法律法规中的关键性定义，包括国家安全、关键基础设施等，防止宽泛的定义带来的市场准入壁垒。

（二）给予外资企业国民待遇

全面落实《外商投资法》，在全国范围内不断督促落实并遵循国民待遇原则，特别是在政府采购以及补贴等方面，同时建立并完善高效的外商投诉制度，帮助解决外商投资的歧视问题。

（三）明确法律法规减少自由裁量式执法

建议进一步完善法律法规和执法，统一全国范围内的实施程序和标准，推动法律法规执行的标准化，减少执法的随意性和不一致性。同时在跨境投资审查方面，建议审批和批准程序规定清晰、透明，避免商业政治化，为外商投资提供可预测的商业环境。

（四）进一步加大知识产权保护力度

进一步完善法律法规，发布意见和指南，在知识产权侵权案件中优先考虑按比例赔偿，而非法定赔偿，提高重复或大规模侵权行为的法定赔偿。[①]

（五）重点领域建议

1.农业

建议进一步放宽外商投资小麦和玉米新品种的选育和生产方面的限制，允许外资投资转基因品种选育和种子、种苗的生产。建议进一步加强与经合组织及其成员的沟通，推动中国加入经合组织农药领域框架协议，实现农药领域相互承认数据体系。

2.汽车

建议保证汽车政策的相对稳定性，给予外国投资者平等参与新政策和法规出台及修订过程的机会。统一中央、地方对新能源汽车的政策、法规和额外的测试要求等。

---

① 中国欧盟商会：《欧盟企业在中国建议书 2021/2022》，2021，第 75 页。

3.轨道交通

对外资企业和本土企业一视同仁，认可外资企业的技术是满足国内技术自主可控的要求，在招投标中给予所有企业同等待遇。同时，在轨道交通的标准制定中，给予外资企业与本土企业平等参与的机会，并建议中国标准尽量与国际标准接轨。

4.化工

建议进一步明确企业关停或搬迁的具体规则和标准，给予利益相关者充足的期限，并保障执行的公正和透明，以降低企业相关成本以及对化工供应链造成的负面影响。

5.环境

增加《环境保护法》及相关地方法律法规执法的透明度及一致性，同时根据不同的行业类别进行差别性执法，减少"一刀切"。出台环境政策，加大财税激励，促进材料回收和再利用，减少碳排放。

6.法律

建议允许外国律师事务所聘请具有中国执业资格并获得执业许可的律师在非诉讼领域全面执业；只要律师获得授权委托书，允许外资律师事务所的律师全权代表客户办理与中国政府机构的相关事务；进一步放宽限制，允许建立中外合资律师事务所，而不仅仅是联营律师事务所；简化外国律师的注册程序和要求。①

7.医疗

切实落实现行法律法规中规定的新药试验数据保护制度，进一步完善法律法规修订和细则。

8.电信

建议进一步放宽外资在增值电信领域的限制，尤其是在互联网资源协作服务、国内互联网虚拟专用网、互联网接入服务、在线数据处理和交易处理

---

① 中国欧盟商会：《欧盟企业在中国建议书 2021/2022》，2021，第 105 页。

以及信息服务等方面推动更多的外资企业获得业务许可。[①] 进一步明确法律法规，从严从紧定义"国家安全"和"关键信息基础设施"等概念，并与"商业安全"明确区分。[②] 同时确保网络安全立法和执法的透明度、一致性、非歧视性和适度性。[③]

9. 海关及运输

建议允许进口货物两种申报模式共存；企业根据自身需求自主选择申报模式。简化"第一步"申报要素和所需文件；允许企业在第二步申报过程中对第一步申报有误的数据和材料重新提交；允许企业使用或消费完成第一步申报但未完成第二步申报的货物。[④] 除高风险货物外，推动其他货物进出口在国际贸易"单一窗口"实现全面无纸化申报。

建议进一步明确国际快递许可地域范围从省级层面进一步调整到地市层面，地方层面应出台相关政策，推动经营范围的扩展。

建议通过指定口岸，允许挂牌外旗的外资企业所有的船舶开展国际捎带运输业务试点。

10. 金融

建议允许外资银行同时提交多个分行和支行的申请，进一步完善和明确银行的退出机制。进一步细化保险执照审批程序，通过法律法规明确要求相关机构在规定时限内发出受理通知书并进行审批，不接受审批应说明原因。进一步放宽限制，允许外资保险公司不受省份数量的限制，能够同时申请多个分支机构执照。

---

① 中国欧盟商会：《欧盟企业在中国建议书 2021/2022》，2021，第 291 页。
② 中国欧盟商会：《欧盟企业在中国建议书 2021/2022》，2021，第 301 页。
③ 中国欧盟商会：《欧盟企业在中国建议书 2021/2022》，2021，第 304 页。
④ 中国欧盟商会：《欧盟企业在中国建议书 2021/2022》，2021，第 342~409 页。

第十二章　中国日本商会对中国投资
环境的评价及建议

一　日本企业对在华经营保持信心

（一）日本企业对中国市场的期望不断上升

日本贸易振兴机构针对在主要国家投资的日本企业 2020 年的整体营业利润调查显示，2020 年预测盈利的企业仅为 48.9%，而上一年的数据为 65.5%，下降 16.6 个百分点。显示疫情对日本企业在全球经营产生了较为明显的负面影响，盈利企业比例呈现大幅下降。与此同时，2020 年在华经营的日本企业盈利的比例高达 63.5%，比上一年仅下降 5 个百分点，盈利企业比例远高于日本企业在全球的平均比例。这反映出疫情对在华日本企业的经营负面影响有限，表明中国经济发展的韧性和潜力，日本企业对在华经营的期望不降反升。

（二）绝大部分日资企业并无打算从中国市场撤离

日本贸易振兴机构针对日资企业是否会因为疫情以及贸易环境的变化而调整在华的生产基地的意向调查显示：92.8% 的企业明确"并无此计划"，只有 7.2% 的企业表明"有此计划"。同时，对于"未来 1~3 年是否有计划进一步扩大在所在国家和地区的本土采购规模"的调查上，90.4% 在中国经营的日资企业持肯定态度，这个比例也远高于在亚太地区的平均值（74.8%）。

二 日本企业在华经营面临的主要挑战

（一）疫情及中美贸易摩擦对在华日资企业造成较大挑战

疫情对日本企业海外投资产生了严重的负面影响，在华日资企业也不可避免。JETRO 的调查显示，2020 年在华经营的日资企业亏损比例上升至19.5%，比上年提升了 6.3 个百分点。同时，中美贸易摩擦的不断加剧也增加了在华日资企业的经营风险。一方面，中美两国之间对进出口货物加征关税直接增加了在华日资企业的成本；另一方面，在中美贸易摩擦加剧的背景下，为了保障本国经济安全，中国政府出台了《不可靠实体清单规定》《出口管制法》《阻断外国法律与措施不当域外适用办法》等，在法律法规的执行上，在华日资企业也担心不可避免地会被波及。

（二）工资等成本上涨以及环保等监管问题成为日资企业在华经营主要风险

根据日本贸易振兴机构开展的日本企业调查显示，日本企业在华经营面临的前十大问题中，排在前三的分别是员工工资上涨、环保监管更加严格以及成本削减接近极限（见表 12-1）。

表 12-1　在华日本企业面临的经营问题

单位：%

排名	挑战	2020 年调查	2019 年调查	增减
1	员工工资上涨	63.3	73.7	-10.4
2	环保监管更加严格	46.7	43.5	3.2
3	成本削减接近极限	46.1	42.1	4.0
4	竞争对手崛起	44.8	50.0	-5.2
5	新顾客开拓停滞	42.0	41.4	0.6
6	客户订单量减少	40.8	36.4	4.4
7	主要客户要求降价	40.4	39.8	0.6

排名	挑战	2020 年调查	2019 年调查	增减
8	员工素质	39.3	44.0	- 4.7
9	采购成本上涨	36.8	47.5	-10.7
10	质量管理困难	35.0	42.4	-7.4

资料来源：JETRO《2020 年度亚洲、大洋洲日资企业实况调查》，2020。

（三）投资问题

法律法规不完善。一是《外商投资法》相关配套法律法规不完善。《外商投资法》及其实施细则明确规定，2025 年 1 月 1 日前完成企业组织形式和组织机构的调整，但并未出台相应的实施细则，导致企业的中长期业务发展受到影响。二是新近修订或出台的法律法规有待完善。例如，2020 年实施的《不可靠实体清单规定》中明确对"危害中国国家主权、安全、发展利益"等行为做出处罚，但由于概念笼统、不明确，有可能出现执行过程中相关概念被泛化；2021 年实施的《阻断外国法律与措施不当域外适用办法》以及《外商投资安全审查办法》中的"不当域外适用情况""重要基础设施""关键技术"等概念也都不够明确，导致外资企业在华开展业务的可预见性大幅削弱。

法律法规等制度执行过程不透明。新的《外商投资法》颁布实施以来，中国政府进一步加大对外商投资企业的保护，积极给予外资企业国民待遇，为外资企业在华经营创造了较好的环境。但落地过程中，在华日资企业反映，由于与投资相关的法律法规等在执行过程的公开透明度不够，外资企业在华经营面临风险。

（四）知识产权问题

2020 年对于中国而言，是知识产权的"变革之年"。以中国与美国签署的第一阶段经贸协议为契机，中国加快推动知识产权法律法规以及执行的完善，切实加大了对知识产权的保护。当然，在外资企业看来，中国知识产权仍有进一步完善的空间，主要表现在：相比假冒伪劣产品带来的侵权后果，其制裁力度仍显不足；知识产权相关部门间缺乏协调合作，信息共享机制不完善；实用新型专利权以及外观设计专利权无须经过实质审查便可注册，容易导致大量无效专利被保护、专利被滥用，从而给关联第三方带来巨大损失和负担。[①]

（五）环保问题

中国逐步加大了对环境保护和环境执法的力度，但在环境执法中还面临一些较为突出的问题：一是环境执法过程中存在随意现象，并且对内外资企业区别对待；二是存在突击式环境检查，并且存在没有明确理由的情况下要求工厂临时停工现象，对企业的正常生产经营造成不利影响。日资企业反映，在华东地区，有些地方以当地的城市规划或环保政策为由，在事先没有通知的情况下，下令关停守法经营且在环保、节能、质量、安全方面没有问题的生产工厂和原料矿山。此类关停命令及限制缺乏科学依据，对公正的投资环境造成不良影响。

（六）重点行业领域面临的问题

电信服务。在数据中心、云服务等增值电信业务方面，外资准入受限。

软件服务。由于沿海城市人工成本以及办公租金等快速增长，日资软件企业从沿海向内陆转移趋势明显，但内陆地区缺乏相关人才，需要政府政策支持。

文化创意。这一领域，中国政府对外资的限制包括禁止外资进入电视节目制作领域，限制境外电影、电视剧播放时间等。外资被禁止进入出版业，且只有获得许可的国有企业才能进口国外书籍。进口网络游戏时，必须经由已取得国家新闻出版广电总局核发的网络出版服务许可证且拥有互联网出版服务资格的企业进行。

---

① 中国日本商会：《中国经济与日本企业 2021 年白皮书》，2021，第 69～71 页。

航空运输。办理机场限制区通行证，从申请到核发，大概需要 2 周到 12 个月的时间，且每个地区并没有统一的核发时限。随着 Flight Standards Oversight Program（FSOP）系统（在线申请）的启用，航空公司运输公司业务相关审批效率不断提升。但与其他国家 3~10 个工作日的审核时间相比，中国的审核时间被定为 20 个工作日，审批时限还有较大压缩空间。

养老服务。养老机构为了更好照料失能者，需要执业护士的常驻服务，但从现状看，由于养老服务机构取得医疗许可证条件较高，未持有医疗许可证的养老服务机构不被允许进行执业护士注册以及 5 年一次的执业护士资格的重新注册，养老机构引进执业护士存在障碍。

三　对中国政府的主要建议

（一）投资方面

加大完善《外商投资法》相关配套法律法规，出台外商投资企业组织形式和组织机构调整的实施细则或条例等。进一步明确法律法规中的重要概念，包括对《不可靠实体清单规定》《阻断外国法律与措施不当域外适用办法》《外商投资安全审查办法》中违规行为以及不当域外适用的情况做出具体的界定，进一步明确重要基础设施、关键技术、重要信息技术和互联网产品与服务等概念与范围，避免法律法规在执行过程中将概念泛化，增加外资企业在华经营的不确定性。同时在华日资企业也建议中国政府进一步提高法律法规等制度执行中的透明度，包括统一法律法规等制度的解释与落实；变更法律法规等制度时给企业预留充分的准备时间；简化手续，提高效率；用书面文件回复申请和查询；通过明文规定而非口头方式进行指导和监管。①

（二）知识产权

切实加大对反复实施假冒行为的执法力度，对反复实施假冒行为的处罚

---

① 中国日本商会：《中国经济与日本企业 2021 年白皮书》，2021，第 21 页。

措施进行统一，实施中央及地方市场监管局、海关、公安等机关的处罚信息共享。建议在新型专利和外观设计专利申请时，引入实质审查。

（三）环境保护

日本企业建议中国政府在环境执法过程中对内外资企业一视同仁，因为天气污染而采取的临时性停产措施时，应公布筛选停产企业的客观标准，落实提前通知，避免随意向工厂突然下达停产命令。[①] 建议国家相关部门对各省市因为城市规划或环保等原因的关停实施完善的监督指导。此外，对于政策性关停，应以公正的市场价格给予及时补偿。

（四）重点领域

电信服务。进一步放宽外资准入限制，允许外资进入数据中心、云服务等增值电信领域。对于外资企业开展增值电信业务出台明确的操作指南，包括办理经营许可证须具备的条件及程序等。

软件服务。政府加大支持力度，包括税收优惠、人才支持政策等，充分引导外资企业从沿海地区向内陆地区转移。

文化创意。建议进一步放宽对外资企业以及海外文化创意产品进口、制作、流通、销售的各种限制，减少准入壁垒。不断简化文化创意领域的行政审批手续。

航空运输。建议进一步简化境外航空公司业务相关审批流程，缩短审批时限，特别是对于需要频繁执行紧急运输任务的不定期航班，希望能够优化和简化其审批流程。[②] 统一各地区机场限制区域通行证核发时间，提高发证速度，让员工和工作人员到任后能及时投入工作。

养老服务。建议允许养老服务机构进行执业护士注册以及执业护士资格的重新注册。承认中国公民在日本取得护理专员等资格认证的有效性。

---

① 中国日本商会：《中国经济与日本企业 2021 年白皮书》，2021，第 21 页。
② 中国日本商会：《中国经济与日本企业 2021 年白皮书》，2021，第 239 页。

四　外商关系与中国稳外资方向

（一）中国市场对跨国公司具有强大吸引力

从美国、欧盟、日本等国家或地区在华经营企业的反映来看，越来越多的外资企业将中国的定位从世界工厂转为世界市场，尤其是疫情后，中国经济率先复苏，中国市场成为跨国公司全球投资的避风港。因此，中国市场的重要性不断显现，中国超大市场规模优势是吸收外资的最大优势。

（二）跨国企业在华投资面临共性问题

从跨国公司在华经营面临的挑战和问题来看，主要有以下方面：第一，中美经贸关系的紧张，尤其是美国主导积极推动技术和供应链与中国脱钩，对外资形成了较大挑战；第二，疫情的不断反复形成的人流、物流的限制对全球经济及中国经济的负面影响，对跨国公司在华经营了造成很多困难；第三，中国市场对外开放程度有待提升，如在云服务、数据中心、医疗、文化创意、法律等领域对外商投资还存在较多的准入限制；第四，国内投资环境亟待完善，如大量存在的法律法规执法的不一致、知识产权保护水平有待提升以及在补贴、政府采购、标准制定等方面存在对外资企业的不公正对待等。

（三）中国稳外资的方向

从在华跨国公司对中国政府的建议和诉求来看，我国稳外资的方向主要有对内和对外两大重点。对内分为两个方面：其一，聚焦发展，推动国内经济的稳定增长，稳定并不断增强中国市场对跨国公司的吸引力；其二：聚焦问题，极大优化国内营商环境。针对在华外资企业普遍反映的投资环境问题，出台有针对性的解决办法，包括完善法律法规，出台实施指南和实施意见，统一政策法规实施标准和程序，尽量减少自由裁量式执法；加大知识产权执法力度；在补贴、执法、政府采购、标准制定等方面给予外资公正公平待遇；等等。对外，最核心的是持续扩大对外开放。围绕外资企业关注的重点和敏感领域，减少外资准入限制，放宽外资经营范围；同时，进一步简化并优化审批程序，缩短审批时限，推动相关领域牌照或证照发放的公开透明。

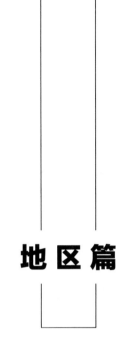

地 区 篇

项目实施期间，正是疫情不断反复的时期，实地走访调研存在困难，课题组积极创新调研方式，通过"云调研"、电话采访等方式收集地方政府稳外资情况。本篇内容根据各省市外资主管部门反馈的资料情况，选取了东中西典型地区，梳理这些地方在稳外资方面采取的有效行动、取得的积极成效、面临的主要问题以及推动进一步稳外资的思路及建议，为全国稳外资提供鲜活案例和参考。

第十三章　广东稳外资经验及思路

"十三五"时期，广东紧紧抓住经济全球化深入发展和国际产业转移步伐加快带来的机遇，努力克服经济下行、中美经贸摩擦、新冠肺炎疫情等的不利影响，扩大外资规模，提高外资质量，有力地促进了全省经济社会发展。

一　外资数量和质量"双提升"

（一）外资规模持续扩大

"十三五"期间，全省新设外商直接投资项目 8.7 万个，是"十二五"时期的 2.7 倍；实际外资 7277.1 亿元，是"十二五"时期的 1.4 倍，年均增长 3.8%。其中，2020 年全省实际使用外商直接投资规模创历史新高达 1620.3 亿元，同比增长 6.5%，2021 年实际外资金额达 1832.6 亿元，同比增长 13.1%。

（二）优质外资项目加速落地

2020 年全省实际到资超 1 亿美元的外资项目达 43 个，实际外资合计 131.0 亿美元，同比增长 3.2%，占全省实际外资的 55.9%。日本东丽高端新材料、西门子变压器智能化工厂、埃克森美孚石油化工综合体、巴斯夫精细化工一体化基地、通用电气海上风电产业园、日本电装华南新工厂等一批标志性项目加快落地建设，其中，巴斯夫精细化工一体化基地、埃克森美孚石油化工综合体均为超百亿美元的外商独资项目，且巴斯夫精细化工一体化基地项目为我国首例重化工行业外商独资项目。

（三）主要经济体对粤投资增势强

"十三五"期间，欧日韩等发达国家或地区、"一带一路"共建国家在粤投资增长迅猛。其中发达国家对粤投资金额达 963.2 亿元，是"十二五"期间的 1.5 倍，年均增长 11.2%，增幅比全省实际外资增幅高 7.4 个百分点；"一带一路"共建国家对粤投资金额达 256.8 亿元，是"十二五"期间的 1.1 倍，年均增长 22.3%，增幅比全省实际外资增幅高 18.5 个百分点。

（四）外资投资行业领域均衡发展

"十三五"期间，全省三次产业实际外资之比为 0.2∶28.3∶71.5，较"十二五"期间的 0.5∶47.2∶52.3 发生了较大的调整。2020 年第二产业实际使用外资为 337.7 亿元，占全省的 20.8%；第三产业实际使用外资从2015 年的 806.5 亿元增长至 2020 年的 1282.3 亿元，年均增速 9.7%，占全省实际使用外资总额的比重由 60.0% 增长至 79.1%，提升了 19.1 个百分点。"十三五"期间，广东实际使用外资前三大行业为制造业、租赁和商务服务业、房地产业。

（五）自贸试验区营商环境持续优化

"十三五"期间，广东自贸试验区改革创新成效显著，在投资开放、贸易便利、金融创新、粤港澳合作、政府管理体制等方面累计形成 527 项制度创新成果，向全省复制推广 133 项改革创新经验，有 41 项在全国复制推广，发布 202 个制度创新案例，有 6 项入选全国最佳实践案例。率先在现代服务业和先进制造业领域大幅放开外资准入，实施全国最短的外商投资负面清单。全面推行商事登记确认制，实现带设计方案建设项目"交地即开工"。全面实施"证照分离"改革试点，并通过直接取消、数据查询、部门核验、告知承诺等方式实施分类改革，打造"无证明自贸区"。率先建立国际贸易"单一窗口"，实现 324 项海关事项"线上办理"，实施进出口"多证合一"，进出口环节监管证件从 86 种压缩到 46 种，申报无纸化率达 99.6%。

二　稳外资的主要经验和做法

广东省委、省政府始终将促进高效利用外资摆在突出位置，充分发挥建设粤港澳大湾区的虹吸效应，着力优化国际化、法治化、市场化营商环境，努力将广东打造成国际一流投资目的地，推动从引资为主向引资引技引智并举转变，利用外资促进产业升级，助推实体经济高质量发展。

（一）健全外商投资管理体制

全面实施准入前国民待遇加负面清单管理体制。外资准入由审批制改为备案制，2020 年改为信息报告制，外国投资者通过企业登记系统提交初始报告即可设立登记。推动外商投资企业管理权限下放，将外商投资准入负面清单内总投资 10 亿美元以下的外商投资设立及变更事项委托各地级及以上市商务部门审批和管理。

（二）强化政策引导和支持

先后出台《广东省进一步扩大对外开放积极利用外资若干政策措施》（"外资十条"）、"外资十条"修订版、"稳外资十二条"等政策措施，从外资准入、财政奖励、用地保障、人才支撑、权益保护、营商环境等方面制定高含金量政策，其中对外商再投资暂不征收预提所得税政策被国家吸纳在全国复制推广。2017 年以来，全省共兑现外资新设、增资及总部项目的财政奖励资金 20 多亿元，对外资稳定增长形成有力推动作用。2020 年推出"加易贷"融资业务，以省加工贸易企业融资风险补偿资金池撬动金融杠杆，调动银行贷款积极性，帮助企业拓宽融资渠道，降低融资成本。截至2020年底，累计发放"加易贷"贷款859.2亿元，惠及企业853家。

（三）创新投资促进工作机制

为加强与世界500强和行业领军企业的紧密联系，广东创新建立省领导联系跨国公司直通车制度，先后与GE等51家世界领军企业建立了常态化沟通和对接机制。2020年成功协调解决50多家全球领军企业在粤遇到的困难，保障重点项目顺利复工复产。积极搭建投资合作平台，2018~2020年连续三年成功举办中国（广东）－美国、中国（广东）－欧洲投资合作交流会。构建高层次粤港澳大湾区海外联合推介机制，在美国、日本、俄罗斯、英国、法国、德国等发达国家举办一系列经贸交流会来推介投资营商环境。

（四）大力吸引高质量高技术外资项目落户

紧盯世界500强等高端外资项目，推动外资更多投向电子信息、石化、汽车以及现代服务业等高端领域，相继引进埃克森美孚、巴斯夫、中海油壳牌、中芯国际、苹果、英特尔、思科、通用、空客等一批高端欧美外资项目，其中埃克森美孚石油化工综合体项目和巴斯夫一体化项目投资均超100亿美元。外资企业与研发机构创新能力和技术溢出效应不断增强，苹果、英特尔、三星、本田等世界500强企业在广东均设立研发机构，深圳格拉布斯研究院、广州冷泉港研究院等一批以诺贝尔奖获得者为核心的国际合作联合实验室投入运行，中国－乌克兰巴顿焊接研究院等国际科技合作基地建设完成。

（五）打造高水平引资引技引智平台

持续推动经开区创新提升，2020年全省六家国家级经开区实际使用外资51亿美元，同比增长9.7%，占全省实际使用外资的22%，积极发挥稳外资平台作用。成功推动中新广州知识城、中韩（惠州）产业园等高水平国际合作项目落地。其中，中新广州知识城升级为国家级双边合作项目；推动国务院批复同意设立中韩（惠州）产业园，出台《中韩（惠州）产业园实施方案》，推动 SKI、LG 在惠州的项目增资扩产。

三　吸引外资优势仍需巩固

（一）外资落地存在制约瓶颈

工业用地指标少、土地出让价格高成为制约外商投资的重要瓶颈。一方面，广东现阶段工业用地指标少，全省普遍存在不同程度的外资意向项目多与用地不足的矛盾，导致部分优质外资项目难以落地。另一方面，土地出让价格的不断攀升，使外商投资企业投资成本大大增加，外资企业利润的压缩导致外资企业外流东南亚等低成本地区。

（二）吸收外资受到"双重挤压"

越南、印度尼西亚、印度等东南亚国家凭借较低的生产要素成本和税收减免优惠等政策，打造招商引资洼地优势，增强了对传统制造业外资的吸引力。同时，美国、欧盟等发达国家或地区实施"制造业回流""再工业化"等战略，促进制造业回流。广东外资面临发达国家制造业回归和发展中国家低要素成本的"双重挤压"。

（三）外资知识产权保护环境有待改善

外资知识产权保护维权审批流程较长。由于知识产权执法流程烦琐，外资企业知识产权受侵害时审理周期长、效率低，技术先进、规模小的外资企业来粤投资积极性受到打击。此外，知识产权保护机制有待进一步完善。广东知识产权侵权惩罚性赔偿制度尚未完善，存在知识产权侵权成本低、处罚轻等问题，对于具有重复侵权、恶意侵权以及其他严重侵权情节的知识产权侵权违法行为处罚力度不够，不利于外资企业维权。

四 进一步稳外资的对策建议

（一）用足用好各项政策稳商援企

落实好国家、省市纾困惠企各项政策，精准有效服务企业，主动协调解决企业困难，减轻企业负担。加强总部企业认定、高端人才扶持等普惠性政策支持力度，完善金融、现代物流、科技服务等重点产业专项扶持政策，加快制定招商引资奖励、商业发展扶持、总部用地项目遴选等细分政策，进一步提高外资企业的获得感。

（二）开展存量企业"二次招商"

聚焦重点企业项目开展精准招商，通过政策倾斜和品牌推介会等方式，多措并举引导鼓励企业增资扩产。跟踪服务一批存量、签约和在谈外资项目，加快重大外资项目推进力度，推动项目早开工、早见效。

（三）加大对经开区发展的支持力度

扩大开放载体规模数量。支持各地特别是粤东西北地区申建综合保税区、省级经开区，开展国家级经开区培育工程，支持有条件的省级经开区升格国家级经开区，壮大开放型经济载体，推动外向型产业落地，加快形成吸收外资新增量。抓紧研究、制定、出台促进经开区创新提升意见，创新财政、土地、人才等政策扶持力度，在粤东西北地区园区吸收外资、扩大出口等方面予以倾斜支持，壮大开放型经济。

（四）持续优化营商环境

进一步放宽外资市场准入限制，促进投资便利化，积极引进境外资金、先进技术和管理经验。优化外商服务，加大投资促进，加快激发市场活力，提振投资信心。保护外商合法权益，保障外商投资企业享有国民待遇，形成与国际接轨的知识产权保护体系，打造公开、透明、可预期的外商投资环境。推动新一批省级管理权限下放至广东自贸试验区。开展自贸试验区营商环境综合评估，聚焦存在的短板和薄弱环节，采取更多的改革创新举措破解企业生产经营中的堵点、痛点。加快打造市场化、法治化、国际化营商环境，保护外资企业合法权益，增强外商长期投资的信心，让外商愿意来、留得住、有发展。建立完善经开区综合评价指标体系。提高吸收外资、进出口等开放型经济指标权重，发挥综合评价指标体系指挥棒作用，有效引导和支持各地加大资源投入力度，把经开区建设成为开放型经济的主阵地。

第十四章　山东稳外资举措及建议

"十三五"时期，山东实际使用外资连年创新高。2016 年使用外资 168.3 亿美元，同比增长 3.2%，2017 年 178.6 亿美元，同比增长 6.1%，2018 年 205.2 亿美元，同比增长 14.9%。2019 年，实际使用外资 146.9 亿美元，居全国第四位，占全国比重达 10.6%，同比提高 1.5 个百分点，实现了历史性突破。2020 年实际使用外资 176.5 亿美元，同比增长 20.1%，居全国第四位，增幅高于全国 15.6 个百分点，占全国比重 12.2%，较上年提升 1.6 个百分点。2021 年实际外资达 215.2 美元，同比增长 21.9%，稳居全国第四位。

一　稳外资的主要举措

（一）山东省委、省政府高度重视

一是山东省主要领导对利用外资重大活动、重点项目、重要政策亲自谋划、亲自部署、亲自推动。二是建立重点签约项目库和重大外资项目库，完善在谈、签约、落地"三个一批"工作机制，加快推进项目落地出资。三是发挥考核指挥棒作用，在全省经济社会发展考核中提高外资权重，每月由省委经济运行指挥部通报各市使用外资情况，对贡献较大的市给予奖励。

（二）加大政策扶持力度

山东省委十一届十一次全会审议通过了《关于深化改革创新打造对外开放新高地的意见》，提出建设"八大新高地"的目标，就推动外资高质量发展提出 15 项实打实举措。贯彻落实国发〔2019〕23 号文件，制定出台《山东省进一步做好利用外资工作的若干措施》，围绕推动高水平开放、加大投资促进力度、提高投资服务质量、强化投资保护措施、健全组织保障体系 5 个方面提出 20 条创新举措。研究制定《山东省重点外资项目要素保障实施细则》，落实"要素跟着项目走"机制，协调解决省重点外资项目落实的要素制约。该政策被商务部重点外资项目工作专班在全国范围内推广。制定出台《山东省关于鼓励跨国公司在鲁设立地区总部的办法》，鼓励跨国公司在鲁设立地区总部，在简化出入境手续、招引人才、贸易便利、金融支持四个方面给予支持。引导龙头企业积极融入国内国际双循环，建立全球研发、生产和营销体系，围绕市场、资源、技术、品牌等要素开展跨国并购，回归山东建设地区总部和产业园，实现内外协同、产业带动、资本技术回归。抢抓 RCEP 签署机遇，制定《深化与日韩经贸合作先期行动计划》，加大对日韩服务业招引力度。2020 年，全省利用日韩资水平显著提升，吸收韩资增长 136.4%，吸收日资增长 115.7%，占全省比重较上年提高 3.3 个百分点，增幅居外资前十大来源地首位。加大财政扶持力度，2020 年审核确认 2019 年度符合标准的外资大项目 21 个，奖励资金 1.37 亿元，进一步坚定了外企投资发展的信心。进一步加大重大外资项目奖励比例，由当年实际使用外资金额 2% 的比例提高到 3%。制定并实施《鼓励外资到账奖励实施细则》，对全省上半年稳外资工作贡献较大的青岛、烟台、日照、潍坊、滨州 5 市共奖励 1200 万元。

（三）着力助企纾困解难

上线运行"稳外贸稳外资服务平台"。以 1119 家稳外资基本盘企业为重点服务对象，组建 243 支稳外资服务队，每日集中协调解决外资企业在平台上反映的困难问题。建立省领导联系重点外资企业（项目）机制，为重点外资企业（项目）解决落地、建设中的困难和问题。先后推动解决 15 家外资企业的 20 个困难诉求，有力推动了在谈项目落地出资。健全完善外商投资服务大使制度。对人员结构进行优化调整，组织各市县、开发区、自贸试验区外资和投促部门的 1000 余名专业人员担任 1570 家重点企业服务大使，进行全方位服务。截至 2020 年底，通过以上机制已累计为企业解决用地、用工、用能、融资、入境、市场开拓等方面的问题 500 余个，特别是针对外资企业土地指标短缺、商务人员入境难等突出问题，实施攻坚突破，先后为 12 家企业落实土地指标 2400 余亩，组织 12 架次包机协助 1300 余名日韩商务人员及家属入境。

（四）着力保产业链供应链稳定

一是针对美日等国吸引企业回流政策，与省发展改革委对全省重点外资企业产业链进行了深度调研，对未来发展趋势做出了预判分析，为维护全省产业链稳定提供了决策依据。二是围绕"十强"产业，做好产业链招商项目的科学策划、论证和包装，依托"选择山东云平台"开展线上招商。三是发挥龙头企业产业链招商积极性，利用技术、资金和市场等优势，着力引进制造业产业链关键环节、上下游配套企业，打造产业集群。推动潍柴国际配套产业园吸引全球高端动力装备配套企业聚集潍坊，已引进落地配套企业 35 家，其中包括法国道达尔、江滨机器 2 家世界 500 强企业；支持济南围绕山东重工绿色制造，引进了 15 个高端配套项目，涵盖仪表总成和催化器等关键件、车轮特性钢和冷却模块等重要整车配套设备。2020 年，415 家外资企业增资 63 亿美元，占全省实际使用外资的 35.7%，有效应对欧美日韩制造业"回流"的新挑战。

（五）推动核心开放平台建设

一是全力推进中国（山东）自由贸易试验区建设，设立中国（山东）自由贸易试验区工作办公室，112 项试点任务已实施 104 项，实施率达

92.9%，总结出 60 个创新案例，2020 年自贸试验区实际使用外资 22.1 亿美元，占全省比重达 12.5%。二是加快上合示范区"四个中心"建设，打造"一带一路"国际合作新平台。先后获批商贸服务型国家物流枢纽、"一带一路"（青岛）中小企业合作区；新设山东港信期货有限公司，成为 20 多年来我国批准设立的首家期货公司；省、市与上合组织国家 16 个城市结为友好关系。三是充分发挥开发区吸引外资主阵地作用，全面推进开发区体制机制改革，推行"党工委（管委会）+"和全员聘任等体制机制，推动开发区瘦身强体、动能转换。开发区体制机制改革创新基本完成，活力显现，2020 年全省开发区（含高新区）实际使用外资 135.3 亿美元，同比增长 25.8%；占全省实际外资的比重为 76.7%，比去年提高 11.8 个百分点。

（六）创新举办线上活动

一是推动招商引资"线下转线上"，省委省政府先后两次举办重点外商投资项目视频集中签约活动，签约外资项目 158 个，总投资 236.4 亿美元。二是举办第二届儒商大会暨青年企业家创新发展国际峰会，邀请来自 20 个国家和地区的嘉宾 7000 余人参会，118 个合作项目签约额 1431.6 亿元。三是举办五场"山东与世界 500 强连线"系列活动，由省领导与世界 500 强企业负责人直接对话，签署重点外资项目 64 个，总投资 37 亿美元。四是第三届进博会期间，举办"山东与世界 500 强产业链高质量合作发展对话"活动，现场签约 15 个重点外资项目，总投资 16.8 亿美元。

（七）聚力优化投资环境

全面落实《外商投资法》及其实施条例，实行准入前国民待遇加负面清单管理制度，持续推动外资领域"放管服"改革，取消外资准入审批备案。加快实施外商投资信息报告制度，升级上线山东省企业登记系统，为信息报告制度执行提供技术保障，组织全省 17413 家外商投资企业完成年度信息报告。加快健全外商投资促进、保护和服务体系，加强外商投资企业知识产权保护，健全外商投资企业投诉机制，全力确保外资企业平等享受各项纾困惠企政策，在资质许可、标准制定、项目申报、职称评定、政府采购等方面享有与内资企业平等权利，提升外商就医、子女就学等生活便利化水平，让外商在山东投资放心、发展安心。

二 稳外资存在的主要问题

（一）产业结构还不够合理

制造业实际使用外资占全省的比重逐年下降，由 2018 年的 37.5%、2019 年的 23.2%，降至 2020 年的 21.4%，三年下降了 16.1 个百分点。2020 年，制造业实际使用外资占比低于全国平均水平 0.1 个百分点，在全国实际使用外资前六大省市中居第三位，比江苏省低 17.6 个百分点，比浙江省低 10.1 个百分点。房地产业实际使用外资占全省比重 22.9%，高于全国 8.8 个百分点。

（二）区域发展还不平衡

2020 年，济南、青岛、烟台、威海、潍坊 5 市实际使用外资 125 亿美元，占全省的 70.8%；其余 11 市占比 28.2%。其中，青岛市实际使用外资 58.5 亿美元，占全省的比重为 33.1%；枣庄、德州、聊城、菏泽 4 市占比均不超过 2%，规模最小的聊城市仅占全省的 1.2%。

（三）重点国别潜力有待挖掘

2020 年，日韩对山东省实际投资 11.9 亿美元，同比增长 130.6%。同期，全国实际使用日韩资 69.8 亿美元，江苏省 24.1 亿美元，山东省实际使用日韩资仅占全国的 17%，为江苏的 49.4%，毗邻日韩的优势没有得到充分发挥。

（四）全球产业保护加剧

受疫情影响，一方面跨国投资意愿减弱，另一方面发达经济体对我国的防范加剧。部分国家在关键芯片、工业软件等领域对我国"卡脖子"，高技术产业链招商困难加剧。除美日等国鼓励本国企业回流政策、欧盟发布欧洲新工业战略外，韩国政府发布"材料、零部件和设备 2.0 战略"，计划 2021年对半导体、生物、未来汽车三大产业投入 2 万亿韩元，以促进制造业回流，产业链供应链外迁风险依然存在。同时，因商务人员出入境问题，部分在谈项目进展缓慢，甚至中断或终止。

（五）国内外招商竞争加大

从国际看，印度、印度尼西亚、越南、墨西哥等发展中国家发挥低成本优势，实施优惠税率，加大引资力度。特别是随着 RCEP 的签署实施，各国制造业产业将加速向越南、柬埔寨等东南亚国家布局，对吸引外资以及维护产业链安全产生不利。从国内看，京津冀、粤港澳大湾区、长三角、珠三角、成渝城市群各自发挥区域合作优势，加大对跨国公司招商力度，与山东在高端装备、汽车零部件、信息电子、生物科技等高技术产业领域的竞争日益加剧。

三　稳外资的对策建议

（一）积极引导外资企业融入"国内大循环"

积极组织外资企业参加"山东消费年"的直播带货、年货大集、耐用品促销、夜间消费等系列活动，以国内大市场、大循环吸引全球优质资源，以市场优势替代要素资源优势，促进更多内需型外资项目落地。

（二）着力深化与跨国公司战略合作

一是推动重大项目落地。紧盯"全省重点外资项目集中视频签约""山东与世界 500 强连线""产业链高质量合作发展对话"等系列活动签约的273 个重点项目，纳入"三个一批"项目库，将重大项目及时列入国家稳外资协调机制，重点推动与住友、SK、法液空、正大、林德等重点合作项目落地出资。二是深化合作领域。借助"山东与世界500强连线"活动，进一步深化与嘉能可、贺利氏、丰益国际、正大、空气产品、希杰、住友、丸红等世界500强企业战略合作。紧抓美国空气产品公司"未来五年将继续在中国投资50亿美元"等重要机遇，深度研究跨国公司对华最新投资战略布局，针对283家尚未投资的境外世界500强企业，"一企一策"制定对接方案。利用RCEP签署实施有利时机，拓宽与日韩跨国公司战略合作领域，面向日本52家世界500强企业和韩国前30位企业，推出一批重点合作项目。精心谋划第二届跨国公司领导人青岛峰会等重大活动，推动跨国公司融入十四五规划建设，在"双循环"新发展格局中发挥积极作用。

（三）加快建设高能级对外开放平台

一是提升平台国际影响力。加快自由贸易试验区赋能提升、开发区体制机制创新，推动开放平台成为山东省吸收外资的主阵地。扩大"跨国公司领导人青岛峰会"、"山东连线世界500强"、儒商大会等活动国际品牌影响力，依托"选择山东"云平台推动与跨国公司产业链高端合作。二是打造区域合作新平台。抢抓RCEP机遇，加快推进威海中韩地方经济合作示范区、中韩及中日产业园等平台建设，在新能源汽车、信息技术、医养健康等领域开展深度合作。打造"中韩进口博览会""中日进口博览会"新平台，以省内、国内市场，推动"展品"变"商品"、"展商"变"投资商"，吸引全球资源要素汇聚、资金流入。三是深入推进鲁港全方位合作。利用高层推动，与在港跨国公司区域总部建立合作渠道，促进其到山东投资发展；借助香港国际金融中心地位，推动驻港金融机构到山东设立银行、证券、保险等分支机构。

（四）全力保障外资产业链供应链稳定发展

一是开展产业链精准招商。抢抓世界500强全球调整布局时机，推广重庆笔记本电脑、威海惠普打印机、日照现代汽车零部件产业集群招商经验，对照制造业关键环节，用好赛迪产业链招商图谱以及卡奥斯等工业互联网平台，瞄准重点国别、重点企业，开展靶向精准招商。二是确保产业链供应链稳定。受国际市场、中美贸易摩擦等影响，部分"两头在外"外资企业外迁隐患依然存在，例如，近年来 LG 关闭烟台手机生产线；威海世一电子受三星中国手机工厂搬迁东南亚影响，将主要设备和订单转移到越南，进出口下降 86%。为尽快建立健全产业链供应链风险防控机制，省商务厅与省税务局开展数据资源共享，根据企业经营纳税、进出口情况，列出了全省 272家迁出高风险美日韩资企业名单（美资 32 家；日资 50 家；韩资 190 家）。下一步，将把以上企业纳入"全省稳外资基本盘"，点对点靠上服务，精准解决难点堵点问题，引导企业将产业链、市场转向国内，融入国内大循环。

（五）持续创新利用外资方式

组织一批省内企业积极吸引跨国公司投资并购，复制推广荷兰帝斯曼集团并购烟台安德利果胶、日照现代威亚并购日照港股份等成功案例，以市场、产业配套等资源，引进跨国公司资金、技术和管理，提升企业国际化水平。推动一批有实力的企业赴境外跨国并购、返程投资，借助国内国外双循环，实现资本、技术返程投资，积极复制山东重工并购德国凯傲、林德及意大利法拉帝、法国博杜安，回归建设"山东重工绿色智能制造产业城""潍柴国际配套产业园"成功模式；借鉴临沂城投集团境外发债（2.9 亿美元）返程投资经验，引导国有企业积极利用"债转股"模式扩大利用外资规模。引导一批外资企业增资扩股，复制推广潍坊市通过优质服务推动外资企业增资的经验做法，积极挖掘新设外资企业增资潜力，加强递延纳税、重大项目奖励等政策宣导，通过"双稳平台"及时为企业纾困解难，引导外资企业以利润、资本公积、盈余公积等形式加大增资力度。

（六）完善促进外资发展的政策体系

一是创新完善政策。调整完善大项目奖励、要素保障等政策，加快制定出台《跨国公司地区总部认定管理办法》。抢抓 RCEP 签署机遇，加强政策措施储备，加大对日本、韩国、新加坡引资力度，力争在"十四五"期间，RCEP 成员国投资占比由"十三五"时期末的 10% 左右提升至 15%。二是加强督导考核。加强"三个一批"重点外资项目库建设，实行"旬调度、月督导"的动态管理制度，健全在谈、签约、落地转换机制。进一步发挥好"打造对外开放新高地专项考核"指挥棒作用。

（七）进一步优化外商投资环境

进一步利用好省委外经外贸工作组机制，更好地发挥好双稳平台作用，会同有关部门针对企业反映的共性问题制定出台专项措施，形成"清单化""目录化"政策体系。发挥省领导重点联系外贸外资企业机制作用，动态调整企业名单，持续推动大项目落地出资。加强与发展改革委、财政、自然资源、生态环境等部门联动，落实"要素跟着项目走"机制，为项目出资落地提供强力保障。

第十五章　北京稳外资做法及思路

一　稳外资情况

（一）外资规模稳步增长

2016~2020 年，北京市累计设立外商投资企业 6918 家，吸收合同外资 1448.2 亿美元，实际外资 829.9 亿美元。实际外资超额完成"十三五"规划引资 500 亿美元的预计目标，年均实际外资 166 亿美元，是"十二五"时期的近 1.8 倍。截至 2020 年底，北京市累计吸收外资项目数、合同外资、实际外资分别达 4.67 万个、3368.2 亿美元、1834.6 亿美元。2021 年北京实际吸收外资 144.3 亿美元，同比增长 7.8%。

（二）引资结构持续优化

2016~2020 年，服务业累计实际外资 774.9 亿美元，占全市的 93.4%，较"十二五"时期提高 4.7 个百分点。同期，服务业扩大开放重点领域累计实际外资 573.7 亿美元，占全市实际外资总额的 69.1%。

（三）高技术服务业显著增长

2016~2020 年，全市高技术服务业累计实际外资 426.8 亿美元，占同期全市的 51.4%，是"十二五"时期的 5 倍多。其中，信息服务、科技成果转化服务累计实际外资分别为 287.7 亿美元、119 亿美元，分别占高技术产业实际外资的 67.4%、27.9%。

（四）服务业扩大开放成效明显

自 2015 年 5 月国务院批复试点以来，形成 120 余项全国首创或效果最优的开放创新举措，先后向全国和自贸试验区推广 6 批 25 项试点经验或最佳案例。通过放宽市场准入，涌现一批服务业新业态新模式，如宝马全球首家独立数字业务公司、西门子工业物联网赋能中心等一批科技前沿项目先后落地。

（五）外资主要来源地保持稳定

2016~2020 年，香港累计在北京实际投资 601 亿美元，占全市实际外资的 72.4%，为北京市外资最大来源地；韩国、德国、新加坡、美国、日本、荷兰、法国等发达国家累计在京实际投资 85 亿美元，占全市实际外资的比重超过 10%。

二 稳外资的主要做法

（一）加强政策引导

研究制定《北京市人民政府关于扩大对外开放提升利用外资水平的意见》，从进一步扩大对外开放力度、优化外资结构、打造良好营商环境、提升人才服务水平和完善工作机制等方面，强化对外商投资的政策引导，促进外资水平不断提升。

（二）优化投资环境

落实习近平总书记提出的"北京等特大城市要率先加大营商环境改革力度"要求，在全国率先建立营商环境评价机制，开展各区营商环境评估工作。指导各区建立优化营商环境工作机制，制定整改措施，持续优化外商投资环境。

（三）完善项目管理

强化项目跟踪服务，多渠道收集在谈项目线索，挖掘意向投资等潜在项目，利用外资大项目协调服务机制和绿色通道机制，推动项目落实落地。定期梳理合同外资大项目，督促企业加快入资；加强市、区联动，结合企业年报信息和外管询证数据，做好数据统计、分析，实现项目、数据双落地。

（四）强化宣传推介

充分利用服贸会、京港洽谈会、投资洽谈会、进博会、市长国际企业家顾问会等开放平台或展会活动进行引资推介，宣传北京投资优势，展示服务业扩大开放综合政策及试点成果。精心编制发布年度《北京外商投资指南》《北京外商投资发展报告》，提供及时全面、便利有效的政策信息服务。

三　稳外资存在的主要问题

（一）央企大项目不确定性大

央企大项目一直是北京引资的重点，近年来，央企大项目实际外资占全市外资总额的比重超过45%，去除几个特大项目，北京市年均实际外资在90亿美元左右，由于央企大项目存在不确定性，北京引资不稳定。

（二）外资产业发展不均衡

制造业实际吸收外资低，2019年制造业外资占全市外资总额的2.4%，2020年制造业外资占比为3.2%。

（三）开放平台作用发挥不够

开发区、综保区作为北京开放主平台作用发挥不明显，自贸试验区、中日、中德等特色产业园还处于起步发展阶段。

（四）招商力量较弱

招商引资和投促服务队伍专业性不强、人才不足，同时涉及招商引资的各部门之间以及市区之间协调联动不够。

（五）疫情负面影响明显

北京防控等级高、管制严，人员往来受限，受疫情影响程度相对更深。

四　稳外资的思路和建议

（一）聚焦新引擎驱动，打造开放新优势

发挥国家服务业扩大开放综合示范区和自贸试验区建设政策叠加优势，加强制度政策创新。在数字贸易、科技创新财税制度、知识产权保护等前沿领域积极开展制度创新探索，努力营造"类海外"环境，大力吸引国际人才，扩大符合北京"高精尖"产业定位的企业税收受惠范围，立足北京产业优势，针对关键领域推出更多开放改革新举措。

（二）聚焦大项目管理，稳存量促增量

滚动梳理合同外资大项目台账，加强跟踪服务，实施"区+行业部门"的协调推进工作机制，把潜力大、发展前景好的大项目分别纳入市、区两级服务管家体系，督促项目资金入驻，有效提高合同外资转化率。

（三）聚焦开放主平台，发挥功能区示范导向作用

充分发挥开放主平台作用，重点鼓励外商投资高精尖产业，为全市引资

做出导向性示范；发挥好 CBD、金融街、丰台丽泽等重点功能区作用，重点引进商务、科技服务业、金融业等领域外资以及跨国公司地区总部等高端功能性机构；协调推动中关村各产业园区以及中日、中德等特色产业园区推出个性化引资政策。

（四）聚焦知名展会活动，加强招商引资推介

加强投资促进资源和信息的整合和共享，强化部门协作，完善全市"一盘棋"的投资促进工作机制。用好服贸会、京港洽谈会、进博会等平台，开展系列专题推介和定向邀约会谈，针对外商关注的共性问题和开放政策，举办各类政策解读会，进一步提高政策知晓度。

（五）聚焦政策宣传解读，提升服务外企水平

高质量组织编撰和发布《北京外商投资发展年度报告》，稳定企业预期，坚定发展信心；精心组织编辑《北京外商投资指南》，为投资者提供最新、最有效的政策信息服务；用好北京市政府国际版主门户，将"投资在北京"国际版打造成为外商来京投资了解政策信息、办事流程、配套服务的主渠道。

（六）聚焦外资法律法规落实，加强数据统计应用

深入贯彻《外商投资法》及其配套规定，落实外商投资促进、保护和管理的各项制度，进一步提高外商投资便利度，规范外商投资管理。加强对重点领域、重点行业和重点区域的统计监测，加强与外汇管理部门的联系，加强与各区沟通和工作指导，全力做好数据统计报送工作。

第十六章　湖南稳外资措施及对策

贯彻习近平总书记在湖南考察期间对湖南提出的"三高""四新""五个重点"的讲话精神，坚决落实"稳外资"的工作任务，聚焦重点产业，创新招商方式，积极服务企业，取得显著效果。2020 年，全省利用外商直接投资 14.0 亿美元，同比增长 26.5%，增幅居全国第 4 位、中部第 1 位，在湘投资的世界 500 强企业达 178 家。2021 年湖南实际外资 24.1 亿美元，同比增长 72.1%，增幅仅次于陕西和海南，居全国第 3 位，规模上居中部第 2 位。

一　采取有力措施积极推动稳外资

（一）高层领导重视，狠抓稳外资政策落实

省委省领导高度重视稳外资，常务副省长亲自抓项目调度和推进。积极落实国家稳外资精神，出台稳外资配套文件：《湖南省商务厅关于认真做好〈国务院关于进一步做好利用外资工作的意见〉贯彻落实工作的通知》《湖南省发展开放型经济领导小组办公室关于进一步做好稳外贸稳外资工作的意见》《湖南省进一步加强招商引资工作的若干政策措施》，其中《湖南省进一步加强招商引资工作的若干政策措施》被称为湖南版招商引资"黄金十条"，政策措施务实管用，可操作性强，聚焦总部经济、招大引强、抱团转

移、外贸实体项目等，重点奖落地、奖增量、奖大项目和高新技术项目，着力在奖励对象、奖励方式及用地方面体现创新和突破。例如，世界 500 强企业来湘设立总部，最高可奖励 1000 万元，对于到位资金超过 3000 万元的外资企业按照 1% 的比例给予奖励，同时也提出降低适用支持科技创新进口税收政策的外资研发中心专职研究与实验发展人员数量要求，对外商投资企业在湘设立研发中心，由省级商务部门会同财政、税务、海关按规定核定资格后，即可享受科技创新进口税收政策。

（二）完善服务机制，创新招商引资方式

搭建一个全方位服务外资企业的工作机制。搭建"两稳一促"工作专班，由商务厅领导任组长，带领相关处室负责人联点 1~2 个市州，通过深入基层、深入企业，点对点为基层和企业解决工作中的难点痛点。一是突出"深"。建立联点服务机制，组织省直部门工作人员第一时间深入园区、企业开展点对点上门服务，实地走访服务外贸外资保供企业百余家，召开企业座谈会，调度掌握疫情影响和企业诉求。二是突出"实"。省商务厅成立工作专班，建立"政银企"对接机制。启动稳外贸稳外资"春融行动"，与进出口银行、工商银行签署合作协议，授信目标逾千亿元。建立了重大在建外资项目台账，确定了重点样本外资企业，开展月调度，及时发现和解决问题。

打造一个"1+3"招商服务平台。"1+3"指一个招商云平台加三个产业转移服务中心。建设"湖南招商云平台"，该平台是集客商、项目、洽谈、履约、运行全链条的云服务平台，已于 2020 年 6 月正式上线。为充分发挥市场化专业化招商优势，深入研究湖南和主要招商引资项目来源地的产业契合点，不断创新招商引资方式，吸引更多的大企业、好项目落户湖南，湖南拟在深圳、长三角、香港设立 3 个产业转移服务中心。深圳产业转移服务中心已于 2019 年 4 月成立，湖南-长三角产业转移综合服务中心于 2020 年落地江苏昆山。

积极发挥核心开放平台作用，2020 年推动成功获批设立湖南自贸区，充分发挥湖南自贸区、湘南湘西承接产业示范区、国家级开发区等重要开放

平台的承载作用，以特色优势产业为主线，强化产业招商。

实行"资金到位倍增"项目督导行动。聚焦近两年省级重大活动签约项目和"三类500强"项目，建立"省市县联动、分层级负责"的项目督导机制，积极推进项目的履约、落地。

（三）深入推进放管服改革，不断优化营商环境

制定出台《湖南省优化经济发展环境规定》，出台深化对接"北上广"优化大环境行动的工作方案，推出18个方面97项改革举措，全面实行再对标、再优化、再提升。2019年聚焦企业"最烦"、"最痛"、"最怕"和"最盼"，在全省开展"优化营商环境执行年"活动，通过推一批重点改革落地（15项）、抓一批堵点问题破改（100项）、建一批创新示范点（37项），进一步提升市场主体优化营商环境"获得感"。

降本增效，着力降低企业生产经营成本。连续四年出台降成本方案，综合施策降低企业税费、融资、物流、用能、用工、用地和制度性交易等多方面成本，2020年上半年，全省新增减税降费145.78亿元，减少企业社保支出约130亿元，减免高速公路车辆通行费58.98亿元，降低企业用电用气成本约13.36亿元，中小微企业贷款余额同比增长19.7%，贷款利率同比下降0.43个百分点。

完善机制，全面强化营商环境监督。出台《湖南省优化经济发展环境规定》，围绕企业投资贸易、生产经营、监管执法等环节对行政行为进行严格约束。建立了案件线索移送纪检监察机关工作机制，对损害营商环境行为进行严肃查处。构建了湖南省营商环境评价机制，2019年委托第三方机构对各市州进行量化评价，实现了"以评促改、以评促优"。

（四）完善投诉机制，加强对外资企业的保护力度

2017年，为全面贯彻落实"创新引领，开放崛起"发展战略，为提升开放发展水平，省开放型经济领导小组办公室设立了湖南省开放型经济投诉服务中心，该中心的主要职责是受理包含外资领域在内的对相关职能部门的

投诉，接受外商投资企业政策咨询，中心内部也完善了相关机制，明确了受理范围、投诉方式、工作程序及工作要求。2018 年，进一步健全外商投资企业投诉协调工作机制，制定并印发了《湖南省外商投资企业投诉工作联席会议制度》（湘开办发〔2018〕21 号），32 家省直和中央在湘单位为联席会议成员，每个单位都明确了分管领导和具体责任人，进一步发挥省开放型经济领导小组办公室在外商投资企业投诉方面的协调作用。2020 年，依据《外商投资法》及其实施条例、《外商投资企业投诉工作办法》的要求，对全省县级及以上人民政府的外商投资企业投诉受理机构进行了梳理，在商务厅官网及"湖南招商云平台"上进行了发布。

二　稳外资面临的问题

（一）外资项目遭受疫情冲击

部分在谈和在建外资项目被搁置甚至停摆，不少外资企业经营受影响，一些企业增资扩股计划延迟甚至取消。

（二）外部投资环境更加复杂

在疫情与中美经贸摩擦叠加影响下，欧美日等发达经济体推动全球产业链重新布局，一些跨国公司可能收缩全球价值链参与度，发展中国家也加大了引资竞争的力度，对湖南省招商引资产生影响。

（三）外资规模和质量有待扩大和提升

外资规模整体偏小，来湘投资的"三类 500 强"特别是世界 500 强企业数量还有很大提升空间。

（四）营商环境仍有待优化

土地、物流等要素成本相对较高，企业融资难、融资贵等问题仍有待进一步解决，部分部门服务意识有待进一步提升。

三　稳外资的对策建议

（一）中央层面加快出台稳外资政策的实施意见

国务院出台了不少稳外资的政策文件，如《国务院办公厅关于进一步做好稳外贸稳外资工作的意见》（国办发〔2020〕28号），但由于缺乏部门的实施意见，政策在地方落地困难。28号文件出台后，湖南第一时间开展了贯彻工作，将稳外资工作相关内容纳入《湖南省进一步加强招商引资工作的若干政策措施》中，但在再次征求部门意见时，海关、税务都只接受28号文件中的表述，对于外资研发中心人数减少的具体数据，表示得中央出台实施办法后湖南才能落地执行。

（二）加大对自贸试验区建设的支持力度

赋予湖南省自贸试验区更多权限，放宽外商设立投资性公司在资产总额、已设立企业个数等方面的申请条件，助推跨国公司设立地区总部，为外商提供更多的投资机遇。

（三）将跨国公司西部行扩充到中部地区

为优化区域开放布局、加大西部开发力度，引导更多外资投向西部地区，商务部已在广西、贵州、甘肃等多个省份开展跨国公司西部行。中部地区的投资环境越来越好，承接国际和沿海地区产业转移的能力逐步增强，建议将跨国公司西部行扩充到中部地区，以促进跨国公司进一步了解中部地区投资环境和承接产业转移的优势区域和行业，促进中部地区积极有效地开展稳外资工作。

（四）加强服务完善要素保障

用地保障方面，建议保障投资总额5000万美元以上的大项目的用地需求。进一步下调企业社保费率，降低企业用电、用气成本，推进输配电价和天然气管输价格监管改革，继续减少进出口环节费用，推进口岸提效降费。建议逐步降低增值税税率，降低企业所得税税率，有序降低企业高管个人所得税税率。

（五）不断完善稳外资相关政策

建议尽快出台具体措施，支持外商投资企业降低资金跨境使用成本，其出资、利润、资本收益等可依法自由汇入、汇出，鼓励外商投资企业资本金依法用于股权投资。建议在严格落实好防疫要求的前提下，继续与有关国家商谈建立"快捷通道"，为外资企业重要商务、物流、生产和技术服务急需人员来华提供便利，简化程序。不断优化外国人在华办理工作签证的条件和流程。

进一步提高政策的稳定性和可预期性。例如，新能源补贴标准和技术要求汽车产业链条长，从研发到生产，往往需要 2~3 年的周期。然而，新能源补贴和减免购置税政策的技术条件几乎是一年修订一次，这给企业带来了巨大挑战。不仅企业疲于应对，也造成了全行业研发上的巨大浪费。如果新能源补贴和免购置税政策在制定过程中增加前瞻性，在实施过程中保持至少 3~4 年的政策稳定，给企业更多的稳定预期，则可以减少企业的负担和技术损耗，提高行业的效益。考虑到汽车研发工作的高难度和长周期，建议尽快研究制定 2024~2025 年度双积分政策，早日确定政策内容，以便企业有足够长的时间完成战略布局，最终转化成产能，满足合规要求。

第十七章 河南稳外资成效及建议

2020 年，面对新冠肺炎疫情冲击和国际投资意愿下降的严峻形势，河南把招商引资作为应对危机的关键一招，健全领导推动、政策促进、督导问效、项目服务四项工作机制，扎实推进稳外资工作，确保产业链供应链重点外资企业稳健运营，实现了吸收外资稳中有进、稳中提质。全省新设外资企业 266 家，逆势同比增长 23.7%，为"十三五"期间新设企业最多的年份。其中新设高技术服务业外资企业 67 家，同比增长 40%；按照省口径，实际吸收外资 200.6 亿美元（其中上报商务部外资企业资本金 12.7 亿美元），同比增长 7.1%。

一 稳外资的举措

（一）落实领导推动机制

河南党政主要领导先后到省商务厅调研，对推进全省对外开放、招商引资工作提出明确要求。2020 年 7 月，尹弘省长主持召开全省招商引资工作电视电话会议，对全年及今后一个时期招商引资工作进行全面安排部署。王国生书记、尹弘省长和多位省领导密集会见新加坡丰益国际、德国西门子、美国通用电气、特斯拉等近 20 家跨国公司高管，推动双方合作；书记、省长亲自谋划举办第四届全球跨境电商大会。何金平副省长率团出席中国国际服务贸易交易会，主持召开全省外经贸机制工作会议，推动稳外资与招商引资工作。

（二）完善政策促进机制

省政府印发了《关于加强新形势下招商引资工作的意见》，明确招商引资的重点任务、政策导向和保障措施。省对外开放工作领导小组印发了《河南省招商引资三年行动计划（2020-2022年）》，编制了《产业链招商图谱示例》，对全省招商引资重点产业和目标企业进行了全面梳理，引导各地精准寻找目标企业与本地招商引资的契合点，切实提高招商实效。省商务厅会同有关部门认真贯彻落实支持外贸外资外经企业稳定发展的若干政策措施，外资企业全年申报招商引资奖励资金超6000万元。制定了跨国公司设立地区总部和总部型机构鼓励措施，第一批6家总部企业已经完成评审。与省财政、海关、税务等部门联合印发《关于继续执行外资研发中心采购设备免退税政策的通知》。与省委外办等9个省直部门共同印发《关于推进国际合作园区建设的指导意见》，推进国际合作园区建设。

（三）强化督导问效机制

实施常态化问效管理，实行"周动态、月通报、季排名、半年观摩、年终总结"，每周通过短消息平台向省领导和省直有关部门、各省辖市负责同志推送各地党政"一把手"招商动态信息，每月通报各地招商工作进展情况，每季度根据招商引资数据和项目质量进行综合排名，每半年开展招商引资项目观摩，年终进行全面总结点评。全省召开招商引资工作电视电话会议以来，已编发周动态信息26期，形成了你追我赶、竞相招商和招大商、大招商的良好氛围。分级督查推进招商项目，省商务厅（省开放办）对各省辖市重大在谈和签约项目持续跟踪落实，着力提高签约项目合同履约率、资金到位率和项目开工率。

（四）优化项目服务机制

加快"放管服"改革步伐，企业开办"一网通办"平台于2020年8月成功上线运行，企业开办时间进一步压缩至 2 个工作日、2 个环节，构建线上"一网通办"、线下"一窗通办"的优质高效服务模式。疫情期间，大力推行"网上办、掌上办、邮寄办、预约办"的"四个办"服务，为疫情防控相关企业开辟绿色通道，推行延期办理和个性化服务。推进投资便利化，实施准入前国民待遇加负面清单管理制度、外商投资企业信息报告制度。全面开展营商环境评价，全省营商环境不断提升，在获得电力、开办企业等领域达到国内先进水平。建立了政府外资企业直通车机制，省长、分管副省长多次召开外资企业座谈会，现场解决困难问题。统筹省、市、县力量为全省158 家重点外资企业配置了服务团队及首席服务官，对于外企反映的生产经营问题，逐项建立台账，着力推进解决。定期召开河南省外商投资企业服务日，对外资企业提出的问题均现场予以解决，外企服务日已经成为外资企业与政府沟通联系的常态化平台。

（五）推动复工复产确保产业链供应链稳定

积极协调双汇集团、三全食品、思念食品等重点外商投资企业上下游"供应链"企业同步复工，保证企业原辅料供应。加强金融支持，与中信银行、工商银行、交通银行等省内多家金融机构合作，支持外经贸重点企业复工复产。为稳外贸、促消费，积极协调富士康、双汇等重点外资进出口企业和丹尼斯、宜家家居等大型商超复工复产，促进外资与外贸、外资与消费联动发展，外资企业成为稳外贸、促消费的重要力量。

二　稳外资成效明显

（一）吸收外资规模稳定

2020 年，全省实际吸收外资 200.6 亿美元，投资方式继续保持多元化。其中，外商投资企业再投资 87.2 亿美元，占 43.5%；境外借款 53.5 亿美元，占 26.7%；设备投资 22.7 亿美元，占 11.3%；留存收益 16.5 亿美元，占 8.2%；资本金 12.7 亿美元，占 6.3%；实际投资溢价 5.6 亿美元，占 2.8%；境外上市融资 1.3 亿美元，占 0.6%；投资性公司投资 1.1 亿美元，占 0.5%。

（二）知名外企投资实现新突破

2020 年，全省各地紧盯世界 500 强及跨国公司投资需求，围绕优势产业建链补链强链，推动富士康、美国通用电气、新加坡益海粮油、泰国正大、中国香港华润等一批重大外资企业在河南成功落地、增资扩股，有力支撑全省吸收外资平稳增长。新设企业中，有 66 家投资额超千万美元，占总数的 24.8%，平均单个企业投资 1.46 亿美元，与上年相比增加近 0.5 亿美元。富士康积极扩大 5G 智能终端产业链投资，在郑州、鹤壁、济源、兰考等地新增投资超 80 亿元。美国通用电气于 2020 年 8 月签订了《濮阳基地二期项目战略合作投资协议》，预计新增投资 15 亿元，加快建设辐射亚太地区的陆上风电综合制造和服务基地。新加坡益海粮油于 2020 年 11 月与省商务厅在上海签订了战略合作框架协议，12 月在周口新设 5 家外资企业，总投资额 5.3 亿美元，强化农副产品深加工龙头企业地位。泰国正大加快投资步伐，在南阳、开封、漯河新设 6 家外商投资企业，总投资额 6489 万美元，累计设立外资企业超 30 家。华润集团在南阳、开封新设 2 家外资企业，总投资额 4280 万美元，推动唐河、舞钢、新县等 5 家企业增资 18.2 亿元。

（三）并购成为吸收外资新热点

2020 年，全省通过并购设立外商投资企业 40 家，占总数的 15%。外资并购已成为企业登陆境内外资本市场的重要途径，建业新生活、兴业物联、宏力医疗等均通过并购方式设立外商投资企业，成功登陆香港资本市场，募集资金 27 亿港币。

（四）服务业领域吸收外资质量提高

2020 年，全省服务业领域吸收外资继续保持增长，新设外商投资企业

218家，同比增长39.7%，占企业总数的82%，与上年相比，比重增加近10个百分点；实际吸收外资95.9亿美元，同比增长9.4%，占实际吸收总额的47.8%。服务业吸收外资质量有所提高，高技术产业服务业成为外商投资的热点方向。全省新设高技术产业服务业企业67家，同比增长40%，占新设外资企业的25.2%。其中，科技成果转化领域49家，信息服务领域11家，研发与设计服务领域5家，环境监测与治理领域2家。全省制造业领域新设外资企业38家，占企业总数的14.3%；实际吸收外资93.7亿美元，同比增长1.8%，占实际吸收总额的46.7%。农、林、牧、渔领域新设外资企业9家，实际吸收外资6亿美元，同比增长15.2%。

（五）外资来源不断拓展

2020年，吸收外资涉及52个国家或地区，与上年相比增加3个国家。其中38个国家或地区在河南新设外商投资企业，36个国家或地区有资金到位，14个国家或地区实际投资超亿美元。2020年，参与"一带一路"共建的13个国家在河南新设外资企业46家，同比增长46.3%；合同外资3.6亿美元，同比增长35%；实际到位15亿美元，增长同比8%。其中，新加坡设立14家企业，同比增长100%；巴基斯坦设立10家企业，同比增长150%；俄罗斯和马来西亚各新设5家企业。

三　稳外资存在的问题

（一）受疫情影响较严重

当前境外客商投资意愿仍不强，现有外资企业原计划到位的资金不能及时到位。外出招商、展会、签约项目推进等工作不能顺畅开展。

（二）外资规模和质量有待进一步扩大和提升

全省现存外商投资企业2040家，仅占全国31.6万家的0.6%，与发达省份差距较大。一些地方的招商引资主要集中在传统制造业、房地产、城市综合体等领域，先进制造业和科技、文化等服务业领域还须加大力度。缺少具有行业领军能力的大型外资企业、大项目。

四 稳外资的对策建议

（一）强化政策贯彻落实

针对稳外资工作中仍然存在的压力和严峻形势，继续加强对党中央、国务院稳外资决策部署的贯彻落实，认真落实《国务院关于进一步做好利用外资工作的意见》（国发〔2019〕23号）、《国务院办公厅关于进一步做好稳外贸稳外资工作的意见》（国办发〔2020〕28号）等政策措施，继续加大对外资企业的政策支持力度，持续落实国家、省外经贸发展资金使用办法和招商引资考核办法，不断加强对实际吸收外资工作的督导力度，提高稳外资工作认识，加强利用外资业务指导和培训，紧盯重点企业和项目，增强外商在豫长期投资经营的信心，力争2021年全省外资工作取得新成绩。

（二）持续加强外资促进

认真落实《外商投资法》和新版外商投资负面清单，按照《河南省人民政府关于加强新形势下招商引资工作的意见》《河南省招商引资三年行动计划（2020-2022年）》要求，不断创新招商方式，谋划组织疫情常态化下的境外招商引资活动，大力开展外商内招、敲门招商、网络招商等多种形式的招商活动，保障吸收外资促进工作不停步、不断链。谋划建设好招商引资项目库，强化外资全程服务工作，举办好河南投洽会、跨境电商大会等招商引资活动，利用好服贸会、厦洽会、进博会等国际化展会招商平台，开展针对性强的客商拜访活动，推动一批重点外资项目取得新进展。发挥河南自贸区、郑州航空港区、国家级开发区、郑洛新自创区等吸收外资主阵地优势，新引进一批世界500强及全球龙头企业落地河南。

（三）持续加强企业服务力度

加大对外资龙头企业服务力度，全面摸排梳理全省外资企业中的"压仓石"企业和各地龙头企业，开展一对一服务，发挥龙头企业全省稳外资"压仓石"作用。继续加大对跨国公司地区总部和总部型机构的奖励扶持力度，力争 2021 年全省新认定一批跨国公司地区总部和总部型机构，积极发挥"季排名"机制作用，鼓励各地多设立外商投资企业，推动外资市场主体稳定增长，引导各地进一步重视商务部口径利用外资，努力提升商务部口径数据在全省吸收外资总额中的比重。推动吸收外资结构进一步优化，引导高技术制造业和服务业吸收外资，先进制造业特别是高端装备制造业、电子信息、汽车制造业等领域占比有所提升。现代服务业吸收外资领域进一步拓宽，金融保险、健康养老、文娱动漫等行业占比有所提升。

（四）持续构建高效通畅政企沟通渠道

全力做好企业服务工作，充分利用商务部外贸外资企业直报信息服务应用平台，及时掌握重点外资企业在生产经营中存在的问题，通过外经贸协调机制、政府直通车、外企服务日、外资企业"服务官"等机制，及时为企业排忧解难。不断强化稳商、安商、亲商工作，加大向企业送政策、送服务力度，使外资企业能够在河南安心经营、稳步发展，进而达到稳岗稳就业稳税源、保产业链供应链稳定目的，发挥"以商招商"作用，鼓励存量外企带来更多的增量外企，在推动国内国际双循环相互促进中做出新的贡献。

第十八章　四川稳外资经验及建议

在党中央、国务院"六稳""六保"工作部署和商务部的指导下，四川省全力以赴做好稳外资各项工作。2020年新设外商投资企业842家，同比增长24.6%，实际外资25.5亿美元，同比增长2.9%，规模居全国第九、中西部第一。2021年新设外资企业882家，同比增长4.8%，实际外资33.6亿美元，同比增长31.8%，稳居西部第一，比第二的重庆多出11.2亿美元。

一　稳外资的经验

（一）贯彻落实外商投资法，深入推进"放管服"改革

一是全面推行外商投资信息报告制度。改"备案"为"信息报告"，减少企业办事程序，实现"数据多跑路、企业少跑路"。同时，按照"双随机、一公开"原则加强事中事后监管，指导全省各地开展外商投资信息报告监督检查工作。二是推动"过渡期"问题有效解决。《外商投资法》实施后，外资商务审批和备案取消，但部分专项规定还未废止，针对外商投资企业特别是外商投资性公司在设立和运营过程中需要出具相关认定等问题，外资主管部门积极协调外汇管理、海关等有关部门，推动问题妥善解决。三是积极参与《鼓励类外商投资产业指导目录》的修订。向国家部委提出28条新增、修改条目，进一步扩展外商在川投资鼓励类产业领域。四是营造良好

宣传舆论氛围。编制发布《四川外商投资指引》《四川省外商投资企业发展报告（2020年）》及"四类"百强外商投资企业名录，广泛宣传四川外商投资环境。

（二）落实国家稳外资政策，推动省级助企政策措施出台

一是认真学习宣传国家政策。召开全省外资企业座谈会，宣讲国发〔2019〕23号和国办发〔2020〕28号文件，领会精神实质和核心内容。针对重点外企问卷中发现的政策覆盖盲点问题，会同省外汇管理局、科技厅、省税务局、省市场监管局等省级部门及涉外金融机构，多批次、多形式深入开展培训与对接，就企业关心的税收优惠、外汇结算、融资贷款等进行解读，确保政策惠及外企。鼓励并支持各市（州）设立外商投资服务中心，强化企业咨询服务，帮助企业用足用好各项政策。二是打好四川省政策"组合拳"。疫情期间，为支持外资企业加快恢复生产经营，出台了《关于应对新型冠状病毒肺炎疫情缓解中小企业生产经营困难的政策措施》《关于印发缓解新型冠状病毒肺炎疫情期间交通运输企业生产经营困难十条措施的通知》等文件，帮助企业共渡难关。三是起草并推动省政府出台《关于进一步做好利用外资工作的实施意见》（川府发〔2020〕28号），提出扩大对外开放力度、提高利用外资质量等20条具体措施，推动建立外资专项资金。

（三）全力应对疫情冲击，助推外企复工复产

一是建立外企复工复产动态掌握机制。全面覆盖重点制造业和服务业企业，实现每日收集、每周汇总，积极协调省级相关部门和上报国家层面推动问题解决。二是组织开展"网上进千企"活动。以问卷、电话、微信等方式，全省在线走访慰问重点外商投资企业1129家，转达各级政府对外资企业的关心慰问；成立"在线服务先锋队"，对投资10亿元以上的外来投资企业实行"一对一"服务，分门别类协调解决问题。三是全力稳住现有重点外资企业。对出口规模和经济贡献大的产业链龙头外资企业，在防疫物资、通关便利化、员工返岗等方面给予重点保障。疫情期间，英特尔、戴尔

等外资电子信息制造企业未停工，保障现代商用汽车顺利转股完成，成为中国第一家外商独资汽车整车制造企业。

（四）创新企业服务载体，推动营商环境升级

一是务实举办重大和专题平台活动。统筹"云上线下"活动，举办"德国-四川清洁能源产业网络推介会""川法智能制造线上对接会"等推介活动。成功举办"2020中外知名企业四川行"活动，来自20个国家和地区的80余家外资企业参会，签约外资项目34个。与国家发展改革委国际合作中心共同举办知名跨国公司投资四川座谈会，进一步扩大四川的国际影响力，提振外商投资信心。二是开展"进千企、解难题、送服务、促发展"活动，通过实地走访近3年签约项目企业，从政策落实、项目进展、运营情况、投资意愿、配套寻求等方面进行"五问五帮"，积极回应企业关切。三是建立"项目承包制"。在全省系统开展"建立项目承包制、配备项目承包员"服务行动，根据招商引资项目落地注册、立项审批、开工建设、投产运营等各环节需要，为首批76个项目配备承包员50余名，更好地服务外资项目落地。

二　稳外资面临的主要问题

（一）国际形势充满不确定性，外商投资趋于谨慎

一是全球经济形势低迷，外商投资意愿降低。近年来，逆全球化持续升温发酵，对我国吸收外资造成不利影响。加之中美贸易摩擦影响，部分外资企业投资放缓或放弃投资。二是疫情影响外商投资信心。目前国外疫情形势仍然严峻，经济下行压力较大，全球投资环境充满不确定性，导致国外企业对外直接投资保持审慎态度，投资动力和信心不足。

（二）制造业吸收外资面临发达国家和发展中国家的"双重挤压"

一是美国、欧洲、日本等部分发达经济体吸引制造业回流，加速全球产业链、供应链重构。二是东南亚和南亚国家低成本优势吸引中低端制造业流入，国内产业由东向西梯度转移的传统格局被逐步打破。例如，有地市反映，对接招引的韩资帝亿特电子胶带有限公司，因越南实行零地价、零税收的招商政策，同时因劳动力成本等更低，最终选择到越南投资。

（三）政策支持力度较弱，投资吸引力不强

一是财政补贴力度小于东部地区。外商投资项目的招引政策主要体现在地方"一企一策"或者财政补贴上。东部地区财力水平高于四川省，四川省财政补贴力度普遍低于东部地区。例如，广东省有关文件规定对在大湾区工作的境外高端人才和紧缺人才，其在珠三角九市缴纳的个人所得税已缴税额超过其按应纳税所得额的 15% 计算的税额部分，由当地政府给予财政补贴，该补贴免征个人所得税。二是在全国新一轮发展机遇中，沿海发达地区比西部地区优势进一步加大。比如，海南省自由贸易试验区争取到了国家众多部委的政策倾斜，在 11 个重点产业领域对外资大幅放宽市场准入，个别产业取消外资股比限制。

（四）协调联动机制还需加强

一是部门之间信息共享不顺畅。各部门对外商投资信息采集标准不一样，导致企业多头填报。比如，对于股份制外商投资企业的设立和变更，因市场监管部门只登记采集发起人股东信息，导致推送到商务系统的信息报告没有非发起人股东相关信息，如果企业要做非发起人股东登记或变更需要单独通过商务部门逐级申请开通商务部系统变更通道进行变更，增加了企业办事程序。二是跨境资金使用便利化不高。根据对全省 114 家重点外商投资企业开展调研、访谈，有 35.5% 的企业认为资金跨境使用成本仍然较高，有 75.9% 的企业认为资本金用作境内股权投资程序比较麻烦。

三　稳外资的几点建议

（一）大力支持成渝地区双城经济圈外资工作

建议国家政策不要采用"一刀切"方式，特别是对西部重点优势产业要差别化对待，实行可持续的西部外资优惠政策。在成渝两地共同向国家部委争取承接东部外资产业转移有关政策时，积极呼吁并帮助争取承接东部外资产业转移财政资金支持。帮助成渝两地共同向国家争取成渝地区双城经济圈服务业外资开放试点政策。

（二）完善外商投资统计制度

建议商务部统计口径以国际收支为基础，从全国角度进行统筹，外商投资性公司所投资项目资金不纳入项目所在地统计，而外商投资性公司多设立在北京、上海、广东等沿海发达地区。建议国家层面修改统计制度，根据项目实际落地、建设情况，判定资金的实际到位地区，客观、真实地反映各省外商投资实绩。

（三）完善外商投资部门沟通联系机制

建议商务部加强顶层设计、统筹协调，及时与市场监管、外汇、财政和税务等部门沟通协调，各部门加强信息共享，畅通外商投资管理、服务通道。在现有外资企业信息报告填报平台上增加商务系统需要采集的信息事项。

（四）建立健全外商投资试验政策评估和推广机制

《外商投资法》第十三条规定了国家可以根据对外开放需要，在特定区域内实行外商投资试验政策措施，促进外商投资。当前，国家在全国自贸试验区进行增值电信业务试点，在北京进行商务服务、电信、文化等业务试点，在上海进行创新医疗器械的拓展性临床使用、医疗器械注册人制度改革等试点。但是，试验到何种程度并在何时向全国各地复制推广还不明确。建议建立健全外商投资试验政策评估和推广机制，明确复制推广的标准、区域和时间表。

第十九章　广西稳外资成效及对策

一　稳外资成效

（一）"十三五"期间全区利用外资分布及特点

据统计，2016~2020 年，广西共设立外商投资企业 1405 多家，合同外资累计 344.3 亿美元，实际外资金额累计约 46.4 亿美元（见表 19-1）。2021 年广西新设外资企业 644 家，同比增长 28.3%；实际吸收外资 16.5 亿美元，同比增长 25.4%。

表 19-1　"十三五"期间广西实际外资情况

单位：万美元，%

年份	实际外资金额	同比增长	占全国比重
2016	88845	−48.4	0.7
2017	82272	−7.4	0.4
2018	50660	−38.4	0.3
2019	110946	142	0.6
2020	131742	18.7	0.9

资料来源：广西壮族自治区商务厅。

从投资来源地来看，"十三五"时期，排在前三的分别是中国香港、投资性公司、瑞典，实际外资金额分别约为 22.3 亿美元、11.3 亿美元、2.9 亿美元，占全区比重分别为 48.0%、24.3%、6.2%（见表 19-2）。

表 19-2　2016~2020 年广西外资来源情况

单位：万美元

地区	实际外资
合计	464465
中国香港	223161
投资性公司	112639
瑞典	29029
新加坡	23003
英属维尔京群岛	19699
百慕大	12057
中国澳门	7049
中国台湾	5965
开曼群岛	4886
法国	3670
其他	23307

资料来源：广西壮族自治区商务厅。

从区域分布来看，"十三五"时期外资主要集中在南宁、钦州、北海，实际外资金额分别约为 12.8 亿美元、8.4 亿美元、5.8 亿美元，占全区比重为 27.5%、18.0%、12.5%（见表 19-3）。

表 19-3　2016~2020 年广西外资地市分布情况

单位：万美元

地区	实际外资
合计	464465
南宁市	127716
柳州市	27656
桂林市	37208
梧州市	9586
北海市	58288
防城港市	20340
钦州市	83749
贵港市	25069

地区	实际外资
玉林市	30802
百色市	15351
贺州市	4486
河池市	2751
来宾市	7729
崇左市	13734

资料来源：广西壮族自治区商务厅。

从行业来看，外资主要分布在制造业，电力、热力、燃气及水生产和供应业以及房地产业，实际外资金额分别约为 24.4 亿美元、6.7 亿美元、3.2 亿美元，占全区比重为 52.5%、14.4%、6.9%（见表 19-4）。

表 19-4　2016~2020 年广西利用外资重点行业

单位：万美元

行业	实际外资
合计	464465
制造业	243751
电力、热力、燃气及水生产和供应业	66757
房地产业	31877
批发和零售业	20578
租赁和商务服务业	20361
交通运输、仓储和邮政业	19063
水利、环境和公共设施管理业	18423
科学研究和技术服务业	14613
农、林、牧、渔业	11492
金融业	4814
住宿和餐饮业	4500
建筑业	4317
信息传输、软件和信息技术服务业	1684
文化、体育和娱乐业	1624
采矿业	515

行业	实际外资
卫生和社会工作	96
居民服务、修理和其他服务业	0
教育	0

资料来源：广西壮族自治区商务厅。

（二）稳外资采取的主要举措

推动促进外资政策措施出台实施。2019 年 12 月，自治区人民政府印发了《促进中国（广西）自由贸易试验区高质量发展支持政策》（桂政发〔2019〕53 号），赋予中国（广西）自由贸易试验区在招商引资及利用外资方面更突出的政策优势，吸引优势产业向自贸试验区集聚。在促进经开区创新提升方面，自治区人民政府于 2019 年 10 月出台《关于推进经济技术开发区创新提升打造 改革开放新高地的实施意见》（桂政发〔2019〕44 号），加快推动国家级和自治区级经济技术开发区创新提升，增强经开区对地区经济发展的带动作用。2020 年 4 月，自治区人民政府出台《关于进一步做好利用外资工作的实施意见》（桂政发〔2020〕13 号），进一步打造公开、透明、可预期的外商投资环境，激发市场活力，提振投资信心，稳定外资规模，优化外资结构。

强化外资考核管理机制。自 2019 年起，将商务部口径外资指标纳入区市绩效考评及党政领导班子和党政正职政绩考评，严格落实"一把手"负责制。同时对外资工作实行"月通报、季约谈、年考评"管理，压实外资目标任务。

建立外商投资企业"一站式"服务平台。2020 年 8 月 31 日，自治区政府办公厅印发《广西外商投资企业"一站式"服务平台建设实施方案》（桂政办电〔2020〕179 号），围绕外资企业设立、项目建设、生产、经营全流程，以"外资企业服务专员""外资项目进展情况清单"为指引，以"问题清单"为导向，为实现快速协调解决外资企业关注和反映的突出问题，建立线上线下结合、区市两级上下联动、各相关部门横向协作的外资企业"一站式"服务平台。

推动一批外商投资大项目落地。国家电投集团广西电力有限公司、瑞声科技、宜家、信义玻璃、普莱克斯（广西）气体有限公司等外商投资重大项目相继落户广西，将有效推动广西产业的升级发展。

强化对重点国家招商。连续举办跨国公司暨世界500强八桂行活动，该活动自2011年以来已成功举办了多届，共有200多家企业及机构、900多位嘉宾出席，为广西与跨国公司、世界500强及知名企业投资合作搭建了良好平台，成为宣传广西投资环境和投资政策、引进境外资金的重要渠道。同时，"十三五"期间，各设区市及重点开放开发园区赴美国、德国、法国、日本、韩国、中国香港等重点国家（地区）积极开展投资合作交流活动，不断拓展吸收外资渠道。

打造一批新的开放开发平台。2019年8月2日，中国（广西）自由贸易试验区批准设立。同年，北海铁山港经济技术开发区、防城港经济技术开发区、桂林经济技术开发区等自治区级经济技术开发区设立，自治区经开区发展载体不断完善。

二 稳外资面临的问题和困难

（一）外资总体水平较低

2015年全区实际外资17.2亿美元，为历史最高。进入"十三五"时期后，全区2016~2018年实际外资连续三年下降，年平均值未达8亿美元。总体看，全区外资高水平、高质量发展的潜力不足，外商投资大项目少，聚集群、补链条的工作仍须深入推进。与周边省市对比，广西外资发展相对滞后。以2019年数据看，四川、重庆外资规模约为广西的3倍，江西约为广西的2倍，海南约为广西的1.7倍，湖南约为广西的1.3倍，在全国31个省（区、市）中广西排在第20位。

（二）外资来源地相对单一

"十三五"期间外商投资主要来源于中国香港，所占比重接近全区一半，欧洲投资以瑞典、法国为主，投资比重约为8%，美国、德国、日本、韩国等发达国家在广西投资项目少、规模较小，全区吸收外资的规模和质量都有待向重点国家挖掘，引资工作仍须不断加强。

（三）各市外资发展不平衡

从"十三五"期间外资分布看，外商投资的重点在北部湾经济区各市，实际外资为30亿美元，占全区比重近70%，梧州、来宾、贺州、河池四市累计实际外资为2.26亿美元，占全区比重仅为5.33%。

（四）国家级开放平台作用未充分发挥

经开区在吸收外资方面的带动作用有待提升。2019年全区4家国家级经开区实际外资额总计为7326万美元，同比下降7%。占全区实际外资比重为8.5%，比上年占比下降约7个百分点。2020年1~10月，广西自贸试验区实际外资约1亿美元（仅完成1/3，占全区外资总额的11%，其中，南宁片区实际外资6848万美元，钦州港片区实际外资3267万美元，崇左片区无实到资金）。

（五）营商环境仍须优化提升

"十三五"期间，广西在开办企业、不动产登记、缴纳税费、办理破产等方面的营商环境建设提升明显，但广西基础设施建设仍须加大投入，产业配套服务能力仍待提升，物流运输成本仍然偏高，对外商投资企业的知识产权保护、兑现政府承诺、及时妥善解决投诉等方面仍须加强。

三　稳外资的对策建议

（一）进一步扩大外商投资领域

积极打造外商投资企业公平竞争环境，进一步吸引外商投向广西优势产业、优质资源。积极推动《鼓励外商投资产业目录》修订，进一步扩大《中西部地区外商投资优势产业目录》的广西目录清单，并积极推进《鼓励外商投资产业目录》与《西部地区鼓励类产业目录》和《产业结构调整指导目录》进一步优化整合。

（二）加快推进广西外商投资企业"一站式"服务平台建设

全面推行外资企业服务"一专员两清单"制，为重点外资企业提供"一对一"跟踪服务。建立自治区、区市两级外资企业服务"直通车"机制，对重大外资项目面临的主要困难和外资企业普遍反映的突出问题快速反应，及时协调解决。建立健全自治区重大外资项目库，支持项目快速落地。经自治区人民政府审定列入自治区重大外资项目库的项目，在用地、交通运输、通信、用电、用水、用能等方面给予优先保证；在用地指标、联席审批、外汇管理、通关便利化、信用额度、发展问题协调等方面，自治区层面给予统筹协调和优先支持。每年对项目库进行动态管理、及时更新。

（三）实施产业大招商

按照"强龙头、补链条、聚集群"的招商引资指导方针，聚焦大健康、数字经济（大数据）、大物流、新制造、新材料、新能源等重点产业领域，加快建设以高科技、高成长性、高附加值为特征的现代化产业体系。北部湾经济区各区市要主动担当作为全区吸收外资的排头兵，其他区市要进一步强化对引进外资工作的认识，积极培育和打造开放开发平台，改善投资环境，研究制定吸引外资的激励措施，加强与东部沿海地区产业对接，主动承接东部产业转移。

（四）布局构建全球化投资促进网络

坚持市场主导、政府引导，构建由政府部门、专业机构、商协会、企业组成的"四位一体"投资促进体系，全方位、全流程、全渠道加强投资促进服务。完善海外投资促进网络、产业链招商网络，加快设立一批境外商务代表处和招商中心，并给予必要的经费保障，构建辐射重点外资来源地和发达国家的国际化投资促进体系。

（五）打造外资集聚开放型平台

促进外资向自由贸易试验区、防城港国际医学开放试验区、经济技术开发区、高新区等重点开放开发平台集聚，加强外贸、外资、加工贸易等外向型经济指标发展，建立重点开放开发平台综合发展水平考核评价机制。

（六）积极争取中央的支持

建议《西部地区鼓励类产业目录》和《产业结构调整指导目录》鼓励类政策，适用于投资西部地区的外商投资企业，享受西部大开发税收优惠政策。建议积极引导东部产业向西部转移，出台支持向西部转移的外商投资企业税收政策，鼓励外商投资企业向西部地区转移。搭建经开区合作共建平台，鼓励先进地区国家级经开区与西部地区经开区加强结对共建，以此推进东部产业向西部地区转移。建议推进 RCEP 有关政策在广西自贸试验区先行先试。对照 RCEP 在研发、管理咨询、制造业相关服务、养老服务、专业设计、建筑等服务部门做出的新开放承诺，逐一落实开放措施。建议商务部加大对西部地区国家级经开区的资金支持，扩大支持资金的使用范围。

参考文献

[1] 陈健：《集聚效应、路径依赖和外商投资分布演化——基于江苏省装备制造业跨国公司的考察》，《世界经济研究》2008 年第 8 期。

[2] 程俊杰、闫东升：《自主可控、产业识别与政策选择——区域情境下提升产业影响力、控制力的分析框架》，《学习与实践》2021 年第 2 期。

[3] 陈彦斌：《形成双循环新发展格局关键在于提升居民消费与有效投资》，《经济评论》2020 年第 6 期。

[4] 程瑜、王玉玲、阎敏：《FDI 与产业结构升级：西部的实证分析》，《经济问题》2012 年第 7 期。

[5] 崔凡：《"双循环"格局推动开放进入新阶段》，《中国外资》2020 年第 21 期。

[6] 范东君、喻微锋：《FD1 分布不平衡对我国区域经济增长影响分析——基于省际面板数据分析》，《河南金融管理干部学院学报》2009 年第 3 期。

[7] 郭进、徐盈之、王书斌：《FDI 区位变迁与制造业区际转移——基于省际面板数据的经验证据》，《国际贸易问题》2014 年第 10 期。

[8] 贺敬芝、孙云：《FDI 对中国区域经济发展影响的反思》，《世界经济研究》2005 年第 11 期。

[9] 贺俊：《从效率到安全：疫情冲击下的全球供应链调整及应对》，《学习与探索》2020 年第 5 期。

[10] 何兴强、王利霞：《中国 FDI 区位分布的空间效应研究》，《经济研

究》2008 年第 11 期。

[11] 黄凌云、徐磊、冉茂盛：《FDI 区域分布差异与区域经济差异——基于 TFP 区域差异的中介效应分析》，《科技管理研究》2009 年第 10 期。

[12] 黄群慧：《"双循环"新发展格局：深刻内涵、时代背景与形成建议》，《北京工业大学学报（社会科学版）》2021 年第 1 期。

[13] 吉亚辉、王凡：《空间经济学视角下的我国 FDI 区位选择——空间计量分析》，《西南民族大学学报（人文社会科学版）》2012 年第 8 期。

[14] 李森、崔凡、邓兴华：《内需与外需对 FDI 区位选择的影响分析——基于新经济地理学的视角》，《国际经济合作》2016 年第 2 期。

[15] 李娜、伍世代：《FDI 嵌入及制造业集聚跨区域生产网络演化》，《投资研究》2019 年第 10 期。

[16] 刘晓成、蒋士成、费方域：《FDI 的区位选择和内外资企业之间的经济集聚》，《华东经济管理》2012 年第 1 期。

[17] 鲁明泓：《制度因素与国际直接投资区位分布：一项实证研究》，《经济研究》1999 年第 7 期。

[18] 聂爱云、陆长平：《制度约束、外商投资与产业结构升级调整——基于省际面板数据的实证研究》，《国际贸易问题》2012 年第 2 期。

[19] 聂平香、崔艳新、王拓：《"一带一路"倡议下对我国中西部利用外资的思考》，《国际贸易》2017 年第 10 期。

[20] 聂平香、乔睿：《双循环新发展格局下推动我国稳定的思路及建议》，《贵州社会科学》2021 年第 4 期。

[21] 聂平香、游佳慧：《中国自贸试验区投资便利化成效、问题及对策》，《国际经济合作》2022 年第 1 期。

[22] 聂平香、邹建生：《新冠肺炎疫情对我国稳外资的影响及对策建议》，《国际贸易》2020 年第 4 期。

[23] 渠慎宁、杨丹辉：《逆全球化下中美经济脱钩风险的领域与应对策略》，《财经问题研究》2021 年第 7 期。

[24] 沈桂龙、于蕾：《FDI 与我国区域经济非均衡发展的实证研究》，《上

海经济研究》2006 年第 9 期。

[25] 涂正革:《全要素生产率与区域经济增长的动力——基于对 1995—2004 年 28 个省市大中型工业的非参数生产前沿分析》,《南开经济研究》2007 年第 4 期。

[26] 魏后凯、贺灿飞、王新:《外商在华直接投资动机与区位因素分析》,《经济研究》2001 年第 2 期。

[27] 武剑:《外国直接投资的区域分布及其经济增长效应》,《经济研究》2002 年第 4 期。

[28] 吴艳、贾忠:《FDI 对我国产业结构影响的区域差异——基于地级及以上城市的 Panel Data 分析》,《社会科学研究》2014 年第 6 期。

[29] 熊广勤、殷宇飞:《FDI 在中国西部地区的区位选择:1998—2011》,《经济问题探索》2014 年第 9 期。

[30] 颜银根:《FDI 区位选择:市场潜能、地理集聚与同源国效应》,《财贸经济》2014 年第 9 期。

[31] 阳立高、李婷、杨华峰、龚世豪:《FDI 对我国制造业升级的影响研究——基于省级面板数据的实证》,《科学决策》2017 年第 7 期。

[32] 余淼杰:《"大变局"与中国经济"双循环"发展新格局》,《上海对外经贸大学学报》2020 年第 6 期。

[33] 张萃、赵伟:《对外开放与中国制造业区域集聚:机理分析与实证检验》,《国际贸易问题》2009 年第 9 期。

[34] 张欢:《从 FDI 看东中西部地区经济增长路径差异》,《经济问题探索》2007 年第 5 期。

[35] 张明:《如何系统全面地认识"双循环"新发展格局?》,《辽宁大学学报(哲学社会科学版)》2020 年第 4 期。

[36] 赵伟、张萃:《FDI 与中国制造业区域集聚:基于 20 个行业的实证分析》,《经济研究》2007 年第 11 期。

[37] 周海波、胡汉辉、谢呈阳:《地区资源错配与交通基础设施:来自中国的经验证据》,《产业经济研究》2017 年第 1 期。

后　记

本书的起源是笔者 2018 年完成的一篇稳外资内部报告，该报告获得了中央领导的肯定性批示。随后，笔者申报了国家社科基金项目，2019 年获批年度重点项目，在项目执行和研究进程中得到了很多人的帮助。

感谢我的项目组成员，尤其是商务部研究院的郝红梅副研究员和张彩云博士，她们承担了专题篇中的制造业稳外资和中西部稳外资的具体写作工作，并出色地完成了任务；还有海南省政策研究室段勇兵副处长，我们俩在商务部海南自由贸易港专班共同奋战过，在本项目执行过程中，我俩就海南自由贸易港开放问题进行过非常深入的探讨，共同完成了《加快推动海南自贸港两张清单"二合一"》的内部报告，并获得了海南省相关领导的肯定性批示；河南师范大学的王水平副教授，国务院发展研究中心的陈丽芬研究员，对外经济贸易大学的卢进勇教授以及商务部研究院的崔艳新研究员、李西林研究员、林志刚副研究员参与了课题讨论并积极完成相应的阶段性成果，没有他们的大力相助，项目也不可能得以顺利完成。

本项目在调研过程中，得到了北京商务局、天津商务局、上海商务委员会、广东商务厅、海南商务厅、福建商务厅、辽宁商务厅、安徽商务厅、河南商务厅、江西商务厅、湖南商务厅、湖北商务厅、山西商务厅、四川商务厅、四川省经济合作局、广西商务厅、云南商务厅等省市外资部门及相关领导的大力支持和无私帮助，在此表达我由衷的谢意。

项目的完成也离不开领导和专家的帮助，商务部研究院原副院长、中国国际贸易学会副会长李钢研究员一直是我政策研究的引路人，他在本项目的实施过程中给予我很多鼓励和支持；商务部研究院的张威副院长、商务部的陈炳炎处长、投资事务促进事务局的李鹏飞副处长对研究内容提出了很多专业并有建设性的意见；对外经济贸易大学的李计广研究员和商务部研究院的许英明研究员在项目实施过程中给予了很多具体而明确的建议，帮助项目顺利结项。

感谢社会科学文献出版社的史晓琳老师，在她的鼎力支持下，这项研究成果得以顺利出版。

也要感谢我的爱人和孩子，没有他们在后面的鼎力支持，我不可能安心踏实工作，感谢你们的一路相伴。

研究还在不断推进，我和我们都还在路上，希望我国外资领域的研究成果越来越丰富且质量越来越高。

聂平香

2022 年 9 月 30 日

图书在版编目（CIP）数据

中国稳外资实践与策略 / 聂平香等著. --北京：
社会科学文献出版社，2022.12
ISBN 978-7-5228-1301-1

Ⅰ.①中… Ⅱ.①聂… Ⅲ.①外资引进-研究-中国
Ⅳ.①F832.6

中国版本图书馆 CIP 数据核字（2022）第 254655 号

中国稳外资实践与策略

著　　者 / 聂平香 等

出 版 人 / 王利民
责任编辑 / 史晓琳
责任印制 / 王京美

出　　版 / 社会科学文献出版社·国际出版分社（010）59367142
　　　　　　地址：北京市北三环中路甲 29 号院华龙大厦　邮编：100029
　　　　　　网址：www.ssap.com.cn
发　　行 / 社会科学文献出版社（010）59367028
印　　装 / 三河市龙林印务有限公司

规　　格 / 开　本：787mm×1092mm　1/16
　　　　　　印　张：17.75　字　数：272 千字
版　　次 / 2022 年 12 月第 1 版　2022 年 12 月第 1 次印刷
书　　号 / ISBN 978-7-5228-1301-1
定　　价 / 128.00 元

读者服务电话：4008918866